U0786065

现代企业管理系列教材同步综合练习

销售业务管理
同步综合练习

主　编　何晓兵

副主编　叶小梅　路晓娟

科学出版社

北　京

内 容 简 介

本书是为了配套现代企业管理专业系列教材《销售业务管理》而编写的教学练习册。编写的目的是为了帮助读者总结和巩固销售业务管理的课程知识，提高读者的应试能力。全书依据销售业务管理考试大纲、按最新体例分章节进行编写，并编写多套全真模拟演练题，便于读者自测知识掌握情况，更加扎实地掌握学习内容。

本书可作为广东省高等教育自学考试“销售业务管理”配套用书，也可作为普通高等院校经济管理类学生的学习参考书。

图书在版编目(CIP)数据

销售业务管理同步综合练习/何晓兵主编．—北京：科学出版社，2014.6

现代企业管理系列教材同步综合练习

ISBN 978-7-03-041050-4

Ⅰ．①销…　Ⅱ．①何…　Ⅲ．①企业管理-销售管理-习题集

Ⅳ．①F274-44

中国版本图书馆 CIP 数据核字（2014）第 127172 号

责任编辑：张　宁 / 责任校对：胡小洁

责任印制：赵　博 / 封面设计：蓝正设计

科学出版社出版

北京东黄城根北街 16 号

邮政编码：100717

http://www.sciencep.com

固安县铭成印刷有限公司印刷

科学出版社发行　各地新华书店经销

*

2014 年 6 月第　一　版　开本：787×1092　1/16

2025 年 1 月第七次印刷　印张：13 3/4

字数：326 000

定价：38.00 元

（如有印装质量问题，我社负责调换）

编写说明

本书是为了配套现代企业管理专业系列教材《销售业务管理》而编写的教学练习册。销售业务管理（课程代码 10423）作为广东省高等教育自学考试现代企业管理（本科）专业必考的专业课，是为了培养和检验自学应考者的销售业务管理的基本理论、基本知识和基本技能而设置的一门基础课。本门课程所使用的教材为何晓兵主编，科学出版社 2011 年 6 月出版的《销售业务管理》。

编写依据：

1. 广东省高等教育自学考试指导委员会颁布的《销售业务管理自学考试大纲》；

2. 广东省高等教育自学考试指导委员会指定教材《销售业务管理》（科学出版社，何晓兵主编）。

本书的特点：

1. 以考试大纲规定的考试内容、考核知识点和考核要求为线索，按最新体例分章节进行编写。每章均列有考核内容，并将每一章节可能出现的考核知识按考试题型编写练习题，以便考生扎实、准确地掌握本章内容。

2. 本书含多套全真模拟演练题，贴近全真试题，命题科学，解答准确，便于考生模拟考试、自测知识掌握情况。

书中难免有不足和纰漏，恳请读者批评指正。

《销售业务管理》编写小组

2014 年 5 月

目　录
Contents

第1章 销售计划管理

考核内容

本章考核内容主要有影响销售计划制订的因素、销售计划制订的方法、销售预测的方法、销售配额的类型与分配配额的方法、销售预算方法。

一、销售计划

（一）销售计划的概念

销售计划是企业在销售预测的基础上，对未来一定时期内销售目标进行的规划及其实施任务的分配，并编订销售预算，支持销售配额的实现。

（二）影响销售计划制订的环境因素

影响销售计划制订的环境因素包括外部环境因素和内部环境因素。外部环境因素包括经济环境、社会文化和道德环境、政治法律环境、自然环境和技术环境等。内部环境因素包括企业市场份额、销售渠道、销售手段、销售能力和企业其他部门等。

（三）销售计划的内容

销售计划包含两层含义：一是销售计划书包含的内容；二是销售计划活动包含的内容，即销售计划体系。从第一层含义来看，销售计划是各项计划的基础，企业以此为基础来指导相应的生产作业计划、采购计划、资金筹措计划及相应的其他计划的安排和实施。从第二层含义来看，销售计划的主要内容就是合理确定计划年度的销售目标（销售量）、销售收入、销售利润、销售渠道、销售方式和销售策略。

（四）销售计划编制程序

销售计划一般依照以下程序编制：分析销售现状—确定销售目标—制定销售策略—评价和选定销售策略—综合编制销售计划—对计划加以附加说明—执行计划—评估计划效率、进行控制。

（五）销售计划编制原则

制订出周密的销售计划是销售活动成功的第一步。在编制销售计划时，应遵循具体化原则、顺序优先原则、弹性原则。

（六）销售计划编制方式及其优缺点

销售计划编制方式有两种。

一是分配方式，即由上往下编制计划，由企业最高层管理人员根据企业营销战略和销售预测确定销售目标值，然后再往下一层层分配目标值。这是一种演绎式的计划编制方式。

二是上行方式，即由下往上编制计划，先由第一线的销售人员估计销售目标值，归纳集中后再层层往上呈报，最后汇总归纳企业总销售目标值。这是一种归纳式的计划编制方法。

这两种方法各有优缺点，分配方式的缺点是一线销售人员没有参与计划的编制，不易将上级制定的目标内化为个人目标；上行方式的缺点是销售人员估计的目标值往往基于其销售经验而非企业营销战略，可能不一定合乎整个企业目标，因而不被采用。在实际工作中，一般采用将二者相结合的方式。高层管理人员首先根据企业营销战略和销售预测制定初步的销售目标，接着了解、征求第一线销售人员对初步销售目标的反应和意见，最后确定一个比较合理和易于为第一线销售人员所接受的销售目标。

（七）销售目标值的确定方法

确定销售目标值的方法非常多，可以根据销售成长率、市场占有率、市场扩大率、损益平衡点公式、客户购买力、总资产利润率、量本利分析等确定销售目标值，其中常用的主要有如下三种。

第一种是根据销售成长率确定销售目标值。销售成长率指企业计划年度销售实绩与上一年度实绩的比率。其计算公式如下：

$$销售成长率=\frac{计划年度销售实绩}{上一年度销售实绩}\times 100\%$$

也可以用“经济成长率”或“业界成长率”来代替销售成长率，但无论采用那种指标，均可以运用下列公式求解销售目标值：

$$计划年度的销售收入=上一年度销售实绩\times 成长率$$

若想求解比较精密的销售成长率，就须从过去几年的成长率着手，利用趋势分析推定下一年度的成长率，再求出平均成长率。此时所用的平均成长率并非以“期数”（年数）去除“成长率”，因为每年的销售收入是以几何级数增加的，其几何平均成长率的求法如下：

$$几何平均成长率=\sqrt[n]{\frac{今年销售实绩}{基年销售实绩}}$$

式中，n 值的求法是以基年（基准年）为 0，然后计算今年相对于基年是第 n 年，如果是第 3 年，则 n 为 3。

第二种是根据市场占有率确定销售目标值。市场占有率是在一定时期内企业经营的某种产品的销售额占业界同类产品总销售额（总需求量）的比重，其求法如下：

$$市场占有率=\frac{本企业某产品销售收入}{业界同类产品总销售收入}\times 100\%$$

业界总销售额（总需求量）是指在一定时期一定的营销努力和营销环境下业界同类产品的销售总额，其计算公式为

$$Q=nqp$$

式中，Q 为指业界某类产品总销售额；n 为购买者人数；q 为人均年购买量；p 为该类产品平均价格。

预测出业界某类产品总销售额后，用总销售额乘以企业市场占有率，即可获得计划年度的销售目标值，其公式如下：

$$计划年度的销售目标值=计划年度业界总销售收入\times 企业市场占有率$$

第三种是根据市场扩大率（或实质成长率）确定销售目标值。这是根据企业希望其在市场的地位扩大多少来决定销售收入目标值的方法。市场扩大率是企业某产品本年度市场占有率与上一年度市场占有率的百分比，其计算公式如下：

$$市场扩大率=\frac{本年度市场占有率}{上一年度市场占有率}\times 100\%$$

实质成长率是指在一定时期内，企业的市场成长率与整个业界市场成长率相比其实质增长的幅度。

$$实质成长率=\frac{本企业市场成长率}{业界市场成长率}\times 100\%$$

这两种不同比率的计算结果是一致的，从两个不同侧面反映和评价企业经营实绩。

二、销售预测

（一）销售预测概念及其作用

销售预测是指对未来特定时间内，全部产品或特定产品的销售数量与销售金额的估计。也可以认为销售预测是在充分考虑未来各种影响因素的基础上，结合本企业的销售实绩，通过一定的分析方法提出切实可行的销售目标。

通过销售预测，可以调动销售人员的积极性，促使产品尽早实现销售，以完成使用价值向价值的转变。通过销售预测，企业也可以以销定产，根据销售预测资料，安排生产，避免产品积压。

（二）影响销售预测的因素

影响销售预测的因素非常多，这些因素可以分为外部因素和内部因素两大类：外部因素包括市场需求动向、经济发展变动情况、同行业竞争动向，以及政府和消费者团体的动向等。内部因素包括企业营销策略、销售政策、销售人员、生产状况等。

（三）销售预测的程序

销售预测是一项很复杂的工作，要使这一项复杂工作有条不紊地进行，就必须遵循一定的程序。销售预测的基本程序如下。一是确定预测目标。明确目标是开展销售预测工作的第一步。二是收集、分析资料。收集和整理分析资料是科学预测的基础。三是选择预测方法，进行预测。为保证预测结果有效，通常将几种预测方法结合运用，互相补充。四是分析误差，调整预测，完成预测报告。预测报告可以分为一般性报告和专业性报告。五是执行跟踪。

（四）销售预测的方法

销售预测的方法可以分为两大类，即定性预测方法和定量预测方法。

一般来说，在销售预测中常用的定性预测方法有四种：一是专家会议法；二是集合意见法；三是购买者意向调查法；四是德尔菲法。其中，集合意见法又包括经理意见法、销售人员意见法和综合意见法三种。

定量预测方法可以分成两大类：一是时间序列分析法；二是回归分析法。根据资料分析方法的不同，时间序列分析法又可分为简单平均法、加权平均法、移动平均法、加权移动平均法、趋势预测法、指数平滑法、季节性趋势预测法、市场寿命周期预测法等。依据自变量和因变量之间的相关关系不同，回归分析法可分为线性回归分析法和非线性回归分析法。其中，定性预测方法的特点如下。

(1) 专家会议法及其优缺点。

专家会议法是指由预测组织者召集一批专家参加以某销售预测对象为主题的会议，让与会专家充分发表意见，如能达成一致，则预测结果成立；如意见不一，则采取加权平均统计预测结果的一种方法。专家会议法的优点是简单易行、集思广益，无须精确的设计，一般只需1～2次会议即可获得预测值，尤其在对近期销售预测中优势明显。此方法适用于预测资料不足而预测专家经验相当丰富的情况，也常用于中小型企业。

缺点表现在四方面：第一，在讨论中，与会专家如果存在职务、资历等方面的差异，可能出现屈服于权威的情况；第二，如果与会专家对预测结果有独到见解，他可能会担心万一将来实践证明其预测不准而带来的难堪，从而采取从众的策略；第三，如果集体讨论争论过于激烈，容易导致意气用事，影响预测精度；第四，缺乏一线销售人员参与，所获得的预测值一线销售人员可能不理解。

(2) 经理意见法及其优缺点。

经理意见法是依据销售经理或其他经理的经验与直觉，个人单独预测，再由预测组织者进行汇总，最后获得预测值。

经理意见法的优点是简单快捷，当预测资料不足而预测者经验丰富时，运用这种方法比较适宜，这种方法常用于中小型企业。其缺点是：第一，以个人经验为预测基础，预测值的可信度令人质疑；第二，销售人员不参与预测，对经理们的预测值可能难以接受。

(3) 销售人员意见法及其优缺点。

销售人员意见法是利用销售人员对未来销售进行预测，由每个销售人员单独做出预测，预测结果以地区或行政区划汇总，一级一级汇总，最后得出企业的销售预测结果。

销售人员意见法的优点是：第一，销售人员经常接近购买者，对购买者购买意向了解和认识比较全面，而且对当地市场情况较为熟悉，他们对市场有更敏锐的洞察力，因此销售人员的预测值往往可靠性比较高，比较切合实际；第二，销售人员参与销售预测，对其估计的预测值具有更强的责任感，而且也更能接受和更有信心完成企业下达的销售任务；第三，这种由下往上预测的过程，可以获得产品、地区、客户、销售人员的细分估计值。其缺点是：第一，销售人员可能对宏观经济形势或企业总体规划不了解，预测时缺乏全局意识；第二，销售人员受知识、经验、能力、兴趣、情绪等个人因素的影响，预测往往出现偏差；第三，由于销售人员主客观因素，预测值常低于实际销售量，常常需要建立悲观指数进行补偿。

(4) 购买者意向调查法。

购买者意向调查法是通过调查客户的潜在需求或未来购买商品计划的情况，了解客户购买商品的活动、变化及特征等，然后在调查客户意见的基础上分析市场变化，预测未来市场需求的方法。

购买者意向调查法的优点是：第一，根据购买动机进行需求和销售预测具有理论的科学性和合理性；第二，对潜在购买者的调查可以树立或巩固企业关心购买者需要的形象。其缺点是：第一，这种方法费时费钱；第二，预测非耐用消费品的可靠性比较低；第三，潜在购买者的购买动机或购买计划变化比较大，对预测值的可靠性影响很大。

(5) 德尔菲法及其优缺点。

德尔菲法是依据系统的程序，采用背对背的通信方式征询专家小组成员的预测意见，即小组成员之间不得互相讨论，不发生横向联系，只能与调查人员有联系，经过几轮征询，使专家小组的预测意见趋于集中，最后做出符合市场未来发展趋势的预测结论。

德尔菲法是为了克服专家会议法的缺点而产生的一种专家预测方法。在预测过程中，专家彼此互不相识、互不往来，这就克服了在专家会议法中经常发生的专家们不能充分发表意见、权威人物的意见左右其他人的意见等弊病。各位专家能真正充分地发表自己的预测意见。

三、销售配额

（一）销售配额的概念及其作用

销售配额是企业分配给销售组织或销售人员在一定时期内必须完成的销售任务，是为销售组织或销售人员确定的销售目标。

销售配额为销售组织提供了绩效考核的目标和工作标准；为销售经理提供了一种控制手段，销售经理有权要求销售人员按照定额目标开展工作，并在销售人员背离配额目标时对其施加控制和影响；也为销售人员调整工作方向提供了依据，使销售人员能围绕定额目标开展相关工作。

（二）销售配额的类型

企业使用的销售配额一般有四种类型：一是销售量配额；二是财务配额；三是销售活动配额；四是综合配额。销售量配额是最常用、最重要的配额，一般用销售额来表示。财务配额包括费用配额、毛利配额和利润配额。销售人员的销售活动配额一般包括日常性拜访，吸引新客户、获得订单，产品展示，宣传企业及其产品，为顾客提供服务、帮助和建议，培养新的销售人员等。综合配额是对销售量配额、财务配额、销售活动配额进行综合加权后得出的配额。

（三）设置销售配额的原则

在设置销售配额时应遵循公平性原则、可行性原则、灵活性原则、可控性原则、易理解原则。

（四）确定销售配额主要应考虑的因素

销售经理在设置销售配额时，通常要考虑销售区域市场需求潜力、销售区域市场的竞争状况、历史经验、经理人员的判断等因素。

（五）销售配额的分配方法

销售配额的分配方法有如下几种：一是时间别分配法；二是产品别分配法；三是地区别分配法；四是部门别分配法；五是人员别分配法；六是客户别分配法。

四、销售预算

（一）销售预算概念及其作用

销售预算是一种为了达到预计的销售水平而分配资源和销售努力的销售财务计划，即企业销售活动的资金费用使用计划，它规定了销售计划期内开展销售工作所需的费用总额、使用范围和使用方法。

销售预算不仅是销售计划的重要组成部分，而且是确保销售活动按计划顺利实施的基础，具体来说，销售预算主要具有计划作用、协调作用和控制作用。

(二) 编制销售预算的方法

编制销售预算的方法主要有两种：一是自上而下的下行法；二是自下而上的上行法。自上而下是指销售经理按企业战略目标，在预测后，了解可利用的费用，根据销售目标和活动，选择一种或多种决定预算水平的方法进行预算，分配给各销售部门和销售人员资源和销售努力。自下而上是指销售人员根据上年度预算，结合上年度的销售配额，计算出预算，提交销售经理，再由销售经理汇总、上报。

(三) 销售预算的过程

销售预算一般包括以下步骤：一是确定企业销售和利润目标；二是销售预测；三是确定销售工作范围；四是确定固定成本与变动成本；五是进行量本利分析；六是根据利润目标分析价格和费用的变化；七是提交最后预算给企业最高管理层；八是用销售预算来控制销售工作。其中，盈亏平衡点是量本利分析法中最重要的概念，它指为了使收入能够弥补成本（包括固定成本和变动成本）的最低销售量。

(四) 确定销售预算水平的方法

销售经理在编制销售预算时，常用的方法主要有最大费用法、销售额百分比法、同等竞争法、边际收益法、零基预算法、目标任务法、投入产出法等。其中，依据形式、内容不同，销售额百分比法又可以分为两种：历史年度销售额百分比法、计划年度销售额百分比法。具体采用何种方法应根据企业的历史、产品的特点、营销组合的方式和市场的开发程度等多方面因素进行确定。

重点和难点

本章应掌握的知识如下：(1) 销售计划制订的方法；(2) 销售预测的方法；(3) 销售配额的类型及分配配额的方法；(4) 编制销售预算的方法；(5) 确定销售预算水平的方法。

同步综合练习题

一、单项选择题

1. 销售管理过程实质就是(　　)制订、实施和评估控制过程，计划是其基石。
   A. 销售计划　　B. 销售预测
   C. 销售配额　　D. 销售预算
2. 潜在购买力通常是指(　　)。
   A. 重复购买者　　B. 价格不满者
   C. 潜在购买欲望　　D. 储币待购者
3. 价值观念、信仰、兴趣、行为方式、生活习惯等属于(　　)。
   A. 经济环境　　B. 社会文化环境
   C. 政治环境　　D. 法律环境
4. (　　)对销售的影响是多层次、全方位、渗透性的。
   A. 经济环境　　B. 政治法律环境
   C. 道德环境　　D. 社会文化
5. 在企业的销售活动中，(　　)起辅助作用，而从整个社会来看，则担负着“通告”、“诱导”及“教育”三重功能。
   A. 销售促进　　B. 广告
   C. 销售服务　　D. 推销竞赛
6. 下列销售手段中，不是销售促进手段的是(　　)。
   A. 陈列、展览　　B. 广告
   C. 推销竞赛、推销研讨　　D. 表演、赠物
7. 企业的销售计划活动 4 步骤：依据市场预测、(　　)、编制并分配销售配额和销售预算。
   A. 设定销售目标　　B. 产品聚到分析
   C. 人力资源整合　　D. 客户群分析
8. 下列不是按时间长短来划分企业销售计划活动的是(　　)。
   A. 月度销售计划　　B. 季度销售计划
   C. 年度销售计划　　D. 整体销售计划
9. 企业销售是一个目的性很强的活动，企业销售能否实现销售目标，取决于如何(　　)。
   A. 进行销售　　B. 进行人员管理
   C. 进行人员训练　　D. 提升人员素质
10. (　　)是企业市场营销能力最直接的体现，也是所有市场销售行为结果的体现。
    A. 企业市场占有率　　B. 销售能力
    C. 企业现有规模　　D. 企业销售额
11. (　　)是企业一切销售工作的基础。
    A. 现状描述　　B. 销售目标的确定

C. 市场分析　　　　　　　　D. 经营观念

12. 下列(　　)不是编制销售计划时应注意的原则。

A. 具体化原则　　　　　　B. 简洁化原则

C. 弹性原则　　　　　　　D. 顺序优先原则

13. 先由企业最高层管理人员根据企业营销战略和销售预测确定销售目标值，然后再往下一层分配目标值，这种方法是(　　)的销售计划编制方式。

A. 上行方式　　　　　　　B. 下行方式

C. 上行方式和分配方式相结合　　D. 分配方式

14. 下列对销售目标分解的基本原则描述错误的是(　　)。

A. 分解目标要和下达的目标一致　B. 保证分解目标既有挑战性，又有可执行性

C. 便于控制管理　　　　　D. 目标分解尽量具体，最好能分解到每一天

15. 销售增长率=(　　)/去年市场销售总额×100%。

A. 总成本　　　　　　　　B. 今年市场销售总费用

C. 今年市场销售总额　　　D. 总利润

16. (　　)是影响销售预测的外界因素之中的最重要的因素。

A. 市场需求动向　　　　　B. 经济发展变动情况

C. 行业竞争动向　　　　　D. 政府、消费者团体的动向

17. 定性预测法和定量预测法的主要区别是(　　)。

A. 定性预测法应用起来灵活方便

B. 定性预测只预测市场发展趋势，不测算预测值

C. 定量预测法测算预测值

D. 预测依据不同

18. 下列选项中(　　)不是在销售预测中常用的定性预测方法。

A. 专家会议法　　　　　　B. 消费者意向调查法

C. 集合意见法　　　　　　D. 趋势预测法

19. 根据专家的意见做出销售预测的好处不包括(　　)。

A. 一定准确做出决策　　　B. 在决策中引证并且协调各种不同观点

C. 费用少　　　　　　　　D. 一般只需一到二次会议即可获得预测值

20. 在预测实践中，(　　)常用于产业产品、中高档耐用消费品的短期销售预测。

A. 经理意见法　　　　　　B. 销售人员意见法

C. 时间序列分析法　　　　D. 购买者意向调查法

21. 调查人员依据系统的程序，采用背对背的通信方式征询专家小组成员的预测意见，这种方法是为了克服专家会议法的缺点而产生的一种专家预测方法。此种方法是(　　)。

A. 德尔菲法　　　　　　　B. 销售人员意见法

C. 消费者意向调查法　　　D. 指数平滑法

22. 德尔菲法预测的关键环节是(　　)。

A. 组织严密　　　　　　　B. 选择合适的专家

C. 轮询的次数多少　　　　D. 专家的独立性和保密

23. 指数平滑法，实质上是一种特殊的(　　)。
A. 一次移动平均法　　B. 加权移动平均法
C. 二次移动平均法　　D. 几何平均法
24. 最简单的设置销售量配额的方法是(　　)。
A. 以该地区现在的销售量为基础，以市场可能增长的百分比来确定当年的配额。
B. 以该地区过去的销售量为基础，以市场应该降低的百分比来确定当年的配额。
C. 以该地区过去的销售量为基础，以市场应该增长的百分比来确定当年的配额。
D. 以该地区现在的销售量为基础，以市场应该降低的百分比来确定当年的配额。
25. (　　)强调企业应该更重视利润而非销售量。
A. 销售量配额　　B. 利润配额
C. 毛利配额　　D. 综合配额
26. (　　)是最能体现企业经营经营目标的一个指标，与管理的基本目标直接相连，销售经理和销售人员必须创造能为企业带来利润的销售额。
A. 销售量配额　　B. 利润配额
C. 毛利配额　　D. 综合配额
27. 销售配额根据可以根据月份或季度、地区、客户、业务员、还有(　　)进行分配。
A. 产品　　B. 目标　　C. 管理　　D. 渠道
28. 充分贯彻以需求为导向的营销观念，根据销售人员所面对的客户的特点和数量来分配目标销售额的方法是(　　)。
A. 部门别分配法　　B. 人员别分配法
C. 地区别分配法　　D. 客户别分配法
29. 盈亏平衡点是量本利分析法中最重要的概念，它指为了使收入能够弥补成本（包括固定成本和变动成本）的最(　　)销售量。
A. 高　　B. 低　　C. 一般　　D. 合适

二、多项选择题

1. 通货膨胀率、利率、贸易赤字或盈余、预算赤字或盈余、个人和企业储蓄率，以及国内生产总值等经济特征对销售的影响集中体现为(　　)。
A. 社会购买力　　B. 企业市场份额
C. 企业销售额　　D. 经济周期
E. 企业销售增长率
2. 企业的销售计划按范围大小来分，可以分为(　　)。
A. 企业总体销售计划　　B. 区域销售计划分
C. 公司（部门）销售计划　　D. 整体销售计划
E. 流通企业销售计划
3. 进行销售预测时应考虑的外部不可控因素有(　　)。
A. 市场需求动向　　B. 经济发展变动情况
C. 行业竞争动向　　D. 政府的动向
E. 消费者团体的动向

4. 在销售预测中常用的定量预测方法有（　　）。

A. 回归分析法　　B. 时间序列分析法

C. 德尔菲法　　D. 季节趋势预测法

E. 市场寿命周期预测法

5. 时间序列分析通常是把各种可能发生作用的因素进行分类，传统的分类方法是按各种因素的特点或影响结果分为几大类，它们是（　　）。

A. 长期趋势因素　　B. 季节变动因素

C. 循环变动因素　　D. 不规则变动因素

E. 规则变动因素

6. 下面属于专家意见调查法的有（　　）。

A. 专家会议法　　B. 指标判断法

C. 扩散指数法　　D. 德尔菲法

E. 集合意见法

7. 移动平均市场预测法的具体方法有（　　）。

A. 指数平滑预测法　　B. 二次移动平均预测法

C. 一次移动平均预测法　　D. 加权移动平均预测法

E. 几何平均预测法

8. 企业使用的销售配额一般有（　　）。

A. 销售量配额　　B. 财务配额

C. 销售活动配额　　D. 综合配额

E. 费用配额

9. 财务配额包括（　　）。

A. 费用配额　　B. 毛利配额

C. 利润配额　　D. 收入配额

E. 销售活动配额

10. 确定销售配额主要应考虑的因素有（　　）。

A. 销售区域市场需求潜力　　B. 销售区域市场的竞争状况

C. 市场经验　　D. 经理人员的判断

E. 销售区域市场同类产品的竞争态势

11. 分配销售配额的方法有（　　）。

A. 时间别分配法　　B. 产品别分配法

C. 地区别分配法　　D. 部门别分配法

E. 人员别分配法和顾客别分配法

12. 销售配额的作用有（　　）。

A. 控制作用　　B. 引导作用

C. 评价作用　　D. 激励作用

E. 参照作用

13. 销售预算的作用主要有（　　）。

A. 控制作用　　B. 计划作用

C. 评价作用　　D. 激励作用
E. 协调作用

14. 编制销售预算的方法主要有(　　)。
A. 上行法　　B. 下行法
C. 最大费用法　　D. 边际效益法
E. 零基预算法

15. 常用的确定销售预算水平的方法有(　　)。
A. 最大费用法　　B. 销售额百分比法
C. 同等竞争法　　D. 边际效益法
E. 零基预算法

16. 销售目标一般包括(　　)。
A. 销售额目标　　B. 销售费用目标
C. 利润目标　　D. 销售活动目标
E. 销售客体目标

三、名词解释

1. 定性预测法
2. 专家会议法
3. 德尔菲法
4. 定量预测方法
5. 时间序列分析法
6. 回归分析法
7. 销售配额
8. 时间别分配法
9. 产品别分配法
10. 地区别分配法
11. 人员别分配法
12. 部门别分配法
13. 销售预算
14. 盈亏平衡点
15. 零基预算法

四、简答题

1. 简述销售计划的内容。
2. 简述销售计划编制的原则。
3. 简述销售计划的编制方式及其优缺点。
4. 简述影响销售预测的因素。
5. 简述专家会议法的优缺点。
6. 简述德尔菲法的实施步骤。

7. 简述指数平滑法的特点。
8. 简述销售配额的类型。
9. 简述设置销售配额主要应考虑的因素。
10. 销售活动配额主要包括哪些?
11. 简述销售配额的分配方法。
12. 简述编制销售预算的方法。
13. 简述零基预算法的步骤。
14. 零基预算法的优缺点。
15. 简述销售预测的方法。

五、论述题

1. 影响销售计划制订的因素。
2. 销售预测的程序。
3. 论述确定销售预算水平的方法。
4. 销售预算的过程。

六、案例分析

销售配额引发的问题

超级地砖公司有一项销售人员的奖励制度，是以销售量与所指定的销售配额的关系为基础来对公司员工进行奖励。销售配额是由管理人员根据每个销售员销售地区内的客户类型、竞争情况，以及前一年公司业绩和个人销售业绩综合计算出来的。该奖励制度在实施过程中产生了以下几个问题。

(1) 目前，那些表现最好的销售人员的客户太多了。对于公司来说最好能缩小销售人员的服务地区，并增加一些新的销售人员。但是杰出的销售人员抗议，认为这是在对他们的成就进行惩罚。

(2) 成绩最好的销售员也抱怨其配额每年都在增加，并且是以他们过去的成就为基础。他们觉得这有点类似与鞭打快牛。

(3) 管理人员认为，公司没有取得足够的新客户。他们认为，所谓的市场开发，就是吸引从未采购超级地砖公司产品的建筑材料商店成为自己的顾客，而这项任务往往需要在数年以后才会见到成效。现行的奖励制度可能无法激励员工从事这类工作。

思考题:

1. 阐述上述问题产生的原因。
2. 阐述上述问题的解决方案。

参考答案

一、单项选择题

1. A　2. C　3. B　4. D　5. B　6. B　7. A　8. D
9. A　10. B　11. B　12. B　13. D　14. A　15. C　16. A
17. D　18. D　19. A　20. D　21. A　22. D　23. B　24. C
25. B　26. B　27. A　28. D　29. B

二、多项选择题

1. AD　2. AC　3. ABCDE　4. AB　5. ABCD
6. AD　7. BCD　8. ABCDE　9. ABC　10. ABCDE
11. ABCDE　12. ABCD　13. ABE　14. AB　15. ABCDE
16. ABCD

三、名词解释

1. 定性预测法：定性预测法是一种最为古老的预测方法。它是由预测人员根据已有的历史资料和现实资料，依靠个人经验和综合分析能力，对市场未来的变化趋势做出判断，以判断为依据做出的预测。

2. 专家会议法：专家会议法是指由预测组织者召集一批专家参加以某销售预测对象为主题的会议，让与会专家充分发表意见，如能达成一致，则预测结果成立；如意见不一，则采取加权平均统计预测结果的一种方法。

3. 德尔菲法：德尔菲法是依据系统的程序，采用背对背的通信方式征询专家小组成员的预测意见，即小组成员之间不得互相讨论，不发生横向联系，只能与调查人员有联系，经过几轮征询，使专家小组的预测意见趋于集中，最后做出符合市场未来发展趋势的预测结论。德尔菲法是为了克服专家会议法的缺点而产生的一种专家预测方法。

4. 定量预测方法：定量预测方法是依据统计数据，建立数学模型，并用数学模型计算出分析对象的各项指标及其数值的一种方法。

5. 时间序列分析法：时间序列是将某种统计指标的数值，按时间先后顺序排列所形成的数列。时间序列预测法就是通过编制和分析时间序列，根据时间序列所反映出来的发展过程、方向和趋势，进行类推或延伸，借以预测下一段时间或以后若干年内可能达到的水平。

6. 回归分析法：回归分析法是指根据预测的相关性原则，找出影响预测目标的各种因素，并用数学方法找出这些因素与预测目标之间的函数关系的近似表达，再利用样本数据对其模型估计参数及对模型进行误差检验，一旦模型确定，就可利用模型根据因素的变化值进行预测。

7. 销售配额：销售配额是企业分配给销售组织或销售人员在一定时期内必须完成的

销售任务，是为销售组织或销售人员确定的销售目标。

8. 时间别分配法：时间别分配法是将年度目标销售额分配到一年的12个月或4个季度中的方法。

9. 产品别分配法：产品别分配法是根据销售人员销售的产品类别来分配目标销售额的方法。

10. 地区别分配法：地区别分配法是根据销售人员所在地域的大小与客户的购买能力来分配目标销售额的方法。

11. 人员别分配法：人员别分配法是根据销售人员的能力大小来分配目标销售额的方法。

12. 部门别分配法：部门别分配法是以某一销售部门为目标来分配目标销售额的方法。

13. 销售预算：销售预算是一种为了达到预计的销售水平而分配资源和销售努力的销售财务计划，即企业销售活动的资金费用使用计划，它规定了销售计划期内开展销售工作所需的费用总额、使用范围和使用方法。

14. 盈亏平衡点：盈亏平衡点是量本利分析法中最重要的概念，它指为了使收入能够弥补成本（包括固定成本和变动成本）的最低销售量。

15. 零基预算法：零基预算法是一种编制费用预算的方法。其基本原理是：对于任何一个预售期，任何一项费用项目的开支数，不考虑基期的费用开支水平，完全以零为出发点，从实际需要与可能出发，逐项审议各项费用开支的必要性、合理性及开支数额的大小，从而确定各项费用的预算数。

四、简答题

1. 销售计划包含两层含义：一是销售计划书包含的内容；二是销售计划活动包含的内容，即销售计划体系。从第一层含义来看，销售计划是各项计划的基础，企业以此为基础来指导相应的生产作业计划、采购计划、资金筹措计划及相应的其他计划的安排和实施。从第二层含义来看，销售计划的主要内容就是合理确定计划年度的销售目标（销售量）、销售收入、销售利润、销售渠道、销售方式和销售策略。

2. 销售计划编制原则——具体化原则、顺序优先原则、弹性原则。

3. 销售计划编制方式有两种：一是分配方式；二是上行方式。

（1）分配方式是一种由上向下编制计划的方式，即由上往下编制计划的方式，由企业最高层管理人员根据企业营销战略和销售预测确定销售目标值，然后再往下一层层分配目标值。

（2）上行方式是一种由下往上编制计划的方式，先由第一线的销售人员估计销售目标值，归纳集中后再层层往上呈报，最后汇总归纳企业总销售目标值。这是一种归纳式的计划编制方法。

4. 影响销售预测的因素非常多，这些因素可以分为外部因素和内部因素两大类。外部因素主要包括市场需求动向、经济发展变动情况、同行业竞争动向，以及政府和消费者团体的动向等。其中，市场需求是外部因素之中最重要的因素。市场需求预测是销售预测的基础，因为市场需求是销售潜力的主要决定因素，销售预测基于销售潜力又低于销售潜力。内部因素主要包括营销策略、销售政策、销售人员、生产状况等。其中，企业的目标市场营销策略直接影响销售业绩；销售政策决定了销售工作的主要方向；销售人员是销售活动中最核心和灵活的因素。

5. 专家会议法的优点：简单易行、集思广益，无须精确的设计，一般只需1～2次会议即可获得预测值，尤其在对近期销售预测中优势明显。此方法适用于预测资料不足而预测专家经验相当丰富的情况，也常用于中小型企业。

专家会议法的缺点：（1）在讨论中，与会专家如果存在职务、资历等方面的差异，可能出现屈服于权威的情况；（2）如果与会专家对预测结果有独到见解，他可能会担心万一将来实践证明其预测不准而带来的难堪，从而采取从众的策略；（3）如果集体讨论争论过于激烈，容易导致意气用事，影响预测精度；（4）缺乏一线销售人员参与，所获得的预测值一线销售人员可能不理解。

6. 德尔菲法的实施步骤如下。（1）组成专家小组。按照课题所需要的知识范围，确定专家。专家人数的多少，可根据预测课题的大小和涉及面的宽窄而定，一般不超过20人。（2）向所有专家提出所要预测的问题及有关要求，并附上有关这个问题的所有背景材料，同时请专家提出还需要什么材料，然后，由专家做书面答复。（3）各个专家根据他们所收到的材料，提出自己的预测意见，并说明自己是怎样利用这些材料并提出预测值的。（4）将各位专家第一次判断意见汇总，列成图表，进行对比，再分发给各位专家，让专家比较自己同他人的不同意见，修改自己的意见和判断，也可以把各位专家的意见加以整理或请资历更高的其他专家加以评论，然后把这些意见再分送给各位专家，以便他们参考后修改自己的意见。（5）将所有专家的修改意见收集起来，汇总，再次分发给各位专家，以便做第二次修改。（6）对专家的意见进行综合处理，获得最后的预测值。

7. 指数平滑法，实际上是一种特殊的加权移动平均法。其特点在于：（1）对离预测期近的观察值，给予较大的权数，对离预测期渐远的观察值给予递减的权数。（2）对于同一市场现象连续计算其指数平滑值，由近及远按等比级数减小。（3）指数平滑法中的α值，是一个可调节的权数值，$0\leqslant\alpha\leqslant1$。

8. 企业使用的销售配额一般有四种类型：一是销售量配额；二是财务配额；三是销售活动配额；四是综合配额。其中，财务配额包括费用配额、毛利配额和利润配额；销售活动配额一般包括日常性拜访，吸引新客户、获得订单，产品展示，宣传企业及其产品，为顾客提供服务、帮助和建议，培养新的销售人员等；综合配额一般是对销售量配额、财务配额、销售活动配额进行综合加权后得出的配额。

9. 销售经理在设置销售配额时，通常要考虑如下因素：一是销售区域市场需求潜力；二是销售区域市场的竞争状况；三是历史经验；四是经理人员的判断。

10. 销售活动配额一般包括：日常性拜访，吸引新客户、获得订单，立品展示，宣传企业及其产品，为顾客提供服务、帮助和建议，培养新的销售人员等。

11. 销售配额的分配方法主要有六种。（1）时间别分配法，是将年度目标销售额分配到一年的12个月或4个季度中的方法。该方法简单易行，操作性强，应用面广，可以用于各种企业，但没有考虑具体销售区域的市场需求潜力和销售潜力，起不到对员工的激励作用。(2) 产品别分配法，是根据销售人员销售的产品类别来分配目标销售额的方法。此法能充分挖掘市场对各类别产品的需求潜力，但忽略了区域市场对各类别产品需求的差异性。(3) 地区别分配法，是根据销售人员所在地域的大小与客户的购买能力来分配目标销售额的方法。该方法充分挖掘区域市场的销售潜力，但难以判断某区域市场所需商品的实际数量，以及该地区的消费潜力。(4) 人员别分配法，是根据销售人员的能力大小来分配目标销售额的方法。该方法能够激励每一位销售人员向其目标方向努力，但可能使销售人员队伍产生等级之分，产生内部矛盾。(5) 部门别分配法，是以某一销售部门为目标来分配目标销售额的方法。该方法能够利用团队整体力量来实现目标销售额，但往往由于过于重视销售部门目标实现，而忽视了销售个人的存在。(6) 客户别分配法，是根据销售人员所面对的客户的特点和数量来分配目标销售额的方法。该方法充分贯彻以需求为导向的营销观念，但可能使销售人员为了业绩只注重维护老客户，而忽视开发新客户。

12. 编制销售预算的方法主要有两种：一是自上而下的下行法。二是自下而上的上行法，自上而下是指销售经理按企业战略目标，在预测后，了解可利用的费用，根据销售目标和活动，选择一种或多种决定预算水平的方法进行预算，分配给各销售部门和销售人员资源和销售努力。自下而上是指销售人员根据上年度预算，结合去年的销售配额，计算出预算，提交销售经理，再由销售经理汇总，上报。

13. 零基预算法包括三个步骤：(1) 要求销售部门的所有职工，根据本企业预算期内的战略目标和部门的具体任务详细讨论预算期内需要发生的费用项目，并为每一费用项目编写一套方案，提出费用开支的目的及需要开支的数额；(2) 对每一费用项目进行“成本-效益分析”，将其投入与产出进行比较，评价各费用开支方案，然后将各费用开支方案在权衡轻重缓急的基础上分成若干层次，排出先后顺序；(3) 按照排出的层次与顺序，结合预算期间可动用的资金来源分配资金，落实预算。

14. 零基预算法的优缺点如下。

优点：一是可以合理有效地进行资源分配，可以保证重要销售活动的费用开支，将有限的经费用于关键之处；二是可以充分发挥各级销售管理人员和销售人员的积极性和创造性，促使各预算部门精打细算，合理使用资金。

缺点：由于所有支出均以“零”作为分析起点，所以编制销售预算的工作量很大，费用高，而且由于评级和资源分配具有一定的主观性，容易引起内部矛盾。

15. 销售预测方法可以分为两大类，即定性预测方法和定量预测方法。定性预测方法有专家会议法、集合意见法、消费者意向调查法、德尔菲法等。定量预测方法可以分成两大类：时间序列分析预测法和回归分析法。时间序列分析预测法可用于短期、中期和长期预测。根据对资料分析方法的不同，又可分为简单平均法、加权平均法、移动平均法、加权移动平均法、趋势预测法、指数平滑法、季节性趋势预测法、市场寿命周期预测法等。

五、论述题

1. 答题要点。

主要从以下两大方面进行论述：(1) 外部环境因素；(2) 内部环境因素。

外部环境因素主要包括经济环境、社会文化和道德环境、政治法律环境、自然环境、技术环境。其中，购买力对潜在需求的强弱影响不大，但直接决定有效需求的强弱；社会文化对销售的影响是多层次、全方位、渗透性的，对人们的欲望、行为产生潜移默化的影响，这种影响一经形成便会持久；技术环境为销售提供了更加丰富的手段。

内部环境因素主要包括企业市场份额、销售渠道、销售手段、销售能力、企业其他部门等。其中，企业在制订销售计划时，必须清楚把握本企业产品的市场份额，这样才能正确分析本企业在满足总需求量中所占的比重有多少，才能确定企业在同行业中的竞争地位，才能判断企业的销售策略选择是否正确及预测企业未来发展前景。每一种渠道都是利弊共存的，渠道类型的选择同时还必须考虑产品、市场、中间商、环境及企业经营特点和规模等因素，企业必须根据实际情况选择恰当的产品销售渠道。一般企业运用这些手段越多越全面，其销售能力越强，产品销售状况越好。销售能力是企业市场营销能力最直接的体现，也是所有市场销售行为结果的体现。

2. 答题要点。

主要从以下五个方面进行阐述。

(1) 确定预测目标：明确目的是开展销售预测工作的第一步。如果没有明确的目的，就将失去工作方向，事倍功半，导致成效甚微。

(2) 收集、整理和分析资料：收集、整理和分析资料是科学预测的基础。按其来源，用于预测的资料可以分为原始资料和二手资料。收集到的资料的充足与可靠程度对预测结果的准确度具有重要的影响。在分析资料时应考虑资料的如下特征：①资料的针对性；②资料的真实性；③资料的完整性；④资料的可比性。

(3) 选择预测方法，进行预测：不同的定性、定量方法适用的预测期不同，在进行预测时，要根据具体的预测目的，选用不同的方法。为保证预测结果有效，通常将几种预测方法结合运用，互相补充。在采用几种不同模型或方法预测时，如果预测结果相差很多，要结合定性分析，对结果做必要的调整或修改。运用模型预测时，要先试预测，对模型的预测精度进行评价，精度比较满意，才能进行正式预测。

(4) 分析误差，调整预测，完成预测报告：为了有效地指导决策，避免决策失误，预测人员要准确估计误差有多大，在多高的程度上是可信的，以便销售经理或其他管理人员在运用预测值制定决策时，能够更加全面地设计和评价行动方案，增加应对误差的管理弹性，并在认真分析和评价预测值的可信度的基础上，根据需要组织有关预测人员一起讨论，校正误差，提高预测结果的可信度水平，最后获得理想的预测值。预测报告可以分为一般性报告和专业性报告。

(5) 执行跟踪：科学的预测应当注重在实践中检验预测方法的可靠性、预测模型的完备性，并通过经验和知识的积累，探索和掌握更多的市场和销售变化规律，不断改进预测方式和方法，为后续的销售预测创造更完善的条件，从而确保和提高销售预测水平。

3. 答题要点。

主要阐述以下七个方面及其优缺点。

（1）最大费用法，是在企业总费用中减去其他部门的费用，余下的全部作为销售预算。该方法的缺点在于费用偏差太大，在不同的计划年度里，销售预算也不同，不利于销售经理稳步地开展工作。

（2）销售额百分比法，是最常用的一种销售预算编制方法，是企业以一定时期内产品销售额的一定比例匡算出销售预算总额的方法。该方法往往忽视了企业的长期目标，不利于开拓新的市场，比较适合于销售市场比较成熟的企业，但不利于企业吸纳新的销售人才。

（3）同等竞争法，是以行业内主要竞争对手的销售费用为基础来确定自己的销售预算的方法。该方法的优点是编制的销售预算具有针对性，适合市场竞争的需要，有利于企业在竞争中占据主动地位。该方法的缺点是要使用这种方法需要及时得到大量的行业及竞争对手的资料，但通常情况下，竞争对手的销售预算具体资料很难获得或获得的资料是竞争对手故意散布的虚假信息，导致错误决策。

（4）边际效益法，边际效益指每增加一名销售人员所获得的效益。该方法的优点是考虑了销售人员队伍规模对销售利润的影响。该方法的缺点是在销售水平、竞争状况和市场其他因素变化的情况下，确定销售人员的边际效益是很困难的。

（5）零基预算法，对于任何一个预售期，任何一项费用项目的开支数，不考虑基期的费用开支水平，完全以零为出发点，从实际需要与可能出发，逐项审议各项费用开支的必要性、合理性及开支数额的大小，从而确定各项费用的预算数。该方法的优点是：①可以合理有效地进行资源分配，可以保证重要销售活动的费用开支，将有限的经费用于关键之处；②可以充分发挥各级销售管理人员和销售人员的积极性和创造性，促使各预算部门精打细算，合理使用资金。该方法的缺点是由于所有支出均以“零”作为分析起点，所以编制销售预算的工作量很大，费用高，而且由于评级和资源分配具有一定的主观性，容易引起内部矛盾。通常企业的做法是每隔若干年开展一次零基预算编制工作，以后几年略做调整，这样既简化了编制工作，又控制了费用。

（6）目标任务法，是指首先根据企业的经营目标，确定企业的销售目标，再根据销售目标编制销售计划，并根据销售计划具体确定企业的销售费用总额。该方法的优点是以企业经营目标和销售目标为基础，确定企业的销售预算，其科学性比较强，它可以有效地分配达成目标的任务。该方法的缺点是使用起来比较烦琐，而且在计算中，如果有一步计算不准确，将使销售预算出现较大偏差。

（7）投入产出法，是对目标任务法的改进。目标任务法是一定时间内费用与销售量的比较，但有时有些费用投入后，其效应在当期显示不出来，就无法真实反映费用销售量比率。而投入产出法，不强调时间性，而是强调投入与产出的实际关系，因而一定程度上克服了任务目标法的缺点。

4. 答题要点。

阐述以下八个步骤。

（1）确定企业销售和利润目标。企业的销售和利润目标一般是由最高管理层决定的。

企业的营销总监和销售经理的责任就是创造能达到企业最高层确定的目标的销售额，但这样做必须考虑成本和费用。

（2）销售预测。销售预测包括地区销售预测、产品销售预测和销售人员销售预测等。一旦企业销售和利润目标已经确定，预测者就必须确定在企业的目标市场上，是否能够实现这个目标。

（3）确定销售工作范围。为了实现既定的销售目标，必须确定潜在客户和他们的需求，设计产品、生产产品和为产品定价，通过各种方式与客户沟通，招聘、培训销售人员等，必须开发具有销售管理潜能的人才。

（4）确定固定成本与变动成本。固定成本一般包括销售经理和销售人员的工资、销售办公费用、培训师的工资、被培训销售人员的工资、例行的销售展示费用、保险、一些固定税收、固定交通费用、固定娱乐费用、折旧等；变动成本往往包括提成和奖金、邮寄费、运输费、部分税收（增值税）、交通费、广告和销售促进费等。

（5）进行量本利分析。当区域销售经理被分配年度销售和利润目标后，就必须保持对实现目标过程的控制。这种控制最好按月进行。量本利分析法是一种有效的分析方法。盈亏平衡点是量本利分析法中最重要的概念。

（6）根据利润目标分析价格和费用的变化。

（7）提交最后预算给企业最高管理层。进行量本利分析之后，销售经理必须明确各种变量的变化对利润的影响，以及那种变化是可行的，并以此为基础确定为达到最高管理层确定的销售额和利润目标所必需的成本费用。

（8）用销售预算来控制销售工作。量本利分析可以视为一种预测工具，因为它预示了成本费用变化对盈亏平衡点和利润的影响，这种方法同样也可以用作评估和控制工具。

六、案例分析

答题要点。

1. 原因如下：销售配额分配方法中，人员别分配方法存在优点的同时也存在缺点。

该方法的优点是能够激励每一位销售人员：可以激励销售业绩好的人员再创佳绩，也可以激励销售业绩差的人员奋起直追。

该方法的缺点是可能使销售人员队伍产生等级之分：能力强的销售人员容易骄傲自满，能力差的销售人员容易妄自菲薄，从而容易形成内部矛盾。

客户别分配方法存在优点的同时也存在缺点。

该方法的优点是充分贯彻以需求为导向的营销观念，可以使销售人员把销售工作重点放在客户身上，有利于客户的深度开发和忠诚客户的培养。

该方法的缺点是可能使销售人员为了业绩只注重维护老客户，而忽视开发新客户。

2. 措施如下：①将销售配额的六种分配方法结合起来使用，可以优势互补、取长补短。②给每个销售代表分配固定的销售区域，这样可以避免销售代表之间销售区域的重叠导致的人力资源浪费及不良竞争。③根据销售代表所在的销售区域的具体情况，给销售代表分配上适当的销售配额。④给予销售人员适当的奖励措施，如现实的利益、个人长远发展的利益与保障等。

第2章 销售组织设计

考核内容

本章考核内容有销售组织及其特点、职能，设计的原则和常见的问题，销售组织的主要类型、架构及其特点，销售组织的基本岗位及其主要职责。

一、销售组织概述

（一）销售组织的概念

销售组织是企业为了实现销售目标而将具有销售能力的销售人员、产品、资金、设备、信息等各种要素进行整合而构成的有机体。

（二）销售组织的特点

在企业的经营实践中，销售组织是企业组织体系的重要组成部分，具有以下特点：（1）销售组织的目标是通过各种销售活动完成企业销售目标，实现销售利润，提供令顾客满意的售后服务，并努力扩大产品和服务的市场占有率，为企业发展创造条件。（2）销售组织依据企业的产品特征、市场覆盖范围、流通渠道等因素构成不同的组织形式，有地区型组织、产品型组织、客户型组织及复合型组织。（3）销售组织的管理，以客户为导向，对人、财、物、信息等管理资源进行合理组织和充分利用。（4）销售组织是一个开放的系统，它与企业的战略和环境保持动态的适应，随着企业发展战略的调整和环境的变化，销售组织也要进行调整和变革，以保证较高的组织运行效率。

（三）销售组织的职能

销售组织的职能有基本职能和管理职能之别。对个体力量的汇集和放大效应是组织的两个基本职能。销售组织的管理职能包括计划职能、执行职能和控制职能。在完成不同的职能时，销售组织的工作内容侧重点各不相同。

（四）销售组织的设计原则

根据销售管理的需要和销售组织的目标特征，在设计销售组织时，必须遵循下列原则：（1）客户导向的原则；（2）统一指挥的原则；（3）精简与高效的原则；（4）管理幅度适度的原则；（5）权责对等的原则；（6）稳定而有弹性的原则。

（五）销售组织常见问题

常见问题如下：（1）效率低下；（2）管理失控，常见的管理失控现象有财务失控、信息失真、人员失信、关系失控；（3）沟通不畅；（4）追求短期利益 。

二、销售组织架构设计

常见的七种销售组织有：区域型销售组织、产品型销售组织、客户型销售组织、职能型销售组织、复合型销售组织、大客户销售组织、团队销售组织。

（一）区域型销售组织

区域型销售组织是指在企业的销售组织中，销售人员被分派到不同地区，在该地区全权代表企业开展销售业务。

优点如下：（1）销售区域主管权力相对集中，决策速度快；（2）销售人员责任明确，一个地区只设一个销售经理，全权代表企业销售所有产品，他的销售工作努力与否，会在地区业绩上得到直接反映；（3）与客户关系密切，地域责任能使销售人员积极开发当地业务和培养人际关系、客户关系；（4）地域集中，每个销售人员只在一定的区域内集中地开展销售活动，差旅费开支相对较少；（5）销售人员集中，易于管理；（6）在区域内有利于迎接竞争者的挑战。

缺点如下：（1）销售人员要从事所有的销售活动，技术上可能不够专业，不适应种类多、技术含量高的产品；（2）销售人员可能将大部分精力投入他最擅长的职能及最能增加获得报酬的产品和客户身上，这样可能违背企业总的管理目标和客户管理政策；（3）客户之间存在差异，使销售人员无法为客户提供适当而具体的服务。

（二）产品型销售组织

产品型销售组织是指企业按产品分配销售人员。企业将产品分成若干类，每个销售人员专门负责特定产品或产品线的销售业务。

优点如下：（1）各个产品项目有专人负责，使每个产品都不会被忽视；（2）产品销售经理能有效地协调各种销售职能，并对市场变化做出积极反应；（3）按产品进行专业化分工，有助于销售人员熟悉产品的特点，总结和积累各种产品有效的推销经验和方法；（4）当产品技术复杂，产品之间联系少或数量众多时，按产品专门化构建销售组织比较合适；（5）容易实现销售目标，有利于以利润最大化为目标进行商品管理，易于实现产销协调。

缺点如下：（1）缺乏整体观念，在这种组织模式中，各个产品销售经理相互独立，可能出现为保持各自产品利益而产生矛盾的现象；（2）部门冲突，一方面产品销售经理对其他营销职能部门依赖性强，另一方面他们却未必有足够的权威能协调与广告部门、销售部门、生产部门和其他部门的关系并得到支持和配合；（3）整体成本费用比较高，比较难管理；（4）当企业的产品种类繁多时，不同的销售人员会面对同一顾客群，这样不仅使销售成本提高，而且也会引起顾客的反感。

（三）客户型销售组织

企业按市场或客户类型来组建自己的销售队伍，对不同的行业客户安排不同的销售队伍，按大客户或一般客户安排销售人员，按现有业务或新业务发展安排不同的销售队伍。

优点如下：（1）每个销售人员都能了解到客户的特定需要，能更好地满足客户需要；（2）有时还能减少销售人员费用；（3）可以减少渠道摩擦，同时可以增加销售的深度与广度；（4）企业易于进行情报信息的搜集，为新产品开发提供思路。

缺点如下：（1）企业的销售政策受客户影响很大，容易出现缺乏连续性的现象；（2）销售人员要熟悉和负责销售产品线上众多的产品，培训费用高，销售人员负担重；（3）当主要客户减少时，这种组织类型会给企业造成一定的威胁；（4）销售区域重叠，造成工作重复，销售费用高。

（四）职能型销售组织

职能型销售组织是企业按销售职能专业化的方式来组织销售人员，即把承担相同职能的管理业务及其人员组合在一起，设置相应的管理部门和管理职务。

优点如下：(1) 销售工作的各种职能可以得到充分发挥；(2) 销售活动分工明确，实现销售活动的专业化，有利于培养销售专家；(3) 资源配置更加清晰明确。

缺点如下：(1) 指挥系统复杂，容易出现多头管理，造成管理混乱；(2) 部门间关系难以协调；(3) 部门和销售人员数量增多，管理成本增加；(4) 销售活动缺乏灵活性。

(五) 复合型销售组织

复合型销售组织是指企业组合使用区域型销售组织、产品型销售组织、客户型销售组织、职能型销售组织这几种结构。例如，可以按产品和区域划分组织，也可以按客户和区域来划分，还可以按产品和客户来划分。

(六) 大客户销售组织

大客户组织指以客户的规模和复杂性为划分依据的市场专业化销售组织，企业设置专门的机构和人员来负责大客户的销售业务。

(七) 团队销售组织

未来销售发展的趋势是由个人销售发展为团队销售，企业团队销售组织的设计与建立成为必然。团队销售组织的设计应富有弹性，因企业性质的不同而不同，因销售性质的不同而不同，但基本上都是由销售人员和有关职能人员组成。

三、销售岗位职责设计

(一) 销售组织的基本岗位

销售组织的基本岗位有营销总监、销售经理、销售人员、客户服务人员。

(二) 销售组织的基本岗位的职责

(1) 营销总监的职责。营销总监是企业销售方针制定、战术运用的指挥者和实践者。营销总监由于经常置身市场，对产品的定位、机会创新、推广有着敏锐感觉和独到见解，而这些是制定经营方针、明确营销策略及落实团队管理的具体表现。营销总监的职责是把多年养成的市场经验的综合优势与企业战略形成高度统一。

(2) 销售经理的职责。销售经理全面管理企业销售行为，执行并完成营销总监所下达的销售目标。其职责包括完成销售部的任务目标、建立并保持与地区经销商的业务关系、实现或超额完成销售目标及促销目标、管理及发展销售主管和销售代表等。

(3) 销售人员的职责。销售人员负责企业核心销售业务，工作内容包括开拓客户、上门拜访客户采集需求、客户方案的制作、异议处理及合同签订、客户资料及款项的回收、客户档案的移交、老客户的维护等。

(4) 客户服务人员的职责。客户服务人员的主要职责包括处理日常客户投诉问题、接听客户来电、回复客户邮件、对客户所提的意见及建议进行反馈并进行跟踪处理、收集分析日常客户问题等。

重点和难点

本章应掌握的知识如下：（1）销售组织的设计原则；（2）销售组织的主要类型；（3）销售组织的基本架构；（4）销售组织的基本岗位及其职责。

同步综合练习题

一、单项选择题

1. 销售组织的管理，以(　　)为导向，对人、财、物、信息等资源进行合理组织和充分利用。
   A. 市场　　B. 客户　　C. 产品　　D. 员工
2. 市场需求是企业销售活动的核心和出发点，因此在设计销售组织时，管理者必须首先关注(　　)。
   A. 市场　　B. 客户　　C. 产品　　D. 员工
3. 在销售组织设计中与管理幅度密切相关的是(　　)。
   A. 管理跨度　　B. 管理人员　　C. 管理需求　　D. 管理层次
4. 产品型销售组织模式首先出现于(　　)。
   A. 通用食品公司　　B. 美国国际商业机器公司
   C. 美国宝洁公司　　D. 美国通用电器公司
5. 职能型销售组织是企业按(　　)专业化的方式来组织销售人员。
   A. 销售工作　　B. 销售职能　　C. 管理业务　　D. 销售渠道
6. 对大客户的销售业务管理，企业通常实行(　　)负责制。
   A. 销售经理　　B. 营销总监　　C. 销售人员　　D. 职能人员
7. 未来销售发展的趋势是由(　　)发展为团队销售。
   A. 个人销售　　B. 区域销售　　C. 传统销售　　D. 网络销售
8. (　　)是企业销售方针制定、战术运用的指挥者和实践者。
   A. 销售经理　　B. 营销总监
   C. 销售人员　　D. 总经理
9. (　　)全面管理企业销售行为，执行并完成销售目标，(　　)负责企业核心销售业务。
   A. 销售经理　营销总监　　B. 营销总监 销售经理
   C. 营销总监　销售人员　　D. 销售经理 销售人员

二、多项选择题

1. 销售组织实施控制的主要手段是(　　)。
   A. 寻找机会　　B. 执行计划
   C. 检查计划　　D. 财务分析
   E. 销售研究
2. 销售组织的管理幅度一般要考虑组织结构中的哪些因素(　　)。
   A. 层次　　B. 处理问题的难易程度
   C. 管理人员的能力　　D. 授权
   E. 团队合作

3. 进行销售组织设计中常见的问题有（　　）。

A. 效率低下　　B. 追求短期利益

C. 管理失控　　D. 沟通不畅

E. 信息失真

4. 常见的销售组织有（　　）。

A. 团队销售组织　　B. 客户型销售组织

C. 职能型销售组织　　D. 国家销售组织

E. 大客户销售组织

5. 按销售工作的类型（渠道类型）划分销售部门，可以划分为（　　）。

A. 推广部　　B. 销售部

C. 电话销售部　　D. 电视销售部

E. 零售商批发部

6. 下列哪些是复合型销售组织（　　）

A. 按产品和区域划分组织

B. 按客户和区域划分组织

C. 按产品和客户划分组织

D. 按产品、区域和客户划分组织

E. 团队销售组织

7. 一个团队在选择采用团队销售组织时，必须要考虑的因素有（　　）

A. 团队的意愿问题　　B. 确定团队的规模

C. 确定团队的职能　　D. 团队整体的报酬机制问题

E. 团队个人的报酬机制问题

8. 销售经理的职责包括（　　）

A. 实现销售部的任务目标

B. 上门拜访客户采集需求

C. 建立并保持与地区经销商的业务关系

D. 处理日常客户投诉问题

E. 管理及发展销售主管及销售代表

9. 销售人员工作内容具体有（　　）

A. 搜集一线营销信息和用户意见，对企业营销策略、售后服务等提出参考意见

B. 根据企业产品、价格及市场策略，独立处置询盘、报价、合同条款的协商及合同签订等事宜

C. 动态把握市场价格，定期向企业提供市场分析及预测、包括和个人工作周报

D. 把握重点客户，控制70%以上的产品销售动态

E. 维护和开拓新的销售渠道和新客户，自主开发及拓展上下游用户，尤其是终端用户

三、名词解释

1. 销售组织

2. 管理幅度

3. 职能型销售组织

四、简答题

1. 简述销售组织的精简与高效原则。
2. 简述管理幅度与管理层次的关系。
3. 简述销售组织管理失控的常见现象。

五、论述题

1. 销售组织的职能有哪些？
2. 设计销售组织时必须遵循的原则有哪些？
3. 什么是产品型销售组织及其优点？

六、案例分析

“两节期间”A公司的举措

A公司的主营产品是高级红酒。今年A公司营销总监在年终会上针对红酒销售工作提出如下问题：一是红酒货源供应策略的制定与市场需求存在较大差异；二是有关部门总是根据公司的历史销售数据组织有效货源，导致供需严重不平衡。为了避免此类问题出现，A公司“两节期间”决定采取如下措施：根据元旦、春节期间市场需求变化，积极组织货源，加大适销品牌的采购力度，公平投放货源，有效满足零售客户两节期间的市场需求。据了解，A公司红酒销售区域很广，并且每个区域的消费者购买行为与需求存在很大差异，为此该公司建立了相关组织。

思考题：

1. A公司“两节期间”所采取的措施体现出销售组织设计的哪个原则？
2. 销售组织中，营销总监的职责具体有哪些内容？
3. 常见的销售组织有哪些？A公司应建立哪种类型的销售组织及该销售组织有哪些优点？

参考答案

一、单项选择题

1. B　2. A　3. D　4. C　5. B　6. C　7. A　8. B　9. D

二、多项选择题

1. DE　2. ABCD　3. ABCDE　4. ABCE　5. CDE　6. ABCD
7. BCDE　8. ACE　9. ABCE

三、名词解释

1. 销售组织：销售组织是企业为了实现销售目标而将具有销售能力的销售人员、产品、资金、设备、信息等各种要素进行整合而构成的有机体。

2. 管理幅度：管理幅度也称管理跨度，是指一个上级能直接而有效地领导下级的人数。销售组织的管理幅度多少人为宜一般要考虑组织结构中的层次、处理问题的难易程度、管理人员的能力、授权等因素。

3. 职能型销售组织：职能型销售组织是企业按销售职能专业化的方式来组织销售人员，即把承担相同职能的管理业务及其人员组合在一起，设置相应的管理部门和管理职务。职能型组织是以销售人员的工作方法和技能作为部门划分的依据，其具体有两种形式：一是按销售工作的主要职能划分销售部门；二是按销售工作的类型（渠道类型）划分销售部门。

四、简答题

1. 精简原则是指销售组织的结构在满足管理需要和保证目标实现的前提下，把组织中的机构和人员的数量减少到最低限度，使组织结构的规模与所承担的任务相适应。高效原则是指通过建立合理的组织结构，使企业内部形成良好的运行机制，从而提高工作效率，降低流通成本，为社会提供优良服务，使企业的经济效益和社会效益不断提高。

精简与高效是手段和目的的关系，提高效率是销售组织设计的目的，而要提高销售组织的运行效率，又必须精简机构。具体地说，精简高效包含三层含义：一是销售组织应具备较高素质的销售人员、管理人员及合理的人才结构，使人力资源得到合理而又充分的利用；二是销售部门要因职设人而不是因人设职，销售组织中不能有游手好闲之人；三是销售组织结构应有利于形成团队合力，减少内耗。

2. 在销售组织设计中与管理幅度密切相关的是管理层次。管理幅度越小，所需管理层次就越多；反之亦然。管理幅度过大，将影响效率，但管理幅度过小，管理层次必然增加，将影响信息的上下传递。

3. 有些企业在销售组织迅速扩张的过程中出现了各种管理失控的现象。常见的管理失控现象如下：(1) 财务失控，销售费用持续上涨，但销售额并没有增加。有的销售人员或地区销售经理将产品销售收入挪作他用，形成体外资金；还有一些企业销货款大量呆滞，逐步形成死账、坏账。(2) 信息失真，有些销售人员没有向总部及时传递市场和客户信息，甚至谎报市场情报，夸大竞争对手的竞争实力和促销力度，推卸责任，以掩盖自己的无能；有的甚至趁机要求公司提高奖励的比例或要求加强广告或降价促销力度。(3) 人员失信，有些销售人员功高自恃，把持客户和经销商，建立私人关系，形成独立王国；有的甚至在向总部施加压力，要求降价和促销的同时，还向经销商要回扣，损公肥私。(4) 关系失控，有些企业规模大了之后，不注意与经销商和其他相关部门建立长期的合作关系，也没有建立一套市场危机处理机制，结果出现某些地区的经销商集体反水、消费者信用危机，这些情况直接危及整个销售体系和企业的形象。管理失控的结果使企业难以有效地运作，也难以快速地对现有的销售组织加以改造，最终使企业付出巨大的代价。

五、论述题

1. 答题要点。销售组织的职能包括基本职能和管理职能：

（1）对个体力量的汇集和放大效应是组织的两个基本职能；（2）销售组织的管理职能包括计划职能、执行职能和控制职能。

2. 答题要点。

在设计销售组织时，必须遵循下列原则：（1）客户导向的原则；（2）统一指挥的原则；（3）精简与高效的原则；（4）管理幅度适度的原则；（5）权责对等的原则；（6）稳定而有弹性的原则。

3. 答题要点。

产品型销售组织是指企业按产品分配销售人员，企业将产品分成若干类，每个销售人员专门负责特定产品或产品线的销售业务。

产品型销售组织的优点如下：（1）各个产品项目有专人负责，使每个产品都不会被忽视；（2）产品销售经理能有效地协调各种销售职能，并对市场变化做出积极反应；（3）按产品进行专业化分工，有助于销售人员熟悉产品的特点，总结和积累各种产品有效的推销经验和方法；（4）当产品技术复杂，产品之间联系少或数量众多时，按产品专门化构建销售组织比较合适；（5）容易实现销售目标，有利于以利润最大化为目标进行商品管理，易于实现产销协调。

六、案例分析题

答题要点。

1. A公司“两节期间”所采取的措施体现出销售组织设计的客户导向原则。

2. 营销总监是企业销售方针制定、战术运用的指挥者和实践者。营销总监的职责是把多年养成的市场经验的综合优势与企业战略形成高度统一，具体内容如下。

（1）完成企业年度营销目标及其他任务，对营销思想进行定位。

（2）有独立的销售渠道，具有良好的市场拓展能力。

（3）协调企业内外部关系，对企业市场营销战略计划的执行进行监督和控制。

（4）培训市场调查与新市场机会的发现。

（5）新项目市场推广方案的制订。

（6）成熟项目营销组织、协调和销售绩效管理。

（7）销售队伍的建设与培养等。

3. 常见的销售组织有区域型销售组织、产品型销售组织、客户型销售组织、职能型销售组织、复合型销售组织、大客户销售组织、团队销售组织。

A公司应建立区域型销售组织。区域型销售组织是指在企业的销售组织中，销售人员被分派到不同地区，在该地区全权代表企业开展销售业务。区域型销售组织的优点如下：（1）销售区域主管权力相对集中，决策速度快；（2）销售人员责任明确，一个地区只设一个销售经理，全权代表企业销售所有产品，他的销售工作努力与否，会在地区业绩上得到直接反映；（3）与客户关系密切，地域责任能使销售人员积极开发当地业务和培养人际关系、客户关系；（4）地域集中，每个销售人员只在一定的区域内集中地开展销售活动，差旅费开支相对较少；（5）销售人员集中，易于管理；（6）在区域内有利于迎接竞争者的挑战。

第3章 销售区域管理与时间管理

考核内容

本章考核内容有影响销售区域设计的因素，设计销售区域实现的目标，设计销售区域的步骤及依据，销售区域管理的策略，销售区域的时间管理策略，窜货的类型、原因表现、危害及解决窜货问题的策略。

一、销售区域设计

（一）销售区域的概念

销售区域是指在一定时期内分配给销售人员、销售部门、中间商的一群现有的和潜在的客户，因此销售区域就是“客户群”。

（二）影响销售区域设计的因素

影响销售区域设计的主要因素有销售区域目标、销售区域边界、销售区域市场潜力、销售区域市场涵盖、销售区域工作负荷。

（三）设计销售区域应实现的目标

一是公平性：设计出来的各个销售区域应公平合理、机会均等。

二是可行性：设计出来的各个销售区域应具有可赢利、可进入、可占领的特点。

三是挑战性：设计出来的各个销售区域既要使销售人员能正常发挥其工作潜力，又要有足够的销售潜力，使销售人员能经过努力取得更佳的销售业绩。

四是具体性：设计出来的销售区域界限清晰，市场潜力、销售目标等相关指标等尽量数字化、明确、易理解，使销售人员能确切地知道目标市场和自己要达到的目标。

（四）设计销售区域的过程

销售区域设计一般包括以下步骤。(1) 选择基本控制单元。选择基本控制单元是为了按照一定标准将它们组合成销售区域。一般采用的控制单元有省区、经济协作区、城市和邮政编码区。(2) 估计基本控制单元的销售潜力。(3) 组合销售区域。(4) 销售人员工作负荷分析。分析销售人员工作负荷的主要决定因素：决定每个销售人员工作负荷必须考虑的因素。确定销售人员工作负荷的方法——ABC 分析法和分解法。(5) 安排销售人员。

（五）设计销售区域的依据

设计销售区域的依据主要包括地域相近，地域内因素的相近性，地域内对本产品的需求度，本企业的财力、物力及管理人员储备状况。

二、销售区域管理

（一）销售区域管理的概念

销售区域管理是对具体销售区域进行整体规划和经营的过程，也就是对销售区域市场进行整体部署，制订和实施区域销售计划，控制销售活动，从而有效进入销售区域市场，实现区域销售目标。

（二）整体部署销售区域市场

整体部署销售区域市场主要包括如下三个方面的策略。(1) 市场分级：将某一区域市场分成若干相互关联的“亚区域市场”，每个“亚区域市场”再分成若干个相互呼应的“子区域市场”，各“子区域市场”可以相互连接成线。(2) 点面呼应：各“亚区域市场”的布点尽量以某个城市群（带）中某一中心城市为中心，以物流服务一日内可到达客户的距离为半径进行点面整合，使之形成辐射状、同心圆形、扇形或三角形等市场格局。(3) 点线呼应：以亚区域市场内或亚区域市场之间的铁路干线、公路干线、水运干线为主线，将交通枢纽城市贯穿成线，形成纵横交织的网络格局。

(三) 有效进入销售区域市场

进入区域市场的策略有如下六种。一是“造势”进入，“造势”策略是指企业在销售活动中凭借自己的智慧和力量，去积极主动地创造出一种有利于自己的态势、格局和趋向，从而进入目标销售区域市场。二是“攻势”进入，“攻势”策略是指企业凭借自己雄厚的实力，密集使用各种促销手段，从而抢占目标销售区域市场优势竞争地位。采用攻势策略要求企业具有雄厚的实力。三是“强势”进入，“强势”策略是可供强势企业或品牌运用的市场进入策略。四是“弱势”进入，“弱势”策略主要适用于弱势品牌，弱势品牌应当集中火力在优势资源上，展现自己的特性和魅力，极力争取一定的市场份额。五是“顺势”进入，“顺势”策略指小品牌或局限于区域内的地区性品牌借助已有的形势，顺风张帆，顺势而为，借冕生誉的策略。六是“逆势”进入，反其道而行之即为“逆势”，独排众议者，虽然可能一时孤独，却因为独具眼光而扭转局势，反败为胜。

(四) 销售区域市场开拓策略

区域市场的开拓策略是决定地区市场销量的主要因素。在制定区域市场开拓决策时，必须重点考察以下几个方面。(1) 分析现状，设定目标之前，应确切地把握所在区域的现状。(2) 设定目标，目标是销售团队行动的标的和方向。目标务必清楚、具体，并铭记在心。(3) 制作销售地图，制作并使用销售地图可以使销售活动视觉化。(4) 市场细分，为利于销售行动的进行，必须进行区域市场的进一步细分，一般有以下市场细分原则可供参考：购买动机细分原则、购买时机细分原则、交易主体细分原则、交易客体细分原则、交易地点细分原则、交易方法细分原则。(5) 采取推式策略或拉式策略。(6) 对付竞争者，要占据竞争者的市场份额，必须先找出竞争者的弱点。(7) 开发新客户，开发新顾客是维系企业和区域市场生存的一项日常工作。(8) 让销售人员明确活动目标。

(五) 责任辖区的规划和经营

为实现有效经营，销售区域主管必须对责任辖区、销售人员数目、销售人员的销售路线三者进行协调。由于销售人员的绩效通常与拜访客户成正比，所以，在规划销售人员责任辖区大小时，要考虑客户数量、客户分布的密度、拜访次数、每位销售人员每天出勤时间等因素。责任辖区划分到人后，销售人员必须有效经营和管理自己辖区内的客户，视客户的重要程度、任务的不同，分别按销售路线进行拜访。

经营责任辖区包括绘制“责任辖区地图”、利用“责任辖区地图”检讨销售战略、确定责任辖区的行动顺序等工作。

三、销售区域的时间管理

销售人员在时间分配上要考虑销售区域内的客户数量、对客户进行销售访问的次数、每次销售访问所需的时间、对客户进行销售访问的频率、在销售区域内旅行的时间、非销售时间、投入时间的收益等因素。

（一）规划拜访路线

销售人员规划自己的拜访路线，应注意如下问题：一是综合考虑，统筹安排，用最少的时间和费用，拜访尽可能多的客户；二是销售人员的拜访客户计划应包括拜访对象、拜访目的、拜访时间、拜访客户数量，以及拜访日程和路线安排；三是设计拜访日程和路线时应考虑当地的交通状况；四是合理安排拜访路线，避免来回折返。

有效的拜访路线设计程序如下：第一步，确定拜访路线形式，常见的拜访路线有以下几种，即直线式路线、跳跃式路线、循环式路线、三叶式路线、星形式路线、8字形路线；第二步，编排以天为单位的拜访路线。

（二）确定拜访频率

销售人员确定拜访频率时应考虑：（1）是否有工作需要，即是否能为客户提供他们所需要的服务和满足他们的需要；（2）与客户的熟识程度；（3）考虑客户的订货周期，做到实时满足客户订货需求。

（三）时间管理策略

销售人员时间管理策略包括制订日、周、月计划，对客户进行分析，销售经理应对销售人员的工作给予更多的支持和帮助，充分利用现代信息技术提高销售时间效率。

四、窜货管理

（一）窜货的概念

窜货是指中间商为了赢利而跨过自身覆盖的销售区域进行的有意识销售，即产品的越区销售或跨区销售，也称为冲货或倒货。

（二）窜货的类型

窜货按照动机不同分为三种类型。（1）恶性窜货，是指中间商为了牟取非正常利润，蓄意向非辖区倾销产品的行为。（2）自然窜货，是指中间商在获取正常利润的同时，无意中向自己辖区以外的市场倾销产品的行为，一般发生在辖区临界处或物流过程，非中间商恶意所为。（3）良性窜货，是指企业在市场开发初期，有意或无意选择了流通性很强的中间商，使其产品流向非辖区目标市场或空白市场的现象。

（三）窜货的原因

造成窜货的原因如下：一是中间商为了完成销售任务和获得高额奖励；二是不同区域

市场相同产品的售价存在差异；三是管理制度有漏洞，监控不力；四是抛售处理品和滞销品；五是恶意冲击竞争对手市场。

（四）窜货的表现

窜货的表现形式有四种。（1）分公司之间的窜货，分公司之间的窜货将使价格混乱，甚至导致市场崩溃。（2）中间商之间的窜货。（3）低价倾销过期或即将过期的产品。（4）销售假冒伪劣产品，更为恶劣的窜货现象是经销商将假冒伪劣商品与正品混同销售，掠夺市场。

（五）窜货的危害

窜货的主要危害如下：一是中间商对企业不信任，对产品失去信心；二是混乱的价格和充斥市场的假冒伪劣产品，使消费者对品牌失去信心；三是损害品牌形象，使先期投入无法得到合理的回报；四是竞争品牌会乘虚而入，取而代之。

（六）解决窜货问题的策略

解决窜货问题的策略主要有两种：（1）从根源上解决窜货问题，包括选择好中间商、创造良好的销售环境、制定完善的销售政策；（2）有效预防窜货策略，包括制定合理的奖惩措施、建立监督管理体系、减少渠道拓展人员参与窜货、培养和提高中间商忠诚度、利用技术手段配合管理。

（七）窜货的善后工作

一旦出现窜货现象，企业应积极进行处理，将损失降低到最低限度，主要应做好防止窜货的扩大、制裁窜货中间商、安抚被窜货中间商等工作。

重点和难点

本章应掌握的知识如下：（1）销售区域设计的原则和步骤；（2）销售区域管理的主要策略；（3）销售区域的时间管理策略；（4）窜货的概念、类型和危害；（5）预防窜货的策略。

同步综合练习题

一、单项选择题

1. 销售区域设计的决定性因素是(　　)。
   A. 销售区域目标　　B. 销售区域市场潜力
   C. 销售人员的工作负荷　　D. 销售区域的市场涵盖
2. 基本控制单元的销售潜力是由其(　　)决定。
   A. 销售目标　　B. 市场潜力
   C. 销售边界　　D. 销售人员工作负荷
3. 组合销售区域的基本原则是(　　)。
   A. 各区域销售潜力相对均衡　　B. 各区域销售人员数量相对均衡
   C. 各区域销售目标相对均衡　　D. 各区域销售策略相对均衡
4. 设计销售区域最重要的依据是(　　)。
   A. 企业财力物力大小　　B. 地域文化差异
   C. 便于管理　　D. 地域产品需求
5. 通常销售明星拜访客户会选择的路线是(　　)。
   A. 跳跃式路线　　B. 循环式路线
   C. 三叶式路线　　D. 星形式路线
6. 恶性窜货最常用的方法是(　　)。
   A. 降价销售　　B. 销售假冒伪劣产品
   C. 区域外市场倾销　　D. 低买高卖
7. 推式策略的主要手段是(　　)。
   A. 广告　　B. 公关　　C. 人员推销　　D. 营业推广
8. 味全奶粉从地区市场切入，以城镇为突破口来建立市场区域基础的方式属于(　　)。
   A. “强势”进入　　B. “顺势”进入
   C. “弱势”进入　　D. “逆势”进入
9. 按照“零售商-批发商-生产商”的顺序，进入市场，是(　　)。
   A. “强势”进入　　B. “顺势”进入
   C. “弱势”进入　　D. “逆势”进入

二、多项选择题

1. 设计销售区域应实现的目标(　　)。
   A. 公平性　　B. 可行性　　C. 挑战性　　D. 具体性
   E. 潜在性
2. 设计销售区域的依据(　　)。
   A. 地域相近　　B. 地域边界
   C. 地域内因素的相近性　　D. 地域内对本产品的需求度
   E. 本企业的财力、物力及管理人员储备状况

3.“造势”者在进入市场前必须考虑以下问题(　　)。

A. 所造之势对区域潜在市场的影响力的大小

B. 造势工具的整合

C. 造势者的自身实力

D. 竞争者可能的反击或追随

E. 市场已有规模

4. 在规划销售人员责任辖区大小时，要考虑以下哪些因素(　　)。

A. 客户数量　　B. 客户分布的密度

C. 拜访次数　　D. 销售人员自身意愿

E. 每位销售人员每天出勤时间

5. 适度的拜访频率很重要。一般在确定拜访频率时，要考虑如下因素(　　)。

A. 销售人员自身意愿　　B. 是否有工作需要

C. 与客户的熟识程度　　D. 销售经理的时间安排

E. 客户的订货周期

6. 发生窜货需要具备三个条件(　　)。

A. 窜货主体　　B. 窜货客体

C. 环境　　D. 诱因

E. 市场区域

三、名词解释

1. 销售区域
2. 销售区域管理
3.“攻势”进入策略
4. 窜货

四、简答题

1. 决定每个销售人员工作负荷必须考虑的因素。
2. 市场细分的原则有哪些?
3. 窜货的表现极其危害。
4. 窜货的善后工作有哪些?

五、论述题

1. 论述确定销售人员工作负荷的两种方法。
2. 论述几种常用的时间管理策略。
3. 论述造成窜货现象的主要原因。

六、案例分析

JACK&JONES 进入区域市场三策略

男装如何打入区域市场，具体要采取哪些有效措施，如何保持业绩增长?这些都是希望开拓新市场的男装企业所广泛关注的问题。

（一）导入期——调查是关键

在 JACK&JONES 进入杭州市场之前，首先调查了当地同类男装市场的状况，对竞争品牌的历史、经营销售状况、市场策略等情况进行全方位的了解。只有这样，才能找准定位，做到有的放矢。

对于零售品牌的公司，数据管理起到了至关重要的地位。数据最能科学和客观反映企业所需信息。因此，要对当地男装市场的销售数据做客观分析，首先要得到真实的数据。数据的获取有三个渠道。

第一，从当地重要的百货公司那里得到准确的数据。

第二，到竞争品牌专卖店去统计进客量和拎袋率。

第三，到竞争品牌的柜台购买产品，同时向售货员了解竞争品牌的销售状况。

除对数据进行分析，还要对当地消费者的需求做到心中有数。了解消费者的需求，是品牌新进市场所必做的功课。常用的方式就是通过咨询公司，进行透镜访谈。预先设定一些问题，对品牌的目标消费群体进行访谈。

（二）进入期——系统思考市场

通过前期的调查，JACK&JONES 得到了一些初步判断，即品牌的机会、品牌的困难、品牌该如何做；然后，就要开始考察适合自己品牌开店的地区，根据自己品牌的定位，研究当地区域的消费层次，设定自己开店区域。

（三）运作期——决胜在终端

JACK&JONES 进入新市场时会在时尚杂志进行宣传，很少利用当地媒体。它致力于打造终端形象店和终端服务，如对专柜装修和对销售人员培训。终端形象店既展示了品牌形象，又是一种品牌推广方式。

终端培训是 JACK&JONES 的传统，优质的终端服务是它宣传自己的一种方式。JACK&JONES 认为，好的服务能带来好的口碑。与很多品牌重视广告宣传不同，它更看重消费者口碑宣传。

JACK&JONES 的做法让其在进入新的市场后能够稳健发展，并且不断在新渠道的拓展中取得成功。JACK&JONES 多年来取得的销售佳绩就是一个很好的证明 。

思考题：

1. 结合案例分析 JACK&JONES 进入杭州市场的策略。
2. 结合案例论述销售市场开拓应重点考察哪些方面？

参考答案

一、单项选择题

1. C　2. B　3. A　4. C　5. D　6. A　7. C　8. C　9. D

二、多项选择题

1. ABCD　2. ACDE　3. ABD　4. ABCE　5. BCE　6. ACD

三、名词解释

1. 销售区域是指在一定时期内分配给销售人员、销售部门、中间商的一群现有的和潜在的客户，因此销售区域就是“客户群”。

2. 销售区域管理是对具体销售区域进行整体规划和经营的过程，也就是对销售区域市场进行整体部署，制订和实施区域销售计划，控订销售活动，从而有效进入销售区域市场，实现区域销售目标。

3. “攻势”进入策略是指企业凭借自己雄厚的实力，密集使用各种促销手段，从而抢占目标销售区域市场优势竞争地位。

4. 窜货是指中间商为了赢利而跨过自身覆盖的销售区域而进行的有意识销售，即产品的越区销售或跨区销售，也称为冲货或倒货。

四、简答题

1. (1) 销售工作的性质：销售工作的性质影响销售人员销售访问的形式。(2) 产品特性：不同的产品销售访问形式的不同。(3) 市场开拓阶段：市场开拓初期，可设计较大的销售区域，以保证足够的销售潜力。(4) 市场涵盖的强度：有大量分销商的公司，要求小的销售区域，以增加市场占有率。(5) 竞争性：如果一家公司决定与另一家公司竞争，一般都采取缩小销售区域策略，同时增加销售人员的拜访频率和对每个客户的访问时间。另外，如果竞争加强，公司可采取有选择的竞争，销售人员只拜访某几个关键客户。

2. (1) 购买动机细分原则。(2) 客购买时机细分原则。(3) 交易主体细分原则。(4) 交易客体细分原则。(5) 交易地点细分原则。(6) 交易方法细分原则。

3. (1) 窜货的表现形式主要有、分公司之间的窜货、中间商之间的窜货、低价倾销过期或即将过期的产品、销售假冒伪劣产品。

(2) 窜货的主要危害主要如下：中间商对企业不信任，对产品失去信心；混乱的价格和充斥市场的假冒伪劣产品，使消费者对品牌失去信心；损害品牌形象，使先期投入无法得到合理的回报；竞争品牌会乘虚而入，取而代之。

4. (1) 防止窜货的扩大。(2) 制裁窜货中间商。(3) 安抚被窜货中间商。

五、论述题

1. 答题要点。

(1) ABC 分析法：这种方法最基本的假设是所有的销售人员都承担同样的工作量。使用这种方法，管理者必须统一估计目标市场所需要的工作量，包括客户的数目、每个客户应访问的次数和时间，计算出该目标市场的工作量，从而确定销售人员的数量。这种方法共分六个步骤，一是将客户进行分类，基于每个客户销售水平，将客户分为 A、B、C 三类，企业 15%的 A 类客户占有企业 65%的销售量，20%的 B 类客户占有企业 20%的销售量，65%的 C 类客户占有 15%的销售量；二是决定每类客户的访问频率和每次访问时间，二者相乘可以获得每位客户总计访问时间；三是计算总工作负荷，即先计算针对每类客户的工作量，再求和，每类客户数乘以每位客户总计访问时间即为每类客户工作量；四是确定每个销售人员一定时期内的工作时间；五是确定销售人员的时间分配，主要指销售人员在销售时间、交通时间和非销售时间等方面的时间分配；六是计算所需要的销售人员数量，将一定时期内总工作量除以一定时期内一个销售人员用于销售工作的时间即可获得所需销售人员数量。

(2) 分解法，即把每个销售人员都看作一个销售单位，每个销售单位用销售人员在一定时期内的销售额表示。销售队伍规模由企业总预测销售额和每个销售人员所能完成的销售额决定。其计算公式如下：

$$N = S/P$$

式中，N 为需要的销售人员数量；S 为预测的总销售额；P 为每个销售人员所能完成的销售额。

2. 答题要点。

(1) 制订日、周、月计划：古语云，“凡事预则立，不预则废”。制订拜访计划是销售人员合理安排时间的保证。

(2) 对客户进行分析：销售人员应确定所有的现实客户和潜在客户，并估计客户的购买潜力，进而以此为基础确定销售频度模型，包括销售次数、销售时限和间隔时间。

(3) 销售经理应对销售人员的工作给予更多的支持和帮助：销售经理的指导应包括搜集销售情报、识别决策人、安排销售宣传、制订拜访客户计划等，这样使销售人员节约销售时间，提高销售绩效。

(4) 充分利用现代信息技术，提高销售时间效率：计算机技术、网络技术、通信技术等现代信息技术可以帮助销售人员进行市场分析和计算，提供各种即时通信的工具，可以节约销售人员的时间，提高销售效率。

3. 答题要点。

(1) 中间商为了完成销售任务和获得高额奖励。中间商都有一个最基本目标，即完成企业的销售任务。一般企业以销售业绩对中间商进行考核，并以业绩考核结果作为决定其销售政策的依据，销售业绩也直接影响其经销或代理产品的利益。如果中间商不能完成双方约定的销售任务，可能面临惩罚，甚至被更换。另外，企业针对渠道成员制定的种种激励措施，一般以中间商完成一定额度的销售量为基准，中间商超额完成率越高，就可以获得越多的奖励，带来的利润越丰厚。因此，中间商为了完成销售任务，保住产品代理权或经销权，也为了能获取高额的奖励，将产品以低价向其他区域市场销售。

(2) 不同区域市场相同产品的售价存在差异。生产商给予各区域中间商的优惠政策不同，或者不同区域运输成本不同，或者不同区域的销售环境的不同等，造成区域市场的价格差异。同种产品，只要价格存在地区差异，或者只要同种产品在不同地区的畅销程度不一，就可能产生地区间的流动，从而出现各区域中间商相互间的窜货现象。

(3) 管理制度有漏洞，监控不力。有些企业没有针对窜货的管理制度，对中间商及销售人员没有严格的规定，没有奖惩措施。出现窜货现象时，无章可依，往往处理不严，达不到约束中间商的目的，导致中间商的窜货行为愈演愈烈。有些企业虽有相关的规章制度，但反应迟钝，不能及时发现窜货现象；或者有法不依，片面追求销售量，采取短期行为，对窜货姑息纵容。

(4) 抛售处理品和滞销品。中间商辖区销货不畅，造成积压，生产商又不予退货，中间商为了规避风险，置企业信誉和消费者利益于不顾，将积压的、过期的甚至变质的产品拿到畅销市场销售。还有些中间商甚至把假冒伪劣产品与正牌产品一起销售。

(5) 恶意冲击竞争对手市场。有些企业为了在市场竞争中取得有利地位，而有意向其他区域市场低价倾销，冲击竞争对手的市场。更有甚者，到要窜货的目标市场用正常批发价买进来，经过某种处理后，如消除识别产品的有关编号和区号等货源信息，再返回市场低价销售。

六、案例分析

答题要点。

1. JACK&JONES进入新市场时选用“造势”进入的策略，在时尚杂志进行宣传。它致力于打造终端形象店和终端服务，如对专柜装修和对销售人员培训。终端形象店既展示了品牌形象，又是一种品牌推广方式。另外，它同样运用自身的品牌优势，采取“强势”进入策略，优质的终端服务是他们宣传自己的一种方式。JACK&JONES认为，好的服务能带来好的口碑。与很多品牌重视广告宣传不同，它更看重消费者口碑宣传。

2. (1) 分析现状：设定目标之前，应确切地把握所在区域的现状。在JACK&JONES进入杭州市场之前，首先调查了当地同类男装市场的状况，对竞争品牌的历史、经营销售状况、市场策略等情况进行全方位的了解。

(2) 设定目标：目标是销售团队行动的标的和方向。首先调查了当地同类男装市场的状况，对竞争品牌的历史、经营销售状况、市场策略等情况进行全方位的了解。只有这样，才能找准定位，做到有的放矢。

(3) 制作销售地图：制作并使用销售地图可以使销售活动视觉化。根据自己品牌的定位，研究当地区域的消费层次，设定自己开店区域。

(4) 市场细分：为利于销售行动的进行，必须进行区域市场的进一步细分。通过咨询公司，进行透镜访谈。预先设定一些问题，对品牌的目标消费群体进行访谈。

(5) 采取推式策略或拉式策略：这是古老而又崭新的课题。优质的终端服务是它宣传自己的一种方式。JACK&JONES认为，好的服务能带来好的口碑。与很多品牌重视广告宣传不同，它更看重消费者口碑宣传。

第4章 销售渠道设计

考核内容

本章考核内容有渠道结构的类型、渠道结构评估选择方法、影响渠道结构设计的因素、销售渠道管理的内容、销售渠道管理中存在的问题及解决策略、销售渠道控制的类型。

一、销售渠道结构

（一）销售渠道的概念

销售渠道是指商品或服务从生产者向顾客转移所经过的通道或途径，它是由一系列相互依赖的组织机构组成的商业机构。销售渠道的起点是生产者，终点是消费者（生活消费）或用户（组织消费），中间环节是各种类型的中间商，包括经销商、代理商和营销服务机构（如市场调查公司、广告公司、财务公司等）。

销售渠道对产品和服务从生产商转移到顾客所必须完成的工作加以组织，其目的是消除产品或服务与使用者之间的分离，它承担着联结产销、反馈信息、促进销售、承担风险、实体分配和协商谈判等职能。

（二）销售渠道的基本要素

销售渠道的基本要素包含两种：渠道成员和渠道结构。

（1）渠道成员

广义地说，某产业链的任何一个组成部分，都是一个渠道成员。生产商、代理商、经销商及用户都是渠道成员，而且是基本渠道成员（basic channel member），因为它们拥有产品或服务的所有权或代理产品或服务的销售并相应地承担实质性的风险。除基本渠道成员之外，像广告公司、公关公司、市场研究机构、运输公司等，它们并不拥有产品或服务的所有权，也不承担相应的市场风险，但是它们对产品或服务从生产商转移到用户手中这个过程具有促进作用，因此这类渠道成员被归属为特殊渠道成员（special channel member）。

（2）渠道结构

销售渠道的结构，可以分为长度结构（层级结构）、宽度结构、广度结构三种类型。三种渠道结构是渠道设计的三大构成要素或称为渠道变量。

第一，长度结构（层级结构）。销售渠道的长度结构，又称为层级结构，是指按照其包含的渠道中间商（购销环节），即渠道层级数量的多少来定义的一种渠道结构。通常情况下，根据包含渠道层级的多少，可以将一条销售渠道分为零级、一级、二级和三级渠道等。

第二，宽度结构。渠道的宽度结构，是根据每一层级渠道中间商的数量的多少来定义的一种渠道结构。渠道的宽度结构受产品的性质、市场特征、用户分布及企业营销战略等因素的影响。渠道的宽度结构分成三种类型——密集型分销渠道、选择性分销渠道和独家分销渠道。

第三，广度结构。渠道的广度结构，实际上是渠道的一种多元化选择，也就是说许多企业实际上使用了多种渠道的组合，即采用了混合渠道模式来进行销售。

渠道结构评估选择方法有五种。

第一，财务评估法。财务评估法（financial approach）是兰伯特在20世纪60年代提出的一种方法。他指出，财政因素才是决定选择何种渠道结构的最重要的因素。

第二，交易成本评估法。交易成本（TCA，transaction cost analysis），最早由威廉姆森提出。该方法的重点在于企业要完成其销售渠道任务所需的交易成本。

第三，权重因素记分法。由科特勒提出的“权重因素法”是一种更精确地选择渠道结构的直接定性方法。该方法通过对每项备选的决策因素的重要性进行赋权和选择依据的因素打分，然后将权重和因素分数相乘得到总分，按照总分高低排序，最高者为最佳选择。

第四，直接定性判定法。直接定性判定法主要依据各种渠道的成本、成员组成、管理等，以及企业销售管理人员的经验进行判断和选择。

第五，渠道销售成本比较法。渠道销售成本比较法把各个渠道模式的成本与收益作为最主要的评估因素，通过对投入和收益的比较选择成本低收益大的渠道结构。

影响渠道结构设计的因素主要包括目标市场、商品因素、生产企业本身的条件、环境因素、中间商特性。

第一，目标市场。目标市场的状况如何，是影响企业销售渠道选择的重要因素，是企业销售渠道决策的主要依据之一。市场因素主要包括目标市场范围的大小及潜在需求、市场的集中与分散程度、顾客的购买特点、市场竞争状况等。

第二，商品因素。由于各种商品的自然属性、用途等不同，其采用的销售渠道也不相同，主要包括商品的性质、商品的时尚性、商品的标准化程度和服务、商品价值大小、商品市场寿命周期等。

第三，生产企业本身的条件。生产商自身的能力和特点也对渠道设计产生影响。主要影响因素包括：企业的生产、经营规模，企业的声誉和形象，企业经营能力和管理经验，企业控制渠道的程度等。

第四，环境因素。销售渠道设计需要考虑四个方面的环境因素：一是经济状况；二是销售区域习惯；三是政策环境；四是竞争特性。

第五，中间商特性。销售渠道设计时，还必须考虑执行不同任务的中间商的优缺点。一方面，要考虑各种中间商在物流配送、宣传促销、信用条件、退货特权、人员训练和送货频率等方面不同的特点和要求；另一方面，必须对中间商自身的销售条件进行评估。

二、销售渠道管理

（一）销售渠道管理的概念

销售渠道管理是指生产商为实现企业销售的目标而对现有渠道进行管理，以确保渠道成员间、企业和渠道成员间相互协调和能力合作的一切活动，其意义在于共同谋求最大化的长远利益。

（二）销售渠道管理的内容

销售渠道管理工作包括选择渠道成员、激励渠道成员、评估渠道成员、根据市场变化调整渠道等内容。

(1) 选择渠道成员。各种中间商是构成销售渠道的主体。生产商选择中间商是为了资源的最大利用和最优匹配，实现厂商共赢。但中间商自身的经营机制、销售能力、声誉等对营销效果有直接影响，生产商在选择中间商时应注意遵循如下三种原则——战略匹配、市场匹配和资源匹配。

（2）激励渠道成员。对渠道成员的激励是为了促进渠道成员将更多的资源投入自己的品牌，包括生产商为促进渠道成员努力完成销售目标而采取的各种激励或促进政策。激励措施不仅是渠道管理的重要组成部分，更是生产商实现渠道管理目标的重要手段之一。具体激励方法有以下三种——给予中间商奖励、对中间商销售全过程的支持和为中间商提供培训支持。

（3）评估渠道成员。生产商必须依据一定标准定期衡量、评估渠道成员的表现，检查其销售定额的完成情况，以及平均存货水平、服务水平、市场覆盖、仓储质量、付款情况、促销的合作程度、客户服务质量等情况。评估中间商的绩效，主要有两种方法。第一种评估方法是将每一中间商的销售绩效与上期的绩效进行比较，并以整个群体的升降百分比作为评价标准；第二种评估方法是将中间商的绩效与该地区的销售潜力分析所设立的配额相比较。

（4）调整渠道。生产商要根据市场的变化情况对渠道进行调整。对渠道的调整可以分为三个层次：增加或剔除个别渠道成员；增加或剔除某些市场渠道；更改整个渠道，启用新渠道。

（三）销售渠道管理中存在的问题及解决策略

（1）渠道不统一引发生产商与中间商之间的矛盾，企业应该解决由市场狭小造成的企业和中间商之间的冲突，统一企业的渠道政策，使服务标准规范。

（2）渠道冗长造成管理难度加大，应该缩短产品到达顾客的时间，减少环节降低产品的损耗，生产商有效掌握终端市场供求关系，减少企业利润被分流的可能性。

（3）渠道覆盖面过广，生产商必须有足够的资源和能力去关心每个区域的运作，尽量提高渠道管理水平，积极应对竞争对手对薄弱环节的重点进攻。

（4）企业对中间商的选择缺乏标准，在选择中间商的时候，不宜过分强调中间商的实力，而忽视了很多容易发生的问题，比如实力大的中间商同时也会经营竞争品牌，并以此作为讨价还价的筹码。

（5）企业不能很好地控制和管理终端，应该充分利用渠道里的资源优势，管理好中间商，这是决胜终端的关键。

（6）忽略渠道的后续管理，应该注意与渠道成员的感情沟通与交流，时刻关注产品、竞争结构、行业发展、中间商能力、顾客行为等，根据市场的发展状况不断加以调整。

（7）盲目自建网络，企业应该根据自身实际情况建立销售网络，避免盲目的行为。

（8）新产品上市的渠道选择混乱，在推广新品上市的过程中，应该认真评价和选择中间商。

（四）销售渠道控制

企业可以对其分销渠道实行两种不同程度的控制，即高度控制和低度控制。

（1）高度控制（绝对控制）。生产商能够选择负责其产品销售的中间商类型、数目和地理分布，并且能够支配这些中间商的销售政策和价格政策，这样的控制称为高度控制。根据生产商的实力和产品性质，绝对控制在某些情况下是可以实现的。一些生产特种产品的大型生产企业，往往能够做到对营销网络的绝对控制。绝对控制对某些类型的生产企业有着很大的益处，对于特种商品来说，利用绝对控制维持高价格可以维护产品的优良品质形象；对于一般产品，绝对控制也可以防止价格竞争，保证良好的经济效益。

（2）低度控制。企业通过对中间商提供具体支持协助来影响中间商，这种低程度的控制称为低度控制。低度控制又可称为影响控制，包括向中间商派驻代表、与中间商多方式合作。①向中间商派驻代表。大型企业一般都派驻代表到经营其产品的中间商中去亲自监督商品销售。生产商代表也会给渠道成员提供一些具体帮助，同时生产商也可以直接派销售人员支援中间商。②与中间商多方式合作。企业可以利用多种方法激励中间商宣传商品，如与中间商联合进行广告宣传，并由生产商负担部分费用；支持中间商开展营业推广、公关活动；对业绩突出的中间商给予价格、交易条件上的优惠；对中间商传授推销、存货销售管理知识，提高其经营水平。

重点和难点

本章需要掌握的知识点如下：（1）销售渠道的概念、销售渠道的基本要素；（2）渠道结构评估选择方法、影响渠道结构设计的因素；（3）销售渠道管理的概念、销售渠道管理的基本内容、销售渠道管理中存在的问题及解决对策、销售渠道的控制。

同步综合练习题

一、单项选择题

1. 下列属于基本渠道成员的是(　　)。
   A. 经销商　　B. 广告公司
   C. 公关公司　　D. 运输公司
2. 联想设立的大客户部属于(　　)。
   A. 零级渠道　　B. 一级渠道
   C. 二级渠道　　D. 三级渠道
3. 饮料适合采用(　　)分销渠道。
   A. 独家　　B. 集中
   C. 选择型　　D. 密集型
4. IT 行业中新产品的推出多选择(　　)渠道。
   A. 选择分销　　B. 集中分销
   C. 独家分销　　D. 密集分销
5. 生产商通过对中间商提供具体支持协助来影响中间商，这样的销售控制是(　　)控制。
   A. 适度　　B. 影响　　C. 低度　　D. 高度
6. 企业针对大的行业客户多采用(　　)渠道。
   A. 直接销售　　B. 邮购
   C. 分销　　D. 间接销售
7. 在渠道结构评估选择的各种方法中，(　　)是最粗糙但也是最常用的方法。
   A. 财务评估法　　B. 直接定性判断法
   C. 销售渠道成本比较法　　D. 交易成本评估法

二、多项选择题

1. 销售渠道成员中，生产商、代理商、经销商等属于基本渠道成员，而市场上另外一种成员成为特殊渠道成员，它们不拥有产品或服务特权，也不承担相应的市场风险，下面属于特殊渠道成员的是(　　)。
   A. 广告公司　　B. 运输公司
   C. 零售商　　D. 市场研究机构
   E. 仓储公司
2. 销售渠道结构可以分为(　　)等类型。
   A. 长度结构　　B. 深度结构
   C. 高度结构　　D. 宽度结构
   E. 广度结构
3. 评估选择销售渠道结构的方法有(　　)。
   A. 财务评估法　　B. 交易成本评估法

C. 销售渠道成本比较法　　D. 权重因素记分法
E. 直接定性判定法

4. 生产商选择中间商应遵循的原则有(　　)。
A. 资源匹配　　B. 前景匹配
C. 社会关系匹配　　C. 战略匹配
E. 市场匹配

5. 企业对分销渠道的低度控制包括(　　)。
A. 派驻代表监督商品销售　　B. 帮助组织销售活动
C. 帮助设计广告　　D. 与中间商联合进行广告宣传
E. 对中间商传授销售推销、存货销售管理知识

6. 激励措施不仅是渠道管理的重要组成部分，更是生产商实现渠道管理目标的重要手段之一。生产商对渠道成员的具体激励方法有(　　)。
A. 给予中间商奖励　　B. 对中间商销售全过程的支持
C. 减免中间商销售压力　　D. 为中间商提供培训支持
E. 适度对中间商放权

7. 生产商要根据市场的变化情况对渠道进行调整，下列哪些措施属于生产商对渠道的调整(　　)。
A. 增加或剔除个别渠道成员　　B. 增加或剔除某些市场渠道
C. 更改整个渠道　　D. 启用新渠道
E. 合并某些渠道

8. 生产商哪些自身的能力和特点会对渠道设计会产生影响(　　)。
A. 企业的生产、经营规模　　B. 企业的声誉和形象
C. 企业经营能力和管理经验　　D. 企业控制渠道的程度
E. 企业的文化

三、名词解释

1. 销售渠道
2. 长度结构
3. 宽度结构
4. 密集型分销渠道
5. 选择性分销渠道
6. 独家分销渠道
7. 零级渠道
8. 基本渠道成员

四、简答题

1. 简述销售渠道管理长度结构。
2. 简述厂商在选择中间商时应遵循的原则。
3. 简述评价中间商绩效的方法。

4. 简述低度控制。

五、论述题

1. 论述影响渠道结构设计的因素。
2. 论述销售渠道管理中存在的问题和解决措施。

六、案例分析

王老吉营销管理——品牌定位的推广

推广品牌，让它真正地进入人心，让大家都知道品牌的定位，从而持久、有力地影响消费者的购买决策。2003 年成美为红罐王老吉确定了推广主题“怕上火，喝王老吉”，在传播上尽量凸显红罐王老吉作为饮料的性质。为更好地唤起消费者的需求，电视广告选用了消费者认为日常生活中最易上火的五个场景：吃火锅、通宵看球、吃油炸食品薯条、烧烤和夏日阳光浴，画面中人们在开心享受上述活动的同时，纷纷畅饮红罐王老吉。结合时尚、动感十足的广告歌反复吟唱“不用害怕什么，尽情享受生活，怕上火，喝王老吉”，促使消费者在吃火锅、烧烤时，自然联想到红罐王老吉，从而促成购买。

在地面推广上，除了强调传统渠道的 POP 广告外，还配合餐饮新渠道的开拓，为餐饮渠道设计布置了大量终端物料，如设计制作了电子显示屏、灯笼等餐饮场所乐于接受的实用物品，免费赠送。在传播内容的选择上，充分考虑终端广告应直接刺激消费者的购买欲望，将产品包装作为主要视觉元素，集中宣传一个信息：“怕上火，喝王老吉。”餐饮场所的现场提示，最有效地配合了电视广告。正是这种针对性的推广，消费者对红罐王老吉“是什么”、“有什么用”有了更强、更直观的认知。目前餐饮渠道业已成为红罐王老吉的重要销售传播渠道之一。

在频频的促销活动中，同样是围绕着“怕上火，喝王老吉”这一主题进行。如在一次促销活动中，加多宝公司举行了“炎夏消暑王老吉，绿水青山任我行”刮刮卡活动。消费者刮中“炎夏消暑王老吉”字样，可获得当地避暑胜地门票两张，并可在当地度假村免费住宿两天。这样的促销，既达到了即时促销的目的，又有力地支持巩固了红罐王老吉“预防上火的饮料”的品牌定位。

同时，在针对中间商的促销活动中，加多宝除了继续巩固传统渠道的“加多宝销售精英俱乐部”外，还充分考虑了如何加强餐饮渠道的开拓与控制，推行“火锅店铺市”与“合作酒店”的计划，选择主要的火锅店、酒楼作为“王老吉诚意合作店”，投入资金与他们共同进行节假日的促销活动。由于给商家提供了实惠的利益，因此红罐王老吉迅速进入餐饮渠道，成为主要推荐饮品。

思考题：

1. 加多宝是从哪几个方面来推广“王老吉”这个品牌的？
2. 从王老吉的推广案例，我们得到什么启示？

参 考 答 案

一、单项选择题

1. A　2. A　3. D　4. C　5. C　6. A　7. B

二、多项选择题

1. ABCD　2. ACD　3. ABCDE　4. ADE　5. ABCDE　6. ABD
7. ABCD　8. ABCD

三、名词解释

1. 销售渠道是指商品或服务从生产者向顾客转移所经过的通道或途径，它是由一系列相互依赖的组织机构组成的商业机构。

2. 长度结构又称为层级结构，是指按照其包含的渠道中间商（购销环节），即渠道层级数量的多少来定义的一种渠道结构。

3. 宽度结构是根据每一层级渠道中间商的数量的多少来定义的一种渠道结构。

4. 密集型分销渠道：也称为广泛型分销渠道，就是指生产商在同一渠道层级上选用尽可能多的渠道中间商来经销自己的产品的一种渠道类型。

5. 选择性分销渠道是指在某一渠道层级上选择少量的渠道中间商来进行商品分销的一种渠道类型。

6. 独家分销渠道是指在某一渠道层级上选用唯一的一家渠道中间商的一种渠道类型。

7. 零级渠道又称为直接渠道，是指没有渠道中间商参与的一种渠道结构。

8. 基本渠道成员是指这样一类渠道成员，它们拥有产品或服务的所有权或代理产品或服务的销售并相应地承担实质性的风险。

四、简答题

1. 销售渠道的长度结构，又称为层级结构，是指按照其包含的渠道中间商（购销环节），即渠道层级数量的多少来定义的一种渠道结构。通常情况下，根据包含渠道层级的多少，可以将一条销售渠道分为零级、一级、二级和三级渠道等。

2. 生产商在选择中间商时应注意遵循如下原则：① 战略匹配，生产商在选择中间商时，不仅要考虑当前的市场利益，更要考虑市场的发展与自身长期的战略目标，应选择在经营理念、战略目标、企业文化方面和自己协调的中间商。② 市场匹配，要明确中间商的销售区域范围和销售目标，并考虑它们与生产商目标市场、目标渠道要求、销售目标的匹配程度，中间商应在经营方向和专业能力方面符合渠道功能的要求。③资源匹配，必须对中间商进行全面考察，包括经营实力（如经营年数、成长情况、人员素质、发展潜力、赢利能力、偿付能力等）、营销意识、市场能力（如市场覆盖范围、品牌运作、销售服务水平、物流水平等）、管理能力、口碑声誉、合作意愿等。

3. 评估中间商的绩效，主要有两种方法。第一种评估方法是将每一中间商的销售绩效与上期的绩效进行比较，并以整个群体的升降百分比作为评价标准。第二种评估方法是将中间商的绩效与该地区的销售潜力分析所设立的配额相比较。

4. 如果生产商无力或不需要对整个渠道进行绝对控制，企业往往可以通过对中间商提供具体支持协助来影响中间商，这种控制的程度是较低的，大多数企业的控制属于这种方式。低度控制又可称为影响控制。这种控制包括向中间商派驻代表和与中间商多方式合作。

五、论述题

1. 答题要点。

影响渠道结构设计的因素有五个。

(1) 目标市场。目标市场的状况如何，是影响企业销售渠道选择的重要因素，是企业销售渠道决策的主要依据之一。市场因素主要包括目标市场范围的大小及潜在需求、市场的集中与分散程度、顾客的购买特点、市场竞争状况等。

(2) 商品因素。由于各种商品的自然属性、用途等不同，其采用的销售渠道也不相同，主要包括商品的性质、商品的时尚性、商品的标准化程度和服务、商品的价值大小，商品的市场寿命周期等。

(3) 生产企业本身的条件。生产商自身的能力和特点也对渠道设计产生影响。主要影响因素包括企业的生产、经营规模，企业的声誉和形象，企业经营能力和管理经验，企业控制渠道的程度等。

(4) 环境因素。销售渠道设计需要考虑四个方面的环境因素：一是经济状况；二是销售区域习惯；三是政策环境；四是竞争特性。

(5) 中间商特性。销售渠道设计时，还必须考虑执行不同任务的中间商的优缺点。一方面，要考虑各种中间商在物流配送、宣传促销、信用条件、退货特权、人员训练和送货频率等方面不同的特点和要求；另一方面，必须对中间商自身的销售条件进行评估。

2. 答题要点。

(1) 渠道不统一引发生产商与中间商之间的矛盾，企业应该解决由市场狭小造成的企业和中间商之间的冲突，统一企业的渠道政策，使服务标准规范。

(2) 渠道冗长造成管理难度加大，应该缩短产品到达顾客的时间，减少环节降低产品的损耗，生产商有效掌握终端市场供求关系，减少企业利润被分流的可能性。

(3) 渠道覆盖面过广，生产商必须有足够的资源和能力去关心每个区域的运作，尽量提高渠道管理水平，积极应对竞争对手对薄弱环节的重点进攻。

(4) 企业对中间商的选择缺乏标准，在选择中间商的时候，不宜过分强调中间商的实力，而忽视了很多容易发生的问题，比如实力大的中间商同时也会经营竞争品牌，并以此作为讨价还价的筹码。

(5) 企业不能很好地控制和管理终端，应该充分利用渠道里的资源优势，管理好中间商，就成了决胜终端的关键。

(6) 忽略渠道的后续管理，应该注意与渠道成员的感情沟通与交流，时刻关注产品、竞争结构、行业发展、中间商能力、顾客行为等，根据市场的发展状况不断加以调整。

(7) 盲目自建网络，企业应该根据自身实际情况建立销售网络，避免盲目的行为。

(8) 新产品上市的渠道选择混乱，在推广新品上市的过程中，应该认真评价和选择中间商。

六、案例分析

答题要点。

1. ①品牌定位“怕上火，喝王老吉”；②地面推广上，除强调传统渠道的POP广告外，还配合餐饮渠道的开拓；③围绕“怕上火，喝王老吉”这一主题进行多场促销活动；④在针对中间商的促销活动中，加多宝除了继续巩固传统渠道的“加多宝销售精英俱乐部”外，还充分考虑了如何加强餐饮渠道的开拓与控制，推行“火锅店铺市”与“合作酒店”的计划。

2. 营销渠道需要结合外部力量，投入大量的时间才能建立起来，它代表公司与中间商之间的长期承诺，也代表着公司的一项营销组合策略的选择，因此，我们在选择营销渠道时，必须要注意营销环境的趋势变化，以长期的眼光来规划企业的营销渠道。

第5章　销售人员的招聘与培训

考核内容

本章考核内容主要有销售人员的素质要求，销售队伍的概念、设计原则，确定销售人员数目的方法，销售人员的招聘与挑选，销售人员培训。

一、销售人员的素质

（一）品质方面

销售人员的品质包括敬业精神、诚信、自信、自我激励、换位思考等方面。

（1）敬业精神。销售是一个艰苦的过程，有许多挫折和困难需要克服，有许多未知的问题需要解决，要求销售人员必须具有强烈的事业心和高度的责任感。

（2）诚信。销售中的诚信指面对客户要诚实守信，有良好的信誉。诚实诚信是销售之本，诚信是赢得客户的保证。

（3）自信。自信是一个人相信自己的程度，遇到挫折时，不应该情绪低落、逃避，要面对现实，保持头脑清醒，冷静分析整个事件的过程，分析是自己的问题还是外部因素引起的，为下一次机会做好准备。

（4）自我激励。自我激励是一种优秀品质，它能让人对生活充满热情，对前途充满希望。

（5）换位思考。换位思考就是多站在客户的角度思考问题。“知己知彼，百战不殆”，这是一种能充分考虑到他人并准确估计其想法和感受的能力，这是对成功销售人员的研究中，发现最普遍提及的品质。

（二）技能方面

销售人员应该拥有客户服务能力、语言能力、分析能力、团队工作能力等技能。

（1）客户服务能力。客户服务也是优秀销售人员所必须具备的基本素质之一，销售人员要为客户提供符合其需求的产品与服务，以及在客户做出重大决策时充当他们的顾问。

（2）语言能力。销售人员经常要与客户打交道，优秀的口才和顺畅的沟通能促成一笔交易，语言的力量是巨大的。

（3）分析能力。优秀的销售人员有通过表象看本质的能力。销售人员应该具备对市场现状、公司销售情况、销售额的上升和下降等的分析能力，以及对未来市场的预测能力，并且根据分析和预测能够制订最佳解决方案。

（4）团队工作能力。销售人员在一个团队中要有合作精神。在互相合作的情况下，个人的思想将被融合成团体的思想，将更有利于个人销售业务的更新和开发。

（三）知识方面

销售人员必须掌握的知识有企业和产品知识、客户知识、语言知识、社会知识等。

（1）企业和产品知识。销售人员应掌握本企业的历史背景，企业在行业中的地位、生产能力、产品种类、技术水平、设备情况、企业发展战略、服务项目等。

（2）客户知识。销售人员应了解谁是产品的购买者，其购买动机和购买习惯如何，对交易条件、交易方式和交易时间有什么要求。

（3）其他知识。为了与顾客进行有效沟通，销售人员必须具备宽广的知识面，如语言知识、社会知识等。销售人员具备的知识面越广，那么销售成功的机会就越多。

二、销售队伍设计

（一）销售队伍概念

销售队伍，就是企业销售部门的组织，它是企业内部从事销售工作的人、事、物、信息和资金的有机结合，通过统一协调行动完成企业既定的销售目标。

（二）销售队伍设计原则

（1）销售队伍应能保证企业目标的实现。销售队伍设计的短期目标是企业需要依赖销售部门来完成企业既定的销售目标，这也是销售队伍存在的必要性。销售队伍设计的长期目标是销售队伍的发展能与企业的发展相适应，销售队伍能在未来促进企业发展目标的实现。企业需要在长短两个目标之间取得平衡，具体可由两个方面体现：一是效率，二是公平，两者的完美结合才能取得更好的效果。

（2）销售队伍设计应该考虑销售管理的广度和深度。销售管理的广度考虑销售队伍要设立多少个层次，而深度则考虑每一个层次的每个主管或负责人有多少下属。销售队伍的设计是一个动态的发展过程，管理广度和深度静态来看可能是不均衡或是不合理的，正是因为这种短期的不合理才有可能实现长期的优化。

（3）销售队伍设计应能满足专业分工、因事设岗、统一协作的目标。每一项设计销售队伍的基础都有其优缺点，要根据实际情况来寻找最优的模式，因此，最好是综合考虑各种因素来决定。企业要为一定的销售活动设计某个岗位，而不应过多地考虑现任人员的能力和其他一些非客观因素。

（4）销售队伍设计要适应市场变化。为了减轻销售渠道变化和市场波动所带来的影响，应该至少每两年审核一次销售队伍的规模。新产品推出之前，是更新或调整销售队伍规模和重新部署任务的另一个关键时期。

（三）销售人员数目确定方法

（1）工作量法。工作步骤如下：选择一个可将顾客或潜在顾客清楚地分为几个等级的基础；根据过去的购买形式、营销经验和销售量等，决定每一级顾客的数目和一个相对的访问频率，即每年对一客户的访问次数；计算企业销售访问的总次数，即销售人员的总工作量；决定一个销售人员每年的平均访问次数；估计所需销售人员的人数。

（2）销售目标分解法。具体计算公式是销售人员数量＝ 企业年销售目标÷每位销售人员的年平均销售额。

（3）边际利润法。边际利润可从以下步骤获得：建立销售人员数目与销售额之间的关系，这基本是一个回归曲线，以每个销售区域销售额为解释变量，以每个区域的销售人员数目、价格和产品组合为自变量；企业要确定在不同数目销售人员的情况下，每增加一位销售人员所增加的不同的销售额；确定增加一名销售人员所增加的成本。

三、销售人员的招聘与挑选

（一）招聘渠道

（1）内部招聘。内部招聘的优势：招聘的风险较低，成功率高；可以鼓舞士气，激励员工；员工可更快适应工作；招聘选择成本低。内部招聘的劣势：使组织丧失活力，缺乏创新性；引发后续问题；容易引起内部矛盾。

（2）外部招聘。外部招聘的形式主要有校园招聘、媒体广告、网络招聘、利用各种人才中介机构招聘、内部员工推荐、猎头招聘、其他招聘形式。

（二）挑选计划

人员的挑选一般遵循以下程序：筛选简历和申请表、面试、测验、背景调查、体检。其中测验可以按测验的内容分为专业知识测验、心理素质测验、环境模拟测验几类。

四、销售人员的培训

（一）销售人员培训的目的

（1）满足员工需要。销售业绩决定企业的成败，对销售员进行培训，可以提高销售员的工作能力和随机应变能力，应付瞬息万变的市场；培训可以克服孤独，提高销售人员士气；培训能有效摆脱恐怖感和自卑感；培训是成为优秀销售员的重要途径。

（2）建立优秀的组织文化。组织文化建设不是孤立的，培训就是建设组织文化的重要环节，应把组织文化作为人员培训的重要内容，在培训过程中宣传、讲解和强化企业文化。

（3）增强企业的竞争力。通过培训，可以使销售队伍不断更新知识、更新技术、更新观念，才能走在市场发展的最前端。另外，人才是企业最根本、最主要的竞争优势，培训在于提高人的素质和能力。所以，企业要想在激烈竞争中立于不败之地，就必须重视培训。

（二）培训的方式

销售人员培训的方式有在职训练、个别会议、小组会议、个别函授、销售会议、设班训练、通信训练等。

（三）销售人员培训内容

销售人员培训主要内容有销售技巧、产品知识、竞争和行业知识、企业知识、顾客知识等。

（四）销售人员培训的流程

（1）确定培训需求。确定培训需求的流程主要包括培训需求调查、培训需求分析。

（2）建立培训目标。培训目标是培训活动的目的和预期成果，确定培训目标是员工培训必不可少的环节。培训的目的就是提高绩效，目标可针对培训的每一阶段而设置，也可以面向培训计划的全过程而设定。

(3) 选择评估培训。选择评估培训主要考虑以下三个问题：选择培训师，选择培训地点、时间，选择培训方法。主要培训方法包括讲授法、会议法、小组讨论法、实证研究法、角色扮演法、业务模仿法、示范法和自我进修法。

(4) 设计培训计划。销售人员培训计划是根据企业的近期、中期、远期的发展目标对企业销售人员培训的需求进行预测，并制订培训活动方案的过程。培训计划是一个系统工程，内容主要包括培训需求评价工作的行动计划、确定培训需求评价工作的目标、选择合适的培训需求调查与分析方法、确定培训需求评价的内容等。

(5) 实施培训计划。严格按照培训计划书的内容实施培训，销售经理要监视受训人员的培训过程，培训过程最好相对封闭，时间不宜过长。

(6) 评估培训计划。培训评估的内容主要有以下几个方面：受训者对培训的反应和感受、受训者的收获和提高、观察受训者的行为是否有所改善及培训对组织带来的影响等。

重点和难点

本章需要掌握的知识点如下：(1) 销售人员的素质要求；(2) 销售队伍设计的内容；(3) 销售人员的招聘与挑选方法；(4) 销售人员的培训内容。

同步综合练习题

一、单项选择题

1. 优秀的销售人员所需的技能不包括(　　)。
   A. 客户服务能力　　B. 分析能力
   C. 团队工作能力　　D. 学习能力
2. 下列不属于销售人员素质模型因素之一的是(　　)。
   A. 品质　　B. 技能　　C. 知识　　D. 样貌
3. 企业需要在效率与(　　)中取得平衡，两者的完美结合才能达到更好的效果。
   A. 效益　　B. 公平　　C. 平均　　D. 成本
4. 古拉德说过："(　　)是推销之本。"
   A. 诚信　　B. 自信　　C. 产品　　D. 价格
5. 销售人员培训的内容不包括(　　)。
   A. 销售技巧　　B. 商务礼仪
   C. 产品知识　　D. 竞争和行业知识
6. 为招聘开展工作分析的侧重点是(　　)。
   A. 岗位的职责与胜任能力　　B. 衡量每一项工作任务的标准
   C. 每一项工作应达到的内容和水平　　D. 定岗与定编
7. 要保证企业招聘到高素质人才，实现招聘活动的高效率，就必须坚持面向社会，进行(　　)。
   A. 公开招聘　　B. 制度招聘　　C. 社会招聘　　D. 内部招聘
8. (　　)是一种由专业咨询公司利用其储备人才库、关系网络，在短期内迅速、主动、定向寻找企业所需的人才的招聘方式。
   A. 网络招聘　　B. 人才中介机构招聘
   C. 猎头　　D. 校园招聘
9. 申请表与个人简历不同的地方，不包括(　　)。
   A. 从求职者填写申请表的自己判断其求职态度
   B. 重点考虑其工作经历，分析其离职的原因，推断其素质的特点
   C. 要标明所填写内容的可疑之处，在后面的选拔环节予以考证
   D. 从内容上判断应聘者的经验和能力

二、多项选择题

1. 销售管理的(　　)考虑队伍要设立多少个层次，而(　　)则要考虑每一个层次的每个主管或负责人有多少个下属。
   A. 广度　　B. 宽度　　C. 深度　　D. 高度
   E. 梯度
2. 确定销售人员数目的方法有(　　)。
   A. 边际成本法　　B. 边际利润法

C. 销售目标汇总法　　　　　　D. 销售目标分解法

E. 工作量法

3. 一般而言，职位说明书包括的内容有(　　)。

A. 销售市场　　B. 任务与职责　　C. 自主权　　D. 销售产品

E. 招聘渠道

4. 企业花了大量的时间和精力进行面试，但效果并不理想，其一般原因是(　　)。

A. 应聘者善于伪装，提供不真实的信息

B. 信息筛选科学性强

C. 面试者的主观偏见

D. 背景调查的信息失真

E. 面试的程序方面出现问题

5. 内部招聘的优势有(　　)。

A. 招聘的风险较低，成功率高　　B. 是组织充满活力与创新力

C. 可以鼓舞士气，激励员工　　D. 员工可更快适应工作

E. 有利于促进内部和谐

6. 销售人员培训的时间要根据需要来选择，一般需要考虑的因素有(　　)。

A. 产品性质　　B. 市场状况　　C. 人员素质　　D. 销售技术

E. 管理要求

7. 制定培训需求的流程主要包括(　　)。

A. 培训需求确定　　B. 培训需求调查

C. 培训需求公示　　D. 培训需求分析

E. 培训需求完善

三、名词解释

1. 销售队伍

2. 培训需求分析

四、简答题

1. 企业进行销售队伍建设时应遵循哪些原则？

2. 销售人员培训的目的是什么？

五、论述题

销售人员数目的确定方法有哪些？

六、案例分析

国际商业机器公司（International Business Machines Corporation，IBM）是一家拥有40万名中层干部，520亿美元资产的大型企业，其年销售额达到500多亿美元，利润为70多亿美元。它是世界上经营最好、管理最成功的公司之一。IBM公司追求卓越，特别是在人才培训、造就销售人才方面有成功的经验。具体地说，IBM公司绝不让一名未经培训或未经全面培训的人到销售第一线去。销售人员说些什么、做些什么，以及怎样说和怎样做，

都对公司的形象和信用影响极大。如果准备不足就仓促上阵，会使一个很有潜力的销售人员夭折。因此该公司用于培训的资金充足，计划严密，结构合理。一到培训结束，学员就可以有足够的技能，满怀信心地同用户打交道。

IBM公司的销售人员和系统工程师要接受为期12个月的初步培训，主要采用现场实习和课堂讲授相结合的教学方法。其中75%的时间在各地分公司中度过；25%的时间在公司的教育中心学习。分公司负责培训工作的中层干部将检查该公司学员的教学大纲，这个大纲包括从公司中学员的素养、价值观念、信念原则到整个生产过程中的基本知识等方面的内容。学员们利用一定的时间与市场营销人员一起访问用户，从实际工作中得到体会。

销售培训的第一期课程包括IBM公司经营方针的很多内容，如销售政策、市场营销实践、计算机概念和IBM公司的产品介绍。第二期课程主要是学习如何销售。在课程上，该公司的学员了解了公司有关后勤系统及怎样应用这个系统。他们研究竞争和发展一般业务的技能。学员们在逐渐成为一个合格的销售代表或系统工程师的过程中，始终坚持理论联系实际的学习方法。学员们到分公司可以看到他们在课堂上学到的知识的实际部分。

现场实习之后，再进行一段长时间的理论学习，这是一段令人"心力交瘁"的课程。所谓"心力交瘁"的课程是指紧张的学习每天从早上8时到晚上6时，而附加的课外作业常常要使学生们熬到半夜。在商业界中，人们必须学会合理安排自己的时间，他们必须明白：充分努力意味着什么，整个通宵是否比只学习到晚上10时好？经过一段时间的学习之后，考试便增加了主观因素，学员们还要进行销售学习，这是一项具有很高的价值和收益的活动。一个用户只能从销售人员如何表达自己的知识来鉴别其能力的高低，商业界就是一个自我表现的世界，销售人员必须做好准备去适应这个世界。一般情况下，学员们在艰苦的培训过程中，在长时间的激烈竞争中迅速成长。每天长达14～15个小时的紧张学习压得人喘不过气来，然而，却很少有人抱怨，几乎每个人都能完成学业。

IBM公司市场营销培训的一个基本组成部分是模拟销售角色。在公司第一年的全部培训课程中，没有一天不涉及这个问题，并始终强调要保证学习或介绍的客观性，包括为什么要到某处推销和希望达到的目的。

思考题：

根据本案例，您认为IBM的培训模式有哪些特点，销售人员培训后会有哪些提高，对企业会有哪些影响？

参考答案

一、单项选择题

1. D　2. D　3. B　4. A　5. B　6. A　7. C　8. C　9. D

二、多项选择题

1. AC　2. BDE　3. ABCD　4. CE　5. ACD　6. ABCDE　7. BD

三、名词解释

1. 销售队伍：是企业销售部门的组织，它是企业内部从事销售工作的人、事、物、信息和资金的有机结合，通过统一协调行动完成企业既定的销售目标。

2. 培训需求分析：在培训需求调查的基础上，由培训主管部门、主管人员、工作人员等采取各种方法和技术，对组织内各部门及其成员的目标、知识、技能等进行系统的鉴别与分析，以确定需要培训的人员、培训时间、培训方式的一种活动。

四、简答题

1. (1) 销售队伍应能保证企业目标的实现；(2) 销售队伍设计应该考虑销售管理的广度和深度；(3) 销售队伍设计应能满足专业分工、因事设岗、同一协作的目标；(4) 销售队伍设计要适应市场变化。

2. (1) 满足员工需要；(2) 建立优秀的组织文化；(3) 增强企业的竞争力。

五、论述题

答题要点：

销售人员是企业的重要资产，企业每年投资大量资金在销售人员身上。研究决定每一个销售领域应配销售人员的数量，可通过由上到下和由下及上两种方法来分析。由上到下的方法是，计算每增加一位销售人员所带来的效益和成本，直到所增效益和所增成本相等时，就得出了销售人员的最佳数目。由下及上的方法是，衡量必要的客户接触深度，如应该联系多少目标客户，多长时间应该联络一次，每次联络需要投入多少时间和完成项目所需的销售人员的数量。将两方面结合起来，就能在销售队伍的长期和短期规模之间求得最佳平衡点。具体有以下三种方法。

(1) 工作量法。这种方法由塔利（W. J. Tauey）所创，主要是利用拜访潜在顾客的次数，订立相同工作量的原则来决定人员的数目。工作量法的基本假设是所有的销售人员承担同样的工作量。以下是工作量法的步骤：①选择一个可将顾客或潜在顾客清楚地分为几个等级的基础。这个基础可能是每年的销售量，从销售量中获得利润的数目或顾客的需求。通常较多使用的是销售量。②选择一个可将顾客或潜在顾客清楚地分为几个等级的基础。③根据过去的购买形式、营销经验和销售量等，决定每一级顾客的数目和一个相对的访问频率，即每年对一客户的访问次数。④计算企业销售访问的总次数，即销售人员的总工作量。⑤决定一个销售人员每年的平均访问次数。⑥估计所需销售人员的数量。销售人数＝访问次数总和÷每位销售人员的平均访问次数。

(2) 销售目标分解法。销售目标分解的步骤是：首先确定企业的年度销售目标，然后预测平均每位销售人员所能完成的年销售额，根据这两者来确定销售人员的数量。具体计算公式是

销售人员数量＝ 企业年销售目标÷每位销售人员的年平均销售额

(3) 边际利润法。这种方法的基本概念来自经济学。边际利润可通过以下步骤获得：第一步，建立销售人员数目与销售额之间的关系，这基本是一个回归曲线；以每个销售

区域销售额为解释变量，以每个区域的销售人员数目、价格和产品组合为自变量；第二步，企业要确定在不同数目销售人员的情况下，每增加一位销售人员所增加的不同的销售额；第三步，确定增加一名销售人员所增加的成本。边际利润便是边际销售额与边际成本的差额。

六、案例分析

答题要点：

IBM公司对销售人员的“苦行僧”式的培训模式及其培训流程有较强的系统性，培训内容及培训方式具有目的导向性。企业根据多年的经验、销售员工上岗前境况及企业经营理念确定了明确的培训目的，即掌握工作技能、树立公司形象。从培训目的出发有针对性地对销售人员的培训时间及培训方式做出了具体规划，将理论联系实际的理念贯穿始终促进了培训成果的转化，在培训过程中学员始终保证学习和介绍的客观性，实践中自我对培训的效果评估强化了培训的目的。

在理论结合实践的过程中强化了销售人员的工作技能，提高了职业素养；在培训过程中渗透着企业文化及经营理念，增强了销售人员的组织忠诚度及组织认同感；为期12个月的“苦行僧”培训能够让员工树立正确的社会价值观，帮助销售人员更快地融入社会。

员工培训不但满足了员工个人成长的需求，也兼顾了企业的短期利益与长期利益。以新知识、新技术、新观念获得竞争优势，快速占领市场；通过提升员工的能力实现员工和企业的共同成长。

第6章 销售人员的激励与薪酬管理

考核内容

本章考核内容主要有激励对企业的作用，销售人员激励方式的种类，销售激励组合的原则，根据个性心理、表现类型、成熟度不同而采取的销售人员激励方式，销售人员薪酬的概念，决定销售人员薪酬的因素，薪酬管理的原则，薪酬的类型及其选择。

一、销售人员激励的作用与方式

（一）激励对企业的作用

激励对企业的作用主要体现在以下三个方面：一是激励可以提高工作效率；二是激励是开发个人潜能的重要手段；三是激励是激发员工创造力和革新精神的动力。

（二）激励方式的种类

一般而言，针对销售人员的激励方式主要有以下八种：一是物质激励；二是目标激励；三是培训激励；四是工作激励；五是榜样激励；六是民主激励；七是环境激励；八是竞赛激励。其中，物质激励是最基本的激励手段，通常也是最有效的手段，主要包括工资、奖金和各种福利；目标激励中企业普遍使用的销售目标有销售额、销售量、新客户数、贷款回收率等，通常企业会综合运用这些目标；企业常用的竞赛激励有销售业绩竞赛、新客户开发竞赛、回款竞赛等。

二、销售激励组合

（一）销售激励组合的原则

销售激励组合应遵循以下原则：一是物质激励与精神激励相结合；二是正强化与负强化相结合；三是外在激励与内在激励相结合。其中，在具体进行强化激励的过程中，要把握好坚持公平合理、奖励要能发挥最大的激励效果、慎用惩罚等三个原则。

（二）不同个性心理的销售人员的激励方式

美国盖洛普公司将销售人员分成四种个性类型，即竞争型、成就型、自我欣赏型和服务型。

一是竞争型。竞争型销售人员在销售竞赛中表现特别热情、活跃。激励竞争型的销售人员，必须很清楚地把胜利的含义告诉他。他们需要各种形式的定额和目标，需要有办法记录成绩，而销售竞赛则是最有效的方式。

二是成就型。一些销售经理认为，激励成就型销售人员的最好办法就是尽量少去管他们。对于这类销售人员也可采用晋升激励的方式，为他们创造取得成就的环境与条件，培植他们进入管理层，交给他们更大任务或授权处理棘手问题，使其不断取得新的成就。

三是自我欣赏型。这类型销售人员需要许多的奖牌和荣誉，他们的社会承认感很强，希望组织、群体、他人感受到他是十分重要、不可或缺的。精明的销售主管往往用任务来激励他们，如请他们带新手、请他们加入智囊团或参加很重要的会议等。

四是服务型。这类销售人员通常是最不受重视的，他们工作一般化，主动性差，属于他导型人才。激励这些默默无闻英雄的最好办法就是公开宣传他们的事迹，并针对性地通过必要的学习与训练，提高他们的自信心与竞争力，同样能使之成为优秀的销售人员。

（三）不同的表现类型销售人员的激励方式

销售人员大致可以分为三种表现类型，即优秀型、老化型、问题型。

一是优秀型。对优秀的销售人员，应树立其形象，尊重其成绩，赋予其成就感，充分发挥其带头作用，给他们创造更大成就的条件。

二是老化型。对这类成员应主要采取目标激励方式，帮助他们确定一些要实现的目标，把个人需求与组织目标结合起来，激发销售人员再创业绩的兴趣和信心，享受工作的满足感和成就感，使老化型成员克服问题，继续前进。

三是问题型。常见的问题销售人员特征主要有缺乏干劲、缺乏持久力、强迫推销、自信心不足、缺乏时间管理能力、怨愤不平、狂妄自大等。销售主管应在工作中研究这些现象产生的原因及解决办法。

（1）对于缺乏干劲的成员，应指出缺乏干劲的弊端，外在激励和内在激励双管齐下，陪同销售并予以辅导，更换业务销售区域，提高业务配额，以增加薪水、提供奖品做特别挑战，给予短暂休假便其调养神经。

（2）对缺乏持久力的成员，可以带动或陪同销售，要求参加销售演练或资料收集整理，分段式评估，多做心理辅导，规定各时段各作业区域的销售目标。

（3）对于强迫推销的成员，应指出强迫推销的弊端及渐进式方法的好处；加强服务观念的教育、教授更多的业务技巧，改变只计佣金的计酬方式而开展多项目多层次的竞赛。

（4）对于自信心不足的成员，应帮助建立信心，消除恐惧；肯定长处，也指出其问题所在，并提供解决办法；陪同销售、训练，使其从容行事，由易到难再渐入佳境；训练其产品知识与销售技巧。

（5）对于缺乏时间管理能力的成员，应晓之以理，告之时间就是金钱，效率就是生命；动之以情，帮助他制定拜访客户的时间表及路线，分析拜访客户的次数及对客户解说的最少时间；严格要求，要求制定工作时间表及时间分配计划书。

（6）对于怨愤不平的成员，应给予劝导及安抚，将心比心；引导其多参加团体活动并充分发表意见；用事实说话，销售绩效上比高低，使其心悦诚服；查公司制度有无不合理之处，有则改之；若完全是队员无理取闹，则必须予以制止，尽量化冲突为理解，维系双方的关系，如果各种方法都无效果，到无法容忍时即可予以解聘。

（7）对于狂妄自大的成员，应告之山外有山，天外有天，强中更有强中手，不可学井底之蛙，夜郎自大；以事实说明骄兵必败；提高销售配额，健全管理制度；肯定其成绩，多劳多得；不搞特殊化。

（四）不同的成熟度销售人员的激励方式

根据成熟度的不同，销售人员可以分为幼稚型、成长型和成熟型三种。

对于幼稚型的销售人员，企业要抓紧对他们的培养，通过学习与训练或老带新的办法，严格要求；另外还要表扬他们运用所学的知识取得的成就，加快他们成长与成熟的过程。

对于成长型的销售人员，他们有一定的销售工作经验，与人交往能力进一步加强，可以独当一面从事销售业务。企业要给他们压工作担子，使他们得到多方面的锻炼，并加强引导，主要是任务导向的激励。

对于成熟型的销售人员，稳定并发挥他们的作用是企业经营成败的关键。一般采取民主激励的方式，吸引他们参与销售工作的管理，多征求他们的意见，并表现出对他们的重视和信赖。

三、销售人员的薪酬管理

（一）薪酬管理与薪酬的概念

（1）薪酬管理是指一个组织针对所有员工所提供的服务来确定他们应当得到的报酬总额，以及报酬结构和报酬形式的一个过程。

（2）企业支付给销售人员的薪酬分为外在薪酬和内在薪酬两类。外在薪酬指为销售人员提供的少量化的货币性价值；内在薪酬指给销售人员提供的不能以量化的货币形式表现的各种奖励价值。

（二）决定销售人员薪酬的因素

决定销售人员薪酬的因素主要有以下几种——付出的劳动、职位、受教育程度、销售经验、为企业服务的年限（工龄）、企业的赢利能力、地区差异、行业间的薪酬水平差异、劳动力市场的供求状况。其中，现实的劳动量的差别是导致薪酬水平高低差别的基本原因。

（三）薪酬管理的原则

薪酬管理大致应遵循以下原则：一是补偿性原则；二是公平性原则；三是激励性原则；四是竞争性原则；五是经济型原则；六是合法性原则。其中，薪酬公平的实现主要有以下途径，即外部公平、内部公平、个人公平。企业薪酬的竞争力直接和企业的外部薪酬政策相联系。

（四）薪酬的类型

薪酬主要有四种类型：一是固定薪水制；二是直接佣金制；三是组合薪酬制；四是特别奖励制度。

其中，固定薪水制的优点是：易于操作，且计算简单；销售人员的收入有保障，易使其有安全感；当有的地区进行全新的调整时，可以减少敌意；适用于需要集体努力的销售工作。其缺点是：缺乏激励作用，不能持续扩大销售业绩；就报酬而言，有薄待优待秀者而厚待较差者之嫌，有失公平。直接佣金制最大的优点是对销售人员提供了直接的金钱奖励，可以促使他们努力提高销售量。组合薪酬制最常见的有以下三种形式，即薪水加佣金计划、薪水加奖金计划、生活费加佣金计划。特别奖励制度可根据销售人员超出配额的程度、控制销售成本的效果或带来的新客户数量来决定，一般有三种形式，即全面特别奖金、业绩特别奖励、销售竞争奖。

（五）薪酬类型的选择

销售主管在选择薪酬制度时，应注意如下四点。

一是应用经济学边际效用的理论作为参考标准，即看每增加一元薪酬，销售人员同时所增加的销售有多少。

二是销售主管也要注意在各种薪酬制度、不同收入水平之下，可能使企业获得的边际收入情况如何。

三是销售主管应慎重考虑固定薪金和奖金的比例。这部分薪酬对销售人员的工作有很大的影响，销售主管应掌握好这部分比例及确定的依据。依据主要有企业对各种促销活动的依赖程度、企业产品和服务的竞争力、销售人员个人推销技巧的重要性等。

四是要根据企业的自身规模、实际需要等选择适合的薪酬制度。一般情况下，大型公司，尤其是具有很高知名度的公司应采用高工资、低提成的策略；新成立的公司则适合采用低工资、高提成的薪酬策略。

重点和难点

本章应掌握的知识如下：(1) 销售人员激励的方式；(2) 销售激励组合；(3) 薪酬管理的原则；(4) 销售人员薪酬的类型。

同步综合练习题

一、单项选择题

1. 对于销售战线的员工而言，最基本、最有效的激励手段是(　　)。
A. 物质激励　　B. 目标激励
C. 培训激励　　D. 工作激励

2. 为销售人员确定一些可行的销售目标，并以目标完成的情况来激烈销售人员，这种激励方式为(　　)。
A. 物质激励　　B. 目标激励
C. 培训激励　　D. 工作激励

3. 由企业出钱，让有突出性贡献的销售人员参加与销售工作相关的培训，并根据培训效果对其进行物质、精神或人生激励，以此来实现企业人才优势，企业的这种激励方式为(　　)。
A. 物质激励　　B. 目标激励
C. 培训激励　　D. 工作激励

4. 企业通过树立优秀榜样使销售人员找到目标，促使销售人员克服困难、增强信心、争取成功，企业的这种激励方式为(　　)。
A. 工作激励　　B. 榜样激励
C. 竞赛激励　　D. 民主激励

5. 销售竞赛能最有效激励(　　)销售人员。
A. 竞争型　　B. 成就型
C. 自我欣赏型　　D. 服务型

6. 晋升激励适合(　　)销售人员。
A. 竞争型　　B. 成就型
C. 自我欣赏型　　D. 服务型

7. 任务激励适合(　　)销售人员。
A. 竞争型　　B. 成就型
C. 自我欣赏型　　D. 服务型

8. 通常最不受重视的是(　　)销售人员。
A. 竞争型　　B. 成就型
C. 自我欣赏型　　D. 服务型

9. 民主激励适合(　　)销售人员。
A. 幼稚型　　B. 成长型　　C. 成熟型　　D. 衰退型

10. 不善于处理人际关系，不善于内部交往，也不了解企业的管理规范，但进取心强，有热情，充满自信，可塑性大，以上是(　　)销售人员的特点。
A. 幼稚型　　B. 成长型　　C. 成熟型　　D. 衰退型

11. 任务导向激励适合(　　)销售人员。
A. 幼稚型　　B. 成长型　　C. 成熟型　　D. 衰退型

12. 从工资结构上看，能影响销售人员将来行为的是（　　）。
A. 基本薪资　　B. 绩效工资
C. 激励工资　　D. 福利和服务

13. 从工资结构上看，侧重于对过去工作的认可的是（　　）。
A. 基本薪资　　B. 绩效工资
C. 激励工资　　D. 福利和服务

二、多项选择题

1. 激励对企业的作用主要体现在（　　）等方面。
A. 提高工作效率　　B. 提高设备速度
C. 开发个人潜能　　D. 提高生产规模
E. 激发员工创造力和革新精神

2. 针对销售人员的激励方式主要有（　　）。
A. 物质激励　　B. 目标激励
C. 培训激励　　D. 工作激励
E. 榜样激励

3. 企业常用的销售竞赛激励方式有（　　）。
A. 销售业绩竞赛　　B. 新客户开发竞赛
C. 智力竞赛　　D. 回款竞赛
E. 拔河比赛

4. 制定销售激励组合应遵循的原则有（　　）。
A. 正强化、负强化相结合　　B. 外在激励、内在激励相结合
C. 内、外强化相结合　　D. 外在激励、物质激励相结合
E. 物质激励、精神激励相结合

5. 运用强化激励要把握的原则有（　　）。
A. 坚持公平合理　　B. 慎用惩罚
C. 可观的奖金数额　　D. 坚持奖励的普遍性
E. 奖励要能发挥最大的激励效果

6. 常用的批评方式有（　　）。
A. 暗示　　B. 忠告　　C. 制裁
D. 申诫　　E. 引起部属的注意

7. 企业进行内在激励时常用的手段有（　　）。
A. 培训激励　　B. 提升计划激励
C. 职业生涯激励　　D. 荣誉奖励激励
E. 民主管理激励

8. 典型的薪酬激励方案应包括（　　）。
A. 个人奖金　　B. 部门奖金
C. 社会奖金　　D. 企业奖金
E. 团队奖金

9. 根据个性类型可以把销售人员分成(　　)。
   A. 竞争型　　B. 成就型
   C. 自我欣赏型　　D. 服务型
   E. 强力型
10. 问题型销售员工身上出现的问题的类型主要有(　　)。
   A. 缺乏干劲　　B. 缺乏持久力
   C. 强迫推销　　D. 自信心不足
   E. 缺乏时间管理能力
11. 根据不同的成熟度可以把销售人员分成(　　)。
   A. 幼稚型　　B. 成长型　　C. 成熟型
   D. 衰退型　　E. 问题型
12. 总体上看，销售人员的薪酬分为(　　)。
   A. 外在薪酬　　B. 内在薪酬
   C. 结构薪酬　　D. 法律薪酬
   E. 法定薪酬
13. 销售人员的外在薪酬主要包括(　　)部分。
   A. 基本薪资　　B. 绩效工资
   C. 激励工资　　D. 福利和服务
   E. 法律工资
14. 决定销售人员薪酬的因素有(　　)。
   A. 付出的劳动　　B. 职位
   C. 受教育程度　　D. 销售经验
   E. 企业的赢利能力
15. 薪酬管理工作应该遵循的原则有(　　)。
   A. 补偿性原则　　B. 公平性原则
   C. 激励性原则　　D. 竞争性原则
   E. 合法性原则
16. 实现薪酬公平的主要途径有(　　)。
   A. 外部公平　　B. 内部公平　　C. 个人公平
   D. 法律公平　　E. 渠道公平
17. 组合薪酬制最常见形式有(　　)。
   A. 薪水加佣金计划　　B. 薪水加奖金计划
   C. 生活费加佣金计划　　D. 佣金加奖金计划
   E. 生活费加奖金计划
18. 特别奖励制度的形式一般有(　　)。
   A. 全面特别奖金　　B. 业绩特别奖励
   C. 销售竞争奖　　D. 人员特别奖励
   E. 制度特别奖励

三、名词解释

1. 薪酬管理
2. 外在薪酬
3. 内在薪酬

四、简答题

1. 激励销售人员的方式有哪些种类?
2. 制定销售激励组合应遵循哪些原则?
3. 运用强化激励要把握哪些基本原则?
4. 影响销售人员薪酬的因素有哪些?
5. 薪酬管理工作应该遵循怎样的原则?
6. 适合使用固定薪水制的情况有哪些?
7. 直接佣金制适合哪些情况采用?

五、论述题

企业应该如何选择薪酬制度?

六、案例分析

一次失败的调薪

蓝宇公司是深圳市高新技术企业。随着企业进一步发展，一些深层次的问题也开始显现出来，制约了公司的快速发展，如人员知识结构问题、薪资问题、企业文化问题、执行文化问题等。

为了推动公司快速发展，2009年上半年，公司高薪聘请来了一位具有大型外企管理经验和实操能力的王先生任公司CEO。王总在来公司的第二个月开始策划调整薪资，他先找来财务经理要来了员工工资表，然后进行测算，并对工资结构进行调整，使之更加合法，同时设计了一套薪资方案。在薪资调整前，他没有向各部门经理、主管征求意见，了解每位员工工作表现和技术水准，就直接按一定比例进行“普调”了。

然而，几天之后，此次工资调整的不良影响就立即显现出来。先是几个部门经理来总办咨询，他手下几个平时表现很好的员工，为什么工资反而比几个表现一般的工资还少?王总只好解释说此次是普调，以前底薪低、调整后也是低。几个经理说，这几个表现好的员工尽管入职时间不是很长，但综合水平比那几个老员工要高很多，本来想通过这次调薪把员工薪资的差距缩小一些，没想到反而更大了，且表现好的增幅反而少。接连几天，王总不停地收到许多主管、经理、业务骨干的辞职报告，他们说目前同行业、同职位的工资已达到一个较高的月薪水平，你还让我们拿几年前的工资，此次调薪几乎没有增加一分钱，我们不干了。

王总带着雄心壮志到蓝宇公司，然而“调薪门”事件给了他当头一棒，也让他十分苦恼，王总的确想通过调薪达到增强公司凝聚力、战斗力的作用，却造成员工矛盾重重、干部纷纷离职的恶果。

思考题：

（1）此次调薪，出现了哪些问题？

（2）薪酬管理，应该遵循哪些原则？

（3）怎样才能做到薪酬公平？

参考答案

一、单项选择题

1. A　2. B　3. C　4. B　5. A　6. B　7. C　8. D
9. C　10. A　11. B　12. C　13. B

二、多项选择题

1. ACE　2. ABCDE　3. ABD　4. ABE　5. ABE　6. ABCDE
7. ABCDE　8. ABD　9. ABCD　10. ABCDE　11. ABC　12. AB
13. ABCD　14. ABCDE　15. ABCDE　16. ABC　17. ABC　18. ABC

三、名词解释

1. 薪酬管理是指一个组织针对所有员工所提供的服务来确定他们应当得到的报酬总额，以及报酬结构和报酬形式的一个过程。

2. 外在薪酬主要指为销售人员提供的可量化的货币性价值，如基本工资、佣金、奖金等短期激励薪酬，退休金、医疗保险等货币性价值，以及公司支付的其他各种货币形式的开支。

3. 内在薪酬是指那些给销售人员提供的不能以量化的货币形式表现的各种奖励价值，如对工作的满意度、培训的机会、提高个人名望的机会、优秀的企业文化、相互配合的工作环境及公司对个人的表彰等。

四、简答题

1. 针对销售人员的激励方式主要有以下几种：（1）物质激励；（2）目标激励；（3）培训激励；（4）工作激励；（5）榜样激励；（6）民主激励；（7）环境激励；（8）竞赛激励。

2. 制定销售激励组合应遵循以下原则：（1）物质激励与精神激励相结合；（2）正强化与负强化相结合；（3）外在激励与内在激励相结合。

3. 运用强化激励要把握好以下基本原则：（1）坚持公平合理；（2）奖励要能发挥最大的激励效果；（3）慎用惩罚。

4. 影响销售人员薪酬的因素主要有如下几种：（1）付出的劳动；（2）职位；（3）受教育程度；（4）销售经验；（5）为企业服务的年限（工龄）；（6）企业的赢利能力；（7）地区差异；（8）行业间的薪酬水平差异；（9）劳动力市场的供求状况。

5. 薪酬管理工作应该遵循如下原则：(1) 补偿性原则；(2) 公平性原则；(3) 激励性原则；(4) 竞争性原则；(5) 经济性原则；(6) 合法性原则。

6. 在以下具体情况下选择固定薪水制比较合适：(1) 新聘的销售人员正在接受培训或对工作不熟悉，以至于他无法依靠佣金取得一定水平的收入；(2) 几名与同一顾客打交道的销售代表必须长期协作；(3) 公司要打入新的销售区域或销售新产品；(4) 只进行宣传性销售活动或其他适合使用固定薪水的销售工作。

7. 在以下具体情况下选择直接佣金制比较合适：(1) 为完成足够的销售额需要巨大的激励；(2) 需要开展极少的非销售性和宣传性活动；(3) 公司出现财务问题，销售成本需要与销售额直接挂钩；(4) 不要求建立与客户的长期联系；(5) 公司雇佣兼职销售人员或独立承包人。

五、论述题

答题要点：

销售主管在选择薪酬制度时，应注意如下几点。

(1) 应用经济学边际效用的理论作为参考标准，即看每增加一元薪酬，销售人员同时所增加的销售有多少。企业应根据销售人员的不同工作性质和不同的实际情况来决定奖金或佣金占整个报酬的比例。

(2) 销售主管也要注意在各种薪酬制度、不同收入水平之下，可能使企业获得的边际收入情况如何。

(3) 销售主管应慎重考虑固定薪金和奖金的比例。这部分薪酬对销售人员的工作有很大的影响，销售主管应掌握好这部分比例及确定的依据。依据主要有企业对各种促销活动的依赖程度、企业产品和服务的竞争力、销售人员个人推销技巧的重要性等。

(4) 要根据企业的自身规模、实际需要等选择适合的薪酬制度。一般情况下，大型公司，尤其是具有很高知名度的公司应采用高工资、低提成的策略；新成立的公司则适合采用低工资、高提成的薪酬策略。

六、案例分析

答题要点：

问题：(1) 王总在制订调薪方案的时候，既没有考虑到外部同行业间的均衡，也没有考虑公司内部具体每个员工的能力和表现；他只是按照底薪按比例进行调整，造成工资差距会越来越大；设计员工薪酬的时候没有征求各级主管和 HR 的意见。

(2) 薪酬管理工作，应该遵循的原则：补偿性原则、公平性原则、激励性原则、竞争性原则、经济性原则、合法性原则。

(3) 薪酬公平的实现主要有三个途径：①外部公平：属于同一行业同一地区且规模相当的不同企业中的类似岗位，薪酬水平应该基本相同，外部公平是企业吸引和留住员工的一个重要因素。②内部公平：在企业内部，不同岗位的员工所获得的薪酬应与其为企业做出的贡献成正比。③个人公平：同一企业中占据相同岗位的员工，所获得的薪酬应与其贡献成正比。

第7章 销售人员的绩效评估

考核内容

本章考核内容主要有销售人员绩效评估指标、选择评估方法应考虑的因素、主要的评估方法、评估的误差类型。

一、绩效评估的指标

绩效评估的指标主要有四种：一是产出指标；二是投入指标；三是比率指标；四是主观评估。

其中，常被作为绩效评估基础的产出指标如下。(1) 销售量：最直接的产出指标。(2) 订单：通常可用销售人员所获得的订单数来评价其开展销售推广活动的能力。除了订单数量，订单的平均规模也很重要。(3) 客户：常用的一个指标是销售人员在既定时期内新开拓的客户数。还有一些指标使用相对没有那么普遍：一是流失的客户数；二是逾期不付款的客户数；三是预期客户数。

主要的投入指标：工作时间和时间管理、销售访问次数、费用、非销售活动。

主要的比率指标有以下几类：访问比率、费用比率、客户开发与服务比率。

主观评估的主要内容有工作知识、个人特点、销售区域管理、客户与企业的关系、销售成果。

主观评估过程中应注意以下问题。一是评估结果的指导性不强：主观评估很难做到全面、客观的评估，而且许多企业并没有认真地实施这一个步骤，只是简单地确定某些行为与销售成果之间的关系。二是性格特征难以定义：对于销售人员而言，性格特征包括个人气质、积极性、工作态度及应变能力等，但是这些因素难以明确定义，而且与业绩之间的联系难以认定。三是主观因素的影响：主观因素有很多，包括因人的主观而难以避免的误差，如晕轮效应、评估人员的态度、人际偏见等。四是评估目标：如果评估与晋升或薪酬有关，销售主管通常会采取比较宽厚的态度，因为他们看重与下属的合作关系，每个地区主管都希望自己区域的人员提升和奖励比其他人多。若评估是为了促进下属的发展，销售主管通常会倾向于采取比较苛刻的态度，注重那些不足的地方并加以改进。

二、绩效评估的方法

(一) 选择评估方法应考虑的因素

选择评估方法主要应考虑以下因素：一是评估的成本；二是评估的信度和效度；三是评估的精度；四是操作难度；五是评估方法的适应性。

其中，应注意企业的评估活动也应该进行投入与产出的分析，企业要实现利润最大化，就必须使每项工作的投入尽量少，产出尽量多。

一般来说，评估的效度越高，信度越高，而信度越高，效度不一定高。不同的评估方法所产生的评估结果的信度和效度是不一样的。

企业应根据评估的目的选择适当精度的评估方法。不同的评估目的，对精度的要求也是不一样的；另外，不同的评估方法，其评估精度也不一样。

是否便于操作是选择评估方法的重要因素，评估活动不能影响企业的正常运作，也要考虑涉及评估人员的感受，企业要选择最便于自身操作的评估方法。

一般情况下，不同的评估方法其适应性是不一样的，某一评估方法可能仅仅适用于某类人员。所以在进行评估时，最好是采用统一的评估程序、评估方法、评估标准，从而获得较好的评估结果和效果。

（二）主要的评估方法介绍

较具有代表性的方法有以下几种：一是图尺度评价法；二是关键绩效指标法；三是360°绩效反馈；四是平衡计分卡。其中，图尺度评价法是企业最常用的绩效评估方法之一。

（1）图尺度评价法的概念及优缺点

图尺度评价法将评估的各个项目都赋予了尺度，制作出一份表格加以评估。表格中将每项评估因素划分为不同的等级，然后根据每个销售人员的表现评分，并可对不同的因素按其重要程度给予不同的权数，最后核算出总分。

与其他绩效评估方法相比，图尺度评价法具有以下优缺点。

优点：使用方便，能为每一位员工提供一种定量化的绩效评估结果。

缺点：它不能够有效地指导行为，它只能给出评估的结果而无法提供解决问题的方法。由于评定量表上的分数未给出明确的评分标准，所以很可能得不到准确的评定，常常凭主观来考评。所以说这种方法的准确性不高。

（2）关键绩效指标法的概念及建立要点

关键绩效指标（KPI）是通过对工作绩效特征的分析，提炼出最能代表绩效的若干关键指标体系，并以此为基础进行绩效评估的模式。关键绩效指标必须是衡量企业战略实施效果的关键指标，其目的是建立一种机制，将企业战略转化为企业的内部过程和活动，以不断增强企业的核心竞争力和持续地获得高收益。

建立关键绩效指标的要点在于系统性、流程性和计划性，指标必须是易于测量的，要按照定性和定量相结合原则，使指标之间具有独立性和层次性。

（3）360°绩效反馈的概念及360°反馈评价的特点

概念：360°绩效反馈也称全景式反馈或多源反馈，从员工自己、上司、下属、同事、甚至顾客等多个角度来评估员工绩效表现，然后，由专业人员根据对评估者的评价，提出反馈以帮助被评估者提高技能和业绩。

特点：全方位、基于胜任特征、促进发展。

360°反馈评价方法的实施过程如下。

第一，组建360°评估队伍。此处应注意的是对于评价者的选择，无论是由被评价人自己选择还是由上级指定，都应该得到被评价者的同意，这样才能保证被评价者对结果的认同和接受。

第二，对被选拔的评价者进行如何向他人提供反馈和评估方法的训练和指导。

第三，实施360°反馈评价。管理层要对具体实测过程加强监控和质量管理。比如，从问卷开封、发放、宣读指导语到疑问解答、收卷和加封保密的过程实施标准化管理。如果实施过程未能做好，整个结果则可能是无效的。

第四，统计评分数据并报告结果。

第五，对被评价人进行如何接受他人的反馈的训练，可以采用讲座和个别辅导的方法进行。关键在于建立对评价目的和方法的可靠性的认同。

第六，企业管理部门针对反馈的问题制订行动计划，也可以由咨询公司协助实施。

（4）平衡计分卡的概念、优点及实施过程

平衡计分卡（BSC）从财务、顾客、内部流程、学习与成长四个方面来衡量绩效。它能帮助组织从不同的角度来思考组织整体的发展方向，使组织能够在长期目标与短期目标之间取得平衡，又能够兼顾过去结果与未来成效的绩效平衡。

平衡计分卡方法突破了财务作为唯一指标的衡量工作，做到了多个方面的平衡，与传统评价体系比较，具有如下优点：为企业战略管理提供强有力的支持；提高企业整体管理效率；防止企业管理机能失调；提高企业激励作用，增强员工的参与意识；使企业信息负担降到最轻。

平衡计分卡的实施过程。概括为以下五个步骤：一是战略分析；二是战略确定；三是目标设定；四是目标分解；五是建立平衡计分卡的部门评价指标体系，向个人延伸并确定权重。

其中，在定义或明确了公司使命、愿景和战略之后，高级管理层开始制定公司的战略绩效目标，通常从四个角度展开，即财务、客户、内部业务、创新和学习，把公司战略和平衡计分卡联系起来。

平衡计分卡与关键绩效指标的区别如下。关键绩效指标是基于战略的，它是通过“价值树”、“任务树”或“鱼骨分析”来分解成功关键因素，根据关键因素分解关键绩效指标，再把关键绩效指标按部门和岗位向下分解，是自上而下的。而平衡计分卡是以总体战略为核心，分层设置的。与平衡计分卡相比，关键绩效指标的要素基本是相互独立的，没有体现彼此的联系，在时间的维度上也没有超前与滞后之分。它的分解与落实都是以既定目标为核心的，因而不能突出部门或个人的特色及职能。所以对应平衡计分卡，关键绩效指标最适用的应该是财务指标与任务指标，但对于能力指标而言，就无法应用关键绩效指标来进行分解了。

相对关键绩效指标，平衡计分卡有以下三个方面的缺点：一是平衡计分卡的优秀增加了使用它的难度；二是平衡计分卡的工作量极大；三是对于个人而言，要求绩效考核易于理解，易于操作，易于管理，而平衡计分卡评估难度大这些特点不明显。

（三）评估中常见的误差

一是晕轮效应误差：评估者可能因为被评估者的总体印象、个人印象而产生偏见，造成过高或过低的评估。

二是暗示效应误差：评估人在领导者或权威人士的暗示下，很容易接受他们的看法，而改变自己原来的看法，这样就可能造成绩效评估的暗示效应。

三是感情效应误差：评估人可能随着他对被评估人的感情好坏程度自觉地对被评估人的绩效评估偏高或偏低。

四是近因误差：绩效评估时往往会出现这样的情况，评估人对被评估人某一阶段的工作绩效进行评估时，往往只注重近期的表现和成绩，以近期印象来代替被评估人在整个评估期的绩效表现，因而造成评估误差。

五是偏见误差：评估人员对被评估者带有某种偏见而影响对其工作绩效的评估而造成的误差被称为偏见误差。如果一个人对某一群体、某一行为有强烈的反感情绪，这种偏见就使他在评分时很难坚持客观性和公正性，其结果必然使某些员工的评估信息处于被扭曲状态。

六是自我比较误差：主管会不自觉地把员工与自己进行比较，以自己作为衡量员工的标准，这样就会产生自我比较误差。

七是评估标准变化不定误差：在设计评估标准时，应尽量避免使用模棱两可的标准，负责评估的人员在评估过程中应避免主观色彩。

重点和难点

本章应掌握的知识如下：(1) 绩效评估的四种指标；(2) 绩效评估的主要方法；(3) 绩效评估中的误差。

同步综合练习题

一、单项选择题

1. 能够直接用来评估销售人员与客户联系的程度的指标是(　　)。
A. 销售量　　B. 销售访问次数
C. 工作时间和时间管理　　D. 客户
2. 最直接的销售产出指标(　　)。
A. 销售量　　B. 销售访问次数
C. 工作时间和时间管理　　D. 客户
3. 用来评价销售人员开展销售推广活动的能力的指标是(　　)。
A. 销售量　　B. 订单
C. 工作时间和时间管理　　D. 客户
4. 平衡计分卡从(　　)四个维度衡量企业业绩。
A. 财务、客户、内部流程、学习与成长
B. 财务、美誉度、内部流程、适应能力
C. 战略、客户、内部流程、学习与成长
D. 战略、美誉度、内部流程、适应能力
5. 关键绩效指标与平衡计分卡的共同之处在于(　　)。
A. 基于战略　　B. 要素基本是相互独立
C. 工作量极大　　D. 用于个人
6. 销售人员对主管表现不友好时，主管人员可能产生的偏见会影响到整个评估过程，造成过低的评价，这种偏差为(　　)。
A. 晕轮效应误差　　B. 暗示效应误差
C. 感情效应误差　　D. 近因误差
7. 评估人在领导者或权威人士的暗示下，很容易接受他们的看法，而改变自己原来的看法，这样就可能造成绩效评估的(　　)。
A. 晕轮效应误差　　B. 暗示效应误差
C. 感情效应误差　　D. 近因误差
8. 评估人可能随着他对被评估人的感情好坏程度自觉地对被评估人的绩效评估偏高或偏低。这样就可能造成绩效评估中的(　　)。
A. 晕轮效应误差　　B. 暗示效应误差
C. 感情效应误差　　D. 近因误差
9. 评估人对被评估人某一阶段的工作绩效进行评估时，往往只注重近期的表现和成绩，以近期印象来代替被评估人在整个评估期的绩效表现情况，这样就可能造成绩效评估中的(　　)。
A. 晕轮效应误差　　B. 暗示效应误差
C. 感情效应误差　　D. 近因误差
10. 只能给出评估的结果而无法提供解决问题的评估方法是(　　)。
A. 平衡计分卡　　B. 关键绩效指标法

C. 360°绩效反馈　　D. 图尺度评价法

二、多项选择题

1. 常被作为销售绩效评估基础的产出指标有(　　)。
A. 销售量　B. 订单　C. 客户
D. 工作时间　E. 销售访问次数
2. 常被作为销售绩效评估基础的投入指标有(　　)。
A. 销售量　B. 非销售活动
C. 费用　D. 工作时间
E. 销售访问次数
3. 可以用于评估销售人员的非销售活动指标有(　　)。
A. 工作时间和时间管理　B. 发出推销信件的数量
C. 拨打推销电话次数　D. 销售访问次数
E. 向企业提出合理销售建议的次数
4. 企业进行销售人员绩效评估时使用的比率指标主要类别有(　　)。
A. 访问比率　B. 费用比率
C. 客户开发与服务比率　D. 非销售活动比率
E. 销售比率
5. 反映销售人员主观意图评估指标有(　　)。
A. 工作知识　B. 个人特点
C. 销售区域管理　D. 客户与企业的关系
E. 销售成果
6. 主观评估的主要内容有(　　)。
A. 工作知识　B. 个人特点
C. 销售区域管理　D. 客户与企业的关系
E. 销售成果
7. 选择评估方法应考虑的因素有(　　)。
A. 评估的成本　B. 评估的信度和效度
C. 评估的精度　D. 操作难度
E. 评估方法的适应性
8. 有代表性的绩效评估方法有(　　)。
A. 图尺度评价法　B. 关键绩效指标法
C. 360°绩效反馈　D. 平衡计分卡
E. 主管评估法
9. 评估中常见的误差有(　　)。
A. 晕轮效应误差　B. 暗示效应误差
C. 感情效应误差　D. 近因误差
E. 偏见误差
10. 与传统评价体系比较，平衡计分卡的优点有(　　)。
A. 防止企业管理机能失调　B. 降低企业信息负担

C. 提高企业管理效率　　D. 为企业战略管理提供有力的支持

E. 提高企业激励作用，增强员工的参与意识

11. 360°反馈评价的特点有(　　)。

A. 全方位　　B. 促进发展

C. 基于战略　　D. 基于胜任特征

E. 适用于团队

三、名词解释

1. 关键绩效指标
2. 360°绩效反馈
3. 平衡计分卡

四、简答题

1. 在对销售人员进行主观评估过程中应注意哪些问题?
2. 主观评估的主要内容有哪些?
3. 选择评估方法应考虑哪些因素?
4. 简述平衡计分卡实施的流程。
5. 评估中常见的误差有哪些?
6. 平衡计分卡的优点有哪些?

五、论述题

如何选择销售绩效评估方法?

六、案例分析

绩效评估指标的设计

王平是某企业生产部门的主管，他终于完成了对下属人员的绩效考评并准备把考评表格交给人力资源部。绩效考评表格标明了工作的数量和质量以及合作态度等情况，表中的每一个特征，都分为五等：优秀、良好、一般、及格和不及格。

所有的职工都完成了本职工作。除小李和小陈之外，大部分还顺利完成了王平交给的额外工作。考虑到小李和小陈是新员工，他们两人的额外工作量又偏多，王平给所有员工的工作量都打了“优秀”。小黄曾经对王平做出的一个决定表示不同意见，在“合作态度”一栏，小黄被记为“一般”，因为意见分歧只是工作方式方面的问题，所以王平没有在表格的评价栏上记录。另外，小吴家庭比较困难，王平就有意识地提高了对他的评价，他想通过这种方式让小吴多拿绩效工资，把帮助落到实处。此外，小赵的工作质量不好，也就是刚刚及格，但为了避免难堪，王平把他的评价提到“一般”。这样，员工的评价分布于“优秀”、“良好”、“一般”，就没有“及格”和“不及格”了。王平觉得这样做，可以使员工不至于因发现绩效考评低而产生不满；同时，上级考评时，自己的下级工作做得好，对自己的绩效考评，成绩也差不了。

思考题：

1. 请指出案例中暴露出来的问题有哪些？
2. 本案例出现了评估误差，试说明常见的评估误差有哪些？

参考答案

一、单项选择题

1. C　2. A　3. B　4. A　5. A　6. A　7. B　8. C
9. D　10. D

二、多项选择题

1. ABC　2. BCDE　3. BCE　4. ABC　5. ABCDE　6. ABCDE
7. ABCDE　8. ABCD　9. ABCDE　10. ABCDE　11. ABD

三、名词解释

1. 关键绩效指标是通过对工作绩效特征的分析，提炼出最能代表绩效的若干关键指标体系，并以此为基础进行绩效评估的模式。

2. 360°绩效反馈也称全景式反馈或多源反馈，从员工自己、上司、下属、同事、甚至顾客等多个角度来评估员工绩效表现，然后，由专业人员根据对评估者的评价，提出反馈以帮助被评估者提高技能和业绩。

3. 平衡计分卡从财务、顾客、内部流程、学习与成长四个方面来衡量绩效。它能帮助组织从不同的角度来思考组织整体的发展方向，使组织能够在长期目标与短期目标之间取得平衡，又能够兼顾过去结果与未来成效的绩效平衡。

四、简答题

1. 在主观评估过程中应注意以下几个问题：(1) 评估结果的指导性不强；(2) 性格特征难以定义；(3) 主观因素的影响；(4) 评估目标。

2. 主观评估的主要内容如下：(1) 工作知识；(2) 个人特点；(3) 销售区域管理；(4) 客户与企业的关系；(5) 销售成果。

3. 选择评估方法应考虑的因素如下：(1) 评估的成本；(2) 评估的信度和效度；(3) 评估的精度；(4) 操作难度；(5) 评估方法的适应性。

4. 平衡计分卡的实施概括为以下五个步骤：(1) 战略分析；(2) 战略确定；(3) 目标设定；(4) 目标分解；(5) 建立平衡计分卡的部门评价指标体系，向个人延伸并确定权重。

5. 评估中常见的误差如下：(1) 晕轮效应误差；(2) 暗示效应误差；(3) 感情效应误差；(4) 近因误差；(5) 偏见误差；(6) 自我比较误差；(7) 评估标准变化不定误差。

6. 与传统评价体系比较，平衡计分卡具有如下优点：(1) 为企业战略管理提供强有力的支持；(2) 提高企业整体管理效率；(3) 防止企业管理机能失调；(4) 提高企业激励作用，增强员工的参与意识；(5) 使企业信息负担降到最轻。

五、论述题

答题要点：

选择评估方法应考虑以下因素。

(1) 评估的成本：不同评估方法的难度是不同的，花费的时间与费用也不同。企业的评估活动也应该进行投入与产出的分析。

(2) 评估的信度和效度：一般来说，评估的效度越高，信度越高，而信度越高，效度不一定高。不同的评估方法所产生的评估结果的信度和效度是不一样的。

(3) 评估的精度：评估结果反映员工实际情况的详细程度。企业应根据评估的目的选择适当精度的评估方法。

(4) 操作难度：评估活动不能影响企业的正常运作，也要考虑涉及评估人员的感受，企业要选择最便于自身操作的评估方法。

(5) 评估方法的适应性：不同的评估方法其适应性是不一样的，某一评估方法可能仅仅适用于某类人员。

六、案例分析

答题要点：

1. 案例中暴露出来的问题如下。

(1) 指标的设立过于简单。除了对工作质量和产量进行评估外，还应对原材料消耗率、能耗、出勤及团队合作等方面进行综合考虑，逐一评估。

(2) 评估指标没有量化。本例评估指标主要分为优秀、良好、一般、及格和不及格，具体标准不明确，没有量化，缺乏科学性和公正性。

(3) 考评主体单一，缺乏监督机制。这里只由王平对下属进行评价，很容易造成主观性。

(4) 缺乏对评估结果进行适当的比例控制，如规定原则上评估结果为“优秀”的比例不超过15%，“不及格”和“及格”的比例在10%以内，“良好”的比例为75%。

(5) 考评中缺乏沟通的环节。王平在评估时没有与下属沟通，就把考核结果直接交给人力资源部。

2. 常见的评估误差有晕轮效应误差、暗示效应误差、感情效应误差、近因误差、偏见误差、自我比较误差、评估标准变化不定误差。

第8章 销售主管与团队管理

考核内容

本章主要考核内容有销售主管的能力与素质要求，销售主管的成本意识与风险意识，团队精神、团队沟通与团队冲突。

一、销售主管的能力与素质要求

销售主管的真正职责是激起销售人员的销售欲望，并使其集中精力朝目标奋斗，他必须具备统帅和教育下属、打造高绩效团队的能力。

(一) 销售主管的能力要求

(1) 分析、综合、宏观调控的能力。统筹全局、全面分析、善于综合是销售主管最基本的能力。

(2) 决策能力。确定新目标与方案时是否坚决、果断，表现出一个销售主管决策能力的高低。

(3) 知识能力。销售主管应具备产品知识，市场知识、管理知识、会计知识、心理知识等。

(4) 创新能力。创新能力包括良好的记忆力、丰富合理的想象力、敏锐的观察力、严谨的抽象力、娴熟的操作能力和准确的评价能力等。

(5) 组织能力。销售主管要重视人才，懂得人才的发现、培养，让人才在销售活动中发挥最大的作用。

(6) 应变能力。销售主管的应变能力是与他的智商水平、学习能力、工作经验、生活阅历及他对问题的重视程度成正比的。

(7) 激励与协调团队关系的能力。销售主管既要能够自如地控制自己的情绪，又能善于体察各类人员的思想、情绪，善于协调团队成员之间的矛盾，善于调动各类人员的积极性，让整个团队充满和谐和积极的气氛。

(8) 表达能力。销售主管的表达能力成为影响信息传递质量的重要因素。

(二) 销售主管的素质要求

(1) 高度的事业心和工作责任感。事业心与工作责任感所形成的一种内在推动力，推动着销售主管自觉地克服各种困难，带领团队实现团队目标。

(2) 不断创新、进取的精神。追求成功、不断进取是销售主管的一种内在动力。

(3) 客观开朗、平易近人。销售主管必须是性格开朗、善于与人交往的人。

(4) 良好的社会知觉。销售主管应对他人与自己有一个正确的知觉，对他人的知觉是否正确往往影响到对人的使用。

(5) 宽广的胸怀。销售主管应当以高标准要求自己，对他人应当宽宏大量。

二、销售主管的成本意识与风险意识

(一) 成本意识

(1) 成本。成本分析的目的在于它能确认销售支出的效果和机会。

(2) 成本领先战略。企业在采取成本领先战略时往往会犯以下几种错误：只关心销售活动的成本；忽视间接的或规模小的活动、损害企业良好的形象。

(3) 成本控制。成本控制需要注意两个问题。一是强化成本意识；二是降低成本时，需要注意：搞好整顿，加强控制；严肃纪律，避免漏洞的出现；合理安排，高效运作。

(二) 风险意识

(1) 风险概述。风险大致有两种定义：一种是某事件产生人们所不期望的后果的不确定性；另一种是产生的损失的不确定性。风险主要可分为以下几种：环境风险、生产风险、市场风险、财务风险。

(2) 风险辨析。风险分析可以分解为风险辨识、风险估计、风险评价、做出决策四个方面。其中，市场风险主要源于以下三个方面：竞争能力、竞争者的产品质量或有相类似的新产品出现的时间和数量，消费者拥有该产品的饱和度。

(3) 正确对待风险。正确对待风险，需要从以下四个方面做起：辨析风险、预测风险、面对风险、评价风险。

(4) 防范风险。防范风险要做到如下四个方面：重视市场观察、重视预测工作、提高销售队伍素质、信息要及时掌握。

(5) 降低风险的策略。在新产品开发中一般降低风险的策略主要有以下四种：试探风险策略、降低投资风险策略、减少资源投入策略、转移风险策略。

三、销售团队管理

(一) 团队精神

团队精神指团队整体的价值观、信念和奋斗意识，它是团队成员为了团队的利益和目标而相互协作、尽力完成工作的思想意识。团队精神是所有团队成员群策群力、为了一个共同目标而奋斗的精神，是能够取得高绩效的灵魂。

(1) 团队精神的内容。团队精神主要包括凝聚力、合作意识、高昂士气三个方面。

凝聚力高的团队表现出以下特点：①团队成员的参与意识较强，人际关系和谐；②团队成员间会彼此关心、互相尊重；③团队成员有强烈的归属感，每个成员认识到自己在团队中的位置，认识到团队为自己提供工作，个人命运和团队是息息相关的，所以跳槽的现象相应较少；④团队内的沟通渠道比较畅通、信息交流频繁，大家觉得沟通是工作中的一部分，不会存在什么障碍；⑤团队成员有较强的事业心和责任感，愿意承担团队的任务；⑥团队为成员的成长与发展、自我价值的实现提供了便利的条件。

从外部看，当团队遇到威胁时，通常外来威胁越大，造成的影响越大，压力越大，团队所表现出的凝聚力也会越强。

从内部看，有这样一些因素影响着凝聚力：①团队的目标；②团队的规模；③团队主管的风格；④奖励方式或激励机制；⑤团队以往的表现。

(2) 团队精神的培育。

团队精神的培育应该从以下六个方面着手。一是科学确立团队目标，使之在团队内充分渗透。在确定团队目标过程中必须遵循以下四个原则。①经营理念应该具有时代性，合乎社会规范，并与团队成员的价值取向相统一，这样才能引起团队成员的心理共鸣。②目标必须真实，切忌好大喜功、盲目冒进，也应该避免保守畏缩。确立团队目标应根据团队现有内外环境资源及市场机会理性分析，综合评判。目标不能定得过高或过低。③目标必须对团队成员具有激励作用，目标应该是团队利益的集中体现，只有这样的目标才能得到团队成员的认可，才能对团队成员的行为起到规范作用。④目标必须不断改善。当团队的外在条件、社会环境发生变化以后，团队目标必须不断更新，否则将会丧失其导向功能和激励功能。二是建立团队价值观，培养良好的团队氛围。三是营造相互信任的组织氛围。四是建立规范的管理制度和激励机制。五是借助企业文化塑造团队精神。六是强化团队领袖行为。

（二）团队沟通

在团队工作方式中，除了成员之间的沟通，团队成员与团队之间及团队与团队之间存在的一对多、多对多的沟通统称团队沟通。

（1）沟通的方向：①水平沟通，②垂直沟通。

（2）沟通的内容：①信息沟通，②思想、感情等重要内容。

团队主管可以通过以下几点了解不同成员的需求从而进行情感沟通：①以诚相对，与任何成员都保持亲切的关系，重视和发掘成员的意愿；②耐心倾听成员的意见，掌握他们的想法，深入了解他们的内心；③建立与成员相互信赖的关系，设身处地为成员着想；④认可成员的个体特性，鼓励其发展爱好兴趣；⑤经常关心团队成员，如在特别的日子送上小礼物以表关心。

（3）沟通的渠道：①正式沟通渠道；②非正式沟通渠道；③语言沟通与非语言沟通。

（三）团队冲突

（1）团队冲突指的是两个或两个以上的团队在目标、利益、认识等方面互不相容或互相排斥，从而产生心理或行为上的矛盾，导致抵触、争执或攻击事件。

（2）团队冲突可以划分为角色冲突、团队之间冲突、关系冲突、任务冲突、过程冲突等类型。

（3）团队冲突有建设性作用，也有破坏性作用。建设性作用如下：内部的分歧与对抗能形成各部门相互支持的社会体系；冲突暴露，使对抗的成员采取联合方式发泄不满，否则压抑怒气不能造成极端反应；冲突能增加内聚力；两大势力的冲突可表现他们的实力，并最后达到权利的平衡，以防止无休止的斗争；冲突可促使联合，以求生存，或者对付更强大的敌人，或联合垄断市场。破坏性作用主要如下：人力、物力分散、凝聚力降低；造成人们的紧张与敌意，减低对工作的关心；冲突严重时会影响组织和团队的寿命。

（4）团队冲突的过程可以分为三个阶段，即潜在的对立或不一致、认知和个性化、行为意向。

（5）解决团队冲突技术有解决问题、转移目标、回避或抑制冲突、妥协、上级命令、提高人际交往能力、改变组织结构因素等。

重点和难点

本章应掌握的知识如下：(1) 了解销售主管的能力与素质要求；(2) 了解销售主管应具备的成本与风险意识；(3) 掌握销售团队管理的内容。

同步综合练习题

一、单项选择题

1. 销售主管的任务是(　　)。
A. 果断进行决策
B. 把各部门、各方面的人力、物力、财力组织起来
C. 带领团队成员实现团队目标
D. 控制传递信息质量

2. 团队领导良好心理素质的核心内容和主要标志是(　　)。
A. 高度的事业心和工作责任感　　B. 不断创新、进取的精神
C. 客观开朗、平易近人　　D. 良好的社会知觉和宽广的胸怀

3. 成本分析的目的在于(　　)。
A. 确认销售支出的效果和机会　　B. 提高工作效率
C. 管理销售过程　　D. 制订销售计划

4. 企业存在风险。企业风险的综合反映是(　　)。
A. 环境风险　　B. 生产风险　　C. 市场风险　　D. 财务风险

5. 团队精神的灵魂和核心是(　　)。
A. 团队价值观　　B. 团队制度机制
C. 团队目标　　D. 团队文化和氛围

6. 在冲突发生的第二阶段——认知和个性化时期，对认知有很大作用的是(　　)。
A. 情绪因素　　B. 情感因素　　C. 金钱因素　　D. 技术因素

7. 冲突是企业内外部都存在的现象，理想的解决冲突的方式是(　　)。
A. 竞争　　B. 回避　　C. 合作　　D. 妥协

8. “正规法”作为解决团队冲突的技术之一，其基础前提是(　　)。
A. 服从安排和命令　　B. 互相信任与真诚合作
C. 转移目标　　D. 内部批评

9. 关于沟通渠道，以下说法不正确的是(　　)。
A. 正式沟通的缺点是比较刻板，沟通速度慢
B. 朋友聚会是非正式沟通的一种
C. 优秀的团队领导者应该是有经验的非语言沟通者
D. 书面沟通是团队沟通最常用的方式

二、多项选择题

1. 销售主管的最基本能力包括(　　)。
A. 创新能力　　B. 统筹全局　　C. 全面分析　　D. 善于综合
E. 知识储备

2. 企业在采取成本领先战略时往往会犯以下哪些错误(　　)。
A. 只关心销售活动的成本　　B. 忽视间接的或规模小的活动

C. 逃避大型成本活动　　D. 只注重成本计划
E. 损害企业良好的形象

3. 市场风险主要来源是(　　)。
A. 竞争能力
B. 企业资金总量
C. 竞争者的产品质量、或相类似的新产品出现的时间和数量
D. 消费者拥有该产品的饱和度
E. 市场认知程度

4. 关于沟通的说法，正确的有(　　)。
A. 约束力强是正式沟通渠道的优点之一
B. 非正式沟通会导致小团体主义
C. 一名优秀的团队领导者应该是一名有经验的非语言沟通者
D. 利用口语面对面沟通是团队沟通最常用的形式
E. 当团队的信息必须广泛向他人传播时，口头沟通是最好的形式

5. 产生冲突的必要条件有(　　)。
A. 市场环境　　B. 沟通　　C. 团队的结构
D. 竞争条件　　E. 个人因素

三、名词解释

1. 风险
2. 团队
3. 团队精神
4. 团队冲突

四、简答题

1. 在发掘和实现降低成本的途径时应该注意哪些问题?
2. 防范风险的措施和降低风险的策略有哪些?
3. 团队精神的培育应从哪些方面入手?

五、论述题

1. 论述凝聚力高的团队的特征及影响凝聚力的因素。
2. 团队冲突的作用。

六、案例分析

销售团队的冲突管理

某保险公司销售部门未能完成这一季度的销售目标，在原因分析会上：该队成员A认为由于销售经理制定的销售指标过高，根本不可能完成，只有降低销售指标才能完成工作。团队成员B认为由于销售团队规模太大，有些销售人员会影响其他销售人员的工作，要控制销售团队人员数量。团队成员C认为由于平时各个销售人员都在各自负责区域进行工作，很少有机会与其他销售人员和销售经理沟通。销售经理在听取销售人员的看法后宣布散会，

并约定一个礼拜后再次召开会议。在一个礼拜后的会议上，销售经理做出决定，降低销售指标，缩小销售人员规模。

思考题：

1. 该公司产生冲突的原因是什么？
2. 销售经理采取了何种冲突处理技术？
3. 销售经理采取了何种冲突处理方法？

参考答案

一、单项选择题

1. B　2. C　3. A　4. D　5. C　6. A　7. C　8. B　9. D

二、多项选择题

1. BCD　2. ABE　3. ACD　4. ABCD　5. BCE

三、名词解释

1. 风险大致有两种定义：一种是某事件产生人们所不期望的后果的不确定性；另一种是产生的损失的不确定性。销售工作所面对的社会和市场是在不断变化的，事事都有不确定性，风险是普遍存在的。

2. "团队"是指一个组织在特定的可操作范围内，为实现特定目标而建立的相互合作、一致努力的由若干成员组成的共同体。

3. 团队精神指团队整体的价值观、信念和奋斗意识，它是团队成员为了团队的利益和目标而相互协作，尽力完成工作的思想意识。团队精神是所有团队成员群策群力、为了一个共同目标而奋斗的精神，是能够取得高绩效的灵魂。

4. 团队冲突指的是两个或两个以上的团队在目标、利益、认识等方面互不相容或互相排斥，从而产生心理或行为上的矛盾，导致抵触、争执或攻击事件。

四、简答题

1. (1) 搞好整顿，加强控制。产品在进入销售部门之后，销售主管无法对产品的生产成本进行控制，销售主管的职责是想方设法使成本在销售环节降到最低，做到事前预测、事中控制、事后总结。

(2) 严肃纪律，避免漏洞的出现。当前，企业管理费用偏高是一个普遍的问题，在销售部门，各种违反规定的行为层出不穷：故意把商品以劣充优、削价处理；巧立名目，滥发各种补贴和物资；以市场调查为名游山玩水、公费旅行。这些行为都大大增加了销售成本，为了防止虚增，必须做到有法必依、执法必严、违法必究，只有这样才能有效杜绝这些漏洞的出现，降低成本。

(3) 合理安排，高效运作。销售主管应该在日常销售过程中对人力、财力、物力进行合理安排，而不是等到报表出来后再做成本的控制。例如，要避免某项工作的人员重复，减少产品保管不善的现象，从源头上降低成本。

2. 风险防范措施主要有四项。

(1) 重视市场观察。要切实增强风险意识，重视市场观察，正所谓“企业的成功，七分靠市场”。

(2) 重视预测工作。市场预测的准确程度直接影响到风险的大小和解决风险的能力，这就要求预测人员要获得准确的、有价值的信息，尤其要注意听取专家的意见。销售人员也要有较强的预测能力。

(3) 提高销售队伍素质。销售最终还是要由人来完成，人员的选用存在着一定的风险。因此人员的口才、应变能力、心理素质等都将影响到销售业绩。

(4) 信息要及时掌握。国家的政策法规是最重要的信息，如不及时掌握，所带来的风险很可能是全局性的，因此对这方面的信息了解要全面透彻。

降低风险的策略如下。

(1) 试探风险策略。开发新产品的风险很大，也难以预测。企业为了减少风险，可以采用试探风险的策略，来决定销售新产品的多少。

(2) 降低投资风险策略。在投资推广一种新产品的时候，要对产品的各种事项进行全面了解，包括产品的性能、适用人群、使用寿命、不同规格等情况，只有做到胸有成竹，才能对产品的销售做到游刃有余。也就是常说的不打无准备之战，知己知彼、百战百胜。

(3) 减少资源投入策略。在营销当中，要精简机构，提高人员工作效率，各单位相互交流，做到资源共享；推广当中减少不必要的开支，如宴请和不必要的高昂交通费用。当新产品推广成功，已进入成长、发展期时，再考虑适当增加资源投入，这样可以减少资源投入的风险。

(4) 转移风险策略。了解行情、重视市场预测、倾听群众意见、注重推销艺术，尽量争取更多的销售订单。同时，不断提高产品质量，降低销售价格，以减少新产品市场风险。如果万一新产品已投入市场，没有销路，那就要采取以下两种转移风险策略。一是在新产品投产之前，争取得到用户的订单或和买主签订长期的合同。另一种是采用生产成本加成方法，在企业生产这种新产品所需的生产成本基础上，再加一定的比例作为销售价，然后推销给客户，这样也可以减轻企业承担的风险。

3. 团队精神的培育应从如下六个方面入手。

(1) 科学确立团队目标，使之在团队内充分渗透。

(2) 建立团队价值观，培养良好的团队氛围。

(3) 营造相互信任的组织氛围。

(4) 建立规范的管理制度和激励机制。

(5) 借助企业文化塑造团队精神。

(6) 强化团队领袖行为。

五、论述题

1. 答题要点：

凝聚力高的团队表现出以下特点。

(1) 团队成员的参与意识较强，人际关系和谐；

(2) 团队成员间会彼此关心、互相尊重；

(3) 团队成员有强烈的归属感，每个成员认识到自己在团队中的位置，认识到团队为自己提供工作，个人命运和团队是息息相关的，所以跳槽的现象相应较少；

(4) 团队内的沟通渠道比较畅通、信息交流频繁，大家觉得沟通是工作中的一部分，不会存在什么障碍；

(5) 团队成员有较强的事业心和责任感，愿意承担团队的任务；

(6) 团队为成员的成长与发展，自我价值的实现提供了便利的条件。

凝聚力受内外两方面因素的影响。

(1) 从外部看，当团队遇到威胁时，无论团队内部曾经发生过或正在发生什么问题、困难、矛盾，这时团队成员会暂时放弃前嫌，一致应对外来威胁。通常外来威胁越高、造成的影响越大、压力越大，团队所表现出的凝聚力也会越强。当然如果团队成员感到团队根本没有办法应付外来威胁和压力时，他们可能会选择放弃，就不愿意再去努力了。举一个简单的例子：某超市设在小区路口，在过去没有竞争对手的时候经营得还不错，但有一天沃尔玛在它旁边开了一个连锁店，这时超市员工会觉得这是一个强大的敌人，很难去应付，他们可能会懈怠，甚至放弃努力。

(2) 从内部看，有这样一些因素影响着凝聚力。①团队的目标。团队目标如果跟个人的目标一致，并且有吸引力、有号召力，团队成员就愿意合作完成任务，凝聚力会增强；反过来如果个人目标和团队目标不关联，个人的想法是自身发展，团队的目标是获得销售量，这时合作就会少，少了一份激励，凝聚力也就降低。②团队的规模。规模越大越容易阻碍团队的沟通，意见分歧的可能性也会增大；大规模的团队人员之间的接触相应较少，关系也不融洽，办事效率低、不负责任；团队的规模越大，产生小团队的可能性就越大，小团体主义这时可能就会出现。通常团队的人数在10～15人较好。③团队主管的风格。团队主管是团队行为的一种导向和核心，其采取什么样的领导方式直接影响到团队凝聚力的高低。在民主的领导方式之下团队成员愿意表达自己的意见和参与决策，这时积极性高、凝聚力比较强；在专制、独裁、武断的领导方式下，下属参与的机会比较少，员工的满意度相应较低，牢骚满腹，私下攻击性的言论也相应增多，凝聚力也会较低；在过于放任的领导方式下，团队成员就像一盘散沙，人心涣散，不仅谈不上集体主义，也谈不上一个团队，这时更谈不上凝聚力。④奖励方式或激励机制。个人奖励和集体奖励有不同的作用：集体奖励会增强团队的凝聚力，会使成员意识到个人的利益和荣誉与所在团队不可分割；个人奖励可能会增强团队成员间的竞争力，但这也可能导致个人只顾自己的利益，协作、凝聚可能会弱化。必须两者都兼顾，承认团队的贡献，也要承认个人成绩。⑤团队以往的表现。如果团队一贯有好的表现，过去就能按团队目标很好运行，这时团队成员就会觉得这是一个优秀的团队，在这样的团队中有荣誉感，所以就会激发团队成员做得更好。通常有优异表现的团队更容易吸引优秀的成员加入。

2. 答题要点：

团队冲突与组织绩效之间有一定的关系，团队冲突水平太低，组织革新和变化困难，组织难以适应环境，其行为受阻；团队冲突水平太高，导致各种混乱，危及组织的生存。团队冲突的水平过高或过低，都将是破坏性的冲突，对组织绩效会产生负面的影响，只有团队冲突保持在适度的水平，才会对绩效产生积极的影响。

冲突的建设性作用主要包括五个方面。

（1）内部的分歧与对抗能形成各部门相互支持的社会体系。

（2）冲突暴露恰如一个出气孔，使对抗的成员采取联合方式发泄不满，否则压抑怒气可能造成极端反应。

（3）冲突能增加内聚力。

（4）两大势力的冲突可表现他们的实力，并最后达到权利的平衡，以防止无休止的斗争。

（5）冲突可促使联合，以求生存，或者对付更强大的敌人，或者联合垄断市场。

冲突的破坏性作用：

组织中也有具损害性的或阻碍目标实现的冲突，管理者必须消除这种冲突。而有益冲突也可能转化成有害冲突。冲突破坏性作用主要有三个方面。

（1）人力、物力分散，凝聚力降低。

（2）造成人们的紧张与敌意，减低对工作的关心。

（3）冲突严重时会影响组织和团队的寿命。

六、案例分析

答题要点：

（1）该公司产生冲突的原因如下：成员之间缺乏沟通；团队的内部结构失调；规模越大，产生冲突的可能性越大；团队成员个人因素，如存在主观偏见等。

（2）销售经理采取了存货缓冲冲突处理技术，即进行冷处理，不急于处理冲突，双方均冷静后再来处理。

（3）销售经理采取了迁就法，即在团队冲突中为了维持相互友好的关系而以服从他人观点。

第9章 销售过程理论与模式

考核内容

本章考核内容主要有销售方格理论、客户方格理论、销售三角理论、AIDA模式、DIPADA模式、IDEPA模式、FABE模式。

一、销售方格理论与客户方格理论

（一）销售方格理论概述

美国管理学家罗伯特·R. 布莱克教授和J. R. 蒙顿教授在1970年适应时代要求提出了一种新的销售理念——“销售方格”。“销售方格”构想来源于二人的1964年出版的《管理方格》一书中的“管理方格”概念。销售方格通过销售人员对销售任务和对客户的关心程度这两个目标构成的坐标轴表示销售人员不同的销售心态。

（二）销售方格理论的五种典型类型及特征

一是事不关己导向型：此类销售人员对销售任务和客户都不关心。二是客户关系导向型：此类销售人员把客户关系看得十分重要，而忽视销售任务的完成。三是强力销售导向型：此类销售人员特别注重业绩的达成，把销售任务看的尤其重要，而不顾实际的客户感受，不是按照具体的购买需求和意愿进行销售引导，而是不择手段地把商品推向客户。在短期内能够取得较好的业绩，但是不符合企业的长远发展。四是销售技术导向型：此类销售人员对销售任务和客户关系都能照顾到，比较温和地处理二者的矛盾，工作相对较踏实，熟悉当前市场环境，是老练稳健的销售人员。五是解决问题导向型：此类销售人员对客户需求和销售任务都高度关心，以客户需求为中心，不断追求更高的销售目标，是销售人员不断奋斗的目标和规范。

（三）客户方格理论概述

客户方格通过客户对销售人员和对购买需求的关心程度这两个目标构成的坐标轴来表示五种不同的客户心态。

（四）客户方格理论的五种典型类型及特征

一是漠不关心型：这类心态的客户对销售人员和购买需求都不关心，表现既无热心，也无责任感。二是感情用事型：这类心态的客户由于心肠很好，出于同情和友好的角度才购买产品，而对产品是否为己所需，并不关心。三是防卫型：这类心态的客户把购买利益看得很重要，更关心自己的购买利益是否得以真正地实现，很乐意买但对销售人员有戒心。四是这类心态的客户既关心自己购买需求，又关心销售人员，所以乐于听取销售人员的意见，但是又会自主做出购买决策，比较理智、冷静、自信。五是寻求答案型：这类心态的客户由于对销售工作和产品都很熟悉，所以既高度关注自己的购买需求，又高度关心销售人员。

二、销售三角理论

（一）销售三角理论概述

为了提高销售人员的素质，人们总结出了一种简明的能够激发其销售活动积极性、奠定销售自信心、完善销售技术的基础关系理论——销售三角理论。在英文表述中，这三角或三边分别代表 enterprise（企业）、goods（产品及服务）、myself（销售人员），这 3 个英文单词的首字母合起来是 GEM，因此该理论也被称为 GEM 公式。

（二）销售三角理论的具体内容

销售三角理论包括三个方面的具体内容：一是销售人员对企业的信任；二是销售人员对产品及服务的信任；三是销售人员对自身能力的信任。

三、AIDA 模式

（一）AIDA 模式的概念

AIDA 模式是国际销售专家海因兹·姆·戈德曼在其著作《推销技巧——怎样赢得客户》中提出的：一个成功的销售人员通常要通过四个步骤来促成交易，即引起客户注意、唤起客户兴趣、激起客户购买欲望、促成客户购买行为。AIDA 是由四个英文单词的首字母组成的，A 为 attention，即引起注意；I 为 interest，即诱发兴趣；D 为 desire，即刺激欲望；最后一个字母 A 为 action，即促成购买，AIDA 模式代表的四个发展阶段是相互关联、缺一不可的。它的具体含义是一个成功的销售员必须学会把客户的注意力或兴趣及时地转移到产品上去，从而激发客户的购买欲望，而后再促使客户购买，最终达成交易。

（二）AIDA 模式的四个阶段

AIDA 模式的四个阶段是相互关联、缺一不可的。其中，迅速有效地吸引客户的手段有塑造自身形象、提高语言技巧、提高业务的操作水平、做好适合不同销售群体的产品包装和多样化的产品广告。唤起客户的兴趣一般有两类基本的方法，即示范类和情感类，它们是针对不同客户的需求、不同动机，分别确认后而使用的。在销售实践中，激发购买欲望的方法有销售活动一开始，销售人员就要建立起自身及产品给予客户的信任感；用诚恳、坦率的情感沟通让客户产生内心的认同；以事例、口碑等多角度激起客户的购买欲望，并陈述客户目前要购买的道理，最后促使客户采取购买行动。

四、DIPADA 模式

（一）DIPADA 模式的概念

DIPADA 模式，是国际销售专家海因兹·姆·戈德曼总结出来的另一种销售模式，它是为适应现代市场营销需要进行的一次创造性销售构想，是一种以需求为导向的理论模式。DIPADA 模式中的六个字母分别代表六个阶段。其中，D 为 definition，即准确地界定客户的购买需求；I 为 identification，即将客户需求与产品的卖点结合起来；P 为 proof，即证实销售的产品符合客户实际需求和愿望要求；A 为 acceptance，即促使客户从心理上接受产品；D 为 desire，即刺激客户的购买欲望；A 为 action，即促使客户做出购买行为，尽快达成交易。

（二）DIPADA 模式的六个步骤

一是明确客户的需求和愿望；二是结合客户需求，找准产品卖点；三是证实所销售产品合乎客户的需求和愿望；四是全力以赴，促使客户从心理上接受所销售的产品；五是刺激客户的购买欲望；六是促使客户做出购买行为。其中，可以通过以下几种方法明确客户的需求和愿望：查询相关资料、依据个人工作经验、时常向同行或客户的采购人员了解本行业产品的需求状况、做好合理的需求引导等。在步骤三中，销售人员既可以进行人证、物证，还可以进行例证。

五、IDEPA 模式

（一）IDEPA 模式的概念

经过销售实践的持续发展，销售大师海因兹·姆·戈德曼又提出了迪迫达（DIPADA）模式的简化形式——IDEPA 模式（埃德帕模式）。I 为 identification，即通过识别，把销售的产品同客户的愿望结合起来；D 为 demonstration，即通过演示，示范产品特性；E 为 elimination，即淘汰不适合客户需求的产品；P 为 proof，即向客户证实其选择的正确性；A 为 acceptance，即及时促成，要求客户做出购买决定。

通常，该模式是针对有明确购买需求的客户，当他们主动表现出明显的购买需求或愿望时，销售人员按照以上五个步骤进行推销是很效的。

（二）IDEPA 模式的五个步骤

一是把销售的产品同客户的愿望联系起来；二是向客户示范合适的产品；三是淘汰不宜推销的产品；四是证实客户的选择正确；五是促使客户接受产品。

六、FABE 模式

（一）FABE 模式概念

FABE（费比）取自四个英文单词 Feature、Advantage、Benefit 和 Evidence 的首字母。Features 指的是产品的特质、特性等方面的内在属性 ；Advantages 指的是产品优势；Benefits 指的是该产品能给客户带来哪些好处；Evidence 指的是有关产品特色或服务的依据。FABE 模式是一种非常具体、可操作性很强的利益销售模式，它极为巧妙地处理了客户关心的问题，提高了销售效率。FABE 模式在实际销售操作中也称为卡片式销售，通常事先把产品特点、优点及好处在卡片上列好，使客户及时清晰地了解产品，缩短了释议的时间，因此简单易用，为销售人员所广泛使用。

（二）FABE 模式的四个步骤

步骤一 F（Features），指表现产品的特质、特性等方面的内在属性，如产品名称、产地、材料、工艺、定位、特性等独特的品质；步骤二 A（Advantages），即直接或间地传达产品的特点。步骤三 B（Benefits），即说明该产品能给客户带来哪些好处，是右脑销售法则常用的，通常用众多的形象词语来帮助客户虚拟体验这个产品。步骤四 E（Evidence），展示有关产品特色或服务的依据。通过品牌效应、相关证明文件、现场演示、服务网点等来证实所介绍的产品属性，从而表现产品的信誉。

重点和难点

本章应掌握的知识如下：(1) 销售方格理论五种典型心态的特征；(2) 客户方格理论五种典型心态的特征；(3) 销售三角理论的内容；(4) AIDA 模式、DIPADA 模式、IDEPA 模式、FABE 模式的适用对象及特点。

同步综合练习题

一、单项选择题

1. 销售方格根据销售目标的达成和良好人脉的形成这两个目标，从二维角度分别描述销售人员对(　　)和(　　)的关心程度。

A. 销售任务 领导意图　　B. 销售任务 客户

C. 销售任务 销售额　　D. 产品质量 客户

2. 在销售方格理论中，强力销售导向型的销售人员特别注重业绩的达成，把销售任务看得尤其重要，而不顾实际的(　　)。

A. 客户需求　　B. 客户质量

C. 领导意图　　D. 产品质量

3. 在销售方格理论中，(　　)心态的销售人员对客户需求和销售任务都高度关心，以客户需求为中心，不断追求更高的销售目标，是销售人员不断追求的目标和规范。

A. 客户关系导向型　　B. 强力销售导向型

C. 销售技术导向型　　D. 解决问题导向型

4. 客户方格从二维角度分别描述客户对(　　)和对(　　)的关心程度。

A. 销售人员 产品质量　　B. 销售人员 产品价格

C. 销售人员 购买需求　　D. 产品质量 购买需求

5. (　　)心态的客户由于对销售工作和产品都很熟悉，所以既高度关注自己的购买需求，又高度关心销售人员。

A. 感情用事型　　B. 公正干练型

C. 防卫型　　D. 寻求答案型

6. 从销售方格与客户方格的典型搭配关系表中成功概率的分布情况来看，处于(　　)销售心态的销售人员成功概率较高，他们是理想的销售专家，能够高效果断地促成交易。

A. 解决问题导向型　　B. 强力销售导向型

C. 销售技术导向型　　D. 客户关系导向型

7. 销售三角理论，在英文表达中，这三角或三边分别代表 enterprise（企业）、goods（产品及服务）、(　　)，这三个英文单词的首字母合起来是 GEM，因此该理论也被称为 GEM 公式，汉语为“吉姆公式”，一般称其为销售三角理论。

A. management（管理）　　B. myself（销售人员）

C. market（市场）　　D. marketing（营销）

8. 客户购买产品能获得的附加利益和服务，包括信贷、送货、安装、培训、维修等是产品的整体概念所包含三个层次之中的(　　)。

A. 核心产品　　B. 形式产品　　C. 潜在产品　　D. 延伸产品

9. AIDA 模式的第二个阶段的主要内容是(　　)。

A. 引起客户的注意　　B. 诱导客户的兴趣

C. 激发客户的购买欲望　　D. 促使客户采取购买行动

10. DIPADA 模式，是为适应现代市场营销需要进行的一次创造性销售构想，是一种以(　　)为导向的理论模式。
A. 产品　　B. 客户　　C. 需求　　D. 竞争
11. (　　)是针对有明确购买需求的客户。
A. 销售模式　　B. FABE 模式
C. 埃德帕模式　　D. 客户模式
12. IDEPA 模式五个阶段中第二个阶段是(　　)。
A. 向客户示范合适的产品　　B. 把销售的产品同客户的愿望联系起来
C. 淘汰不宜推销的产品　　D. 证实客户的选择正确
13. (　　)是一种非常具体、可操作性很强的利益销售模式，它极为巧妙地处理了客户关心的问题，提高了销售效率。
A. 客户模式　　B. IDEPA 模式
C. AIDA 模式　　D. FABE 模式
14. (　　)在实际销售操作中也称为卡片式销售，通常事先把产品特点、优点及好处在卡片上列好，使客户及时清晰地了解产品，缩短了释议的时间，因此简单易用，广为销售人员使用。
A. DIPAPA 模式　　B. IDEPA 模式
C. AIDA 模式　　D. FABE 模式

二、多项选择题

1. 销售三角理论的具体内容包括(　　)。
A. 销售人员对企业的信任　　B. 销售人员对客户的信任
C. 销售人员对自身能力的信任　　D. 销售人员对市场的信任
E. 销售人员对产品及服务的信任
2. 销售技术导向型心态的销售人员的特点是(　　)。
A. 对销售任务和客户关系都能照顾的到
B. 关注当时的客户的心理行为和销售的技巧
C. 从客户真正的需求和长远利益考虑
D. 未从客户真正的需求和长远利益考虑
E. 熟悉当前的市场环境
3. 在客户方格中，感情用事型客户的特点是(　　)。
A. 碍于情面，极易被说服和打动　　B. 关心销售人员胜过购买需求
C. 关心购买需求胜过销售人员　　D. 独立判断，积极与销售人员合作
E. 小心谨慎，不让自己吃亏
4. 在客户方格理论研究中，有(　　)几种心态的客户。
A. 漠不关心型　　B. 感情用事型
C. 公正干练型　　D. 防卫型
E. 寻求答案型

5. AIDA 模式中，AIDA 是四个英文单词的首字母(　　)。
   A. A 为 attention，即引起注意　　B. I 为 interest，即诱发兴趣
   C. D 为 desire，即刺激欲望　　D. D 为 demand，即消费者需求
   E. A 为 action，即促成购买
6. DIPADA 模式的六个步骤可以概括为(　　)。
   A. 明确客户的需求和愿望
   B. 结合客户需求，找准产品卖点
   C. 证实所销售产品合乎客户的需求和愿望
   D. 全力以赴，促使客户从心理上接受所销售的产品
   E. 刺激客户的购买欲望；促使客户做出购买行为
7. 下列关于 IDEPA 模式五个销售步骤的描述中，正确的是(　　)。
   A. I 为 identification 的缩写，意为通过识别，把销售的产品同客户的愿望结合起来
   B. D 为 demonstration 的缩写，意为通过演示，示范产品特性
   C. E 为 elimination 的缩写，意为淘汰不适合客户需求的产品
   D. P 为 proof 的缩写，意为向客户证实其选择的正确性
   E. A 为 acceptance 的缩写，意为及时促成，要求客户做出购买决定
8. 下列关于 FABE 模式的描述中，正确的是(　　)。
   A. FABE 取自四个英文单词 feature、advantage、benefit 和 evidence 的首字母。
   B. features 指的是产品的特质、特性等方面的内在属性。
   C. advantages 即产品优势，通过列举、描述，直接或间地传达产品的特点。
   D. benefits 即说明该产品能给客户带来哪些好处。
   E. FABE 模式在实际销售操作中也称为介绍式销售。

三、名词解释

1. 销售三角理论
2. AIDA 模式
3. DIPADA 模式
4. IDEPA 模式
5. FABE 模式

四、简答题

1. 简述销售方格理论五种典型心态类型及特点。
2. 简述客户方格理论五种典型心态类型及特点。
3. 销售三角理论的具体内容有哪些？
4. 简述 IDEPA 模式的具体步骤和销售特点。

五、论述题

1. AIDA 模式、IDEPA 模式、DIPADA 模式、FABE 模式的适用对象及特点。
2. DIPADA 模式的具体步骤和联系是什么？

3. FABE 模式的具体步骤和销售特点是什么?

六、案例分析

吉拉德推销汽车失败的案例分析

吉拉德向一位顾客推销汽车，交易过程十分顺利。当客户正要掏钱付款时，另一位推销员跟吉拉德谈到昨天的篮球赛，吉拉德一边跟同伴津津有味地说笑，一边伸手去接车款，不料顾客却突然掉头就走，连车也不买了。吉拉德苦思冥想了一天，不明白客户为什么对已经挑选好的汽车突然放弃了。夜里 11 点，他终于忍不住给客户打了一个电话，询问顾客突然改变主意的理由。客户不高兴地在电话中告诉他："今天下午付款时，我同你谈到了我们的小儿子，他刚考上密歇根大学，是我们家的骄傲，可是你一点也没有听见，只顾跟你的同伴谈篮球赛。"

思考题:

1. 在这个销售过程中，吉拉德为什么会失败? 在做完了产品介绍和示范后推销员最好应该怎么做?

2. 从 DIPADA 模式、IDEPA 模式和 FABE 模式三种模式中，选定一种你认为最佳的销售模式，成功完成上述案例中的销售活动。

参考答案

一、单项选择题

1. B　2. A　3. D　4. C　5. D　6. A　7. B　8. D
9. B　10. C　11. C　12. A　13. D　14. D

二、多项选择题

1. ACE　2. ABDE　3. AB　4. ABCDE　5. ABCE　6. ABCDE
7. ABCDE　8. ABCD

三、名词解释

1. 销售三角理论：为了提升销售人员的素质，人们总结出了一种简明的能够激发其销售活动积极性、奠定销售自信心、完善销售技术的基础关系理论——销售三角理论。这三角或三边分别代表 enterprise（企业）、goods（产品及服务）、myself（销售人员），该理论着重描述销售人员在日常作业活动中要熟悉的三个要素：销售人员所在的企业、销售人员所在的企业的产品或服务、销售人员自身能力，以帮助销售人员认清销售活动中有哪些自信心方面的缺陷，树立正确的营销理念。

2. AIDA模式：AIDA是四个英文单词的首字母，A为attention，即引起注意；I为interest，即诱发兴趣；D为desire，即刺激欲望；最后一个字母A为action，即促成购买。作为西方销售学中的一个重要理论，它提出一个成功的销售人员通常要通过四个步骤来促成交易，即引起客户注意、唤起客户兴趣、激起客户购买欲望、促成客户购买行为。

3. DIPADA模式：为适应现代市场营销需要进行的一次创造性销售构想，是一种以需求为导向的理论模式。DIPADA模式按照六个步骤依次进行，并由这些步骤的首字母组合构成名称：D为definition，准确地界定客户的购买需求；I为identification，将客户需求与产品的卖点结合起来；P为proof，证实销售的产品符合客户实际需求和愿望要求；A为acceptance，促使客户从心理上接受产品；D为desire，刺激客户的购买欲望；A为action，促使客户做出购买行为，尽快达成交易。

4. IDEPA模式：按照五个步骤依次进行，并由这些步骤的首字母组合构成名称，分别是：I为identification，通过识别，把销售的产品同客户的愿望结合起来，D为demonstration，通过演示，示范产品特性，E为elimination，淘汰不适合客户需求的产品，P为proof，向客户证实其选择的正确性；A为acceptance，及时促成，要求客户做出购买决定。该模式针对有明确购买需求的客户，当他们主动表现出明显的购买需求或愿望后，销售人员按照以上五个步骤进行推销是有效的。

5. FABE模式：FABE取自四个英文单词feature、advantage、benefit和evidence的首字母，是一种非常具体、可操作性很强的利益销售模式，它极为巧妙地处理了客户关心的问题，提高了销售效率，简单易用，为销售人员所广泛使用。

四、简答题

1. 销售方格理论五种心态类型及特点如下。

一是事不关己导向型。此类销售人员对销售任务和客户都不关心。

二是客户关系导向型。此类销售人员把客户关系看得十分重要，而忽视销售任务的达成。

三是强力销售导向型。此类销售人员特别注重业绩的达成，把销售任务看得尤其重要，而不顾客户的实际感受，不是按照具体的购买需求和意愿进行销售引导，而是不择手段地把商品推向客户。在短期内能够取得较好的业绩，但是不符合企业的长远发展。

四是销售技术导向型。此类销售人员对销售任务和客户关系都能照顾得到，比较温和地处理二者的矛盾，在自然市场状态下，可能会有较好的表现，但在现代市场环境下，将会打破这种创新动力不足的局面。

五是解决问题导向型。此类销售人员对客户需求和销售任务都高度关心，以客户需求为中心，不断追求更高的销售目标，是销售人员不断追求的目标和规范。

2. 客户方格理论五种典型心态类型及特点。

一是漠不关心型。对购买工作不敢负责，又不热心，应付差事，把购买决策推给上级主管或其他人员。

二是感情用事型。碍于情面，极易被说服打动，关心销售人员胜过购买需求。

三是公正干练型。冷静客观，根据自己的知识和他人的经验选择厂牌和商标，决定购买数量，尊重销售人员但不轻信，愿意由双方让步来达成协议。

四是防卫型。对购买需求极为关心，对销售人员不关心，采取提防和怀疑的态度，拒绝或冷淡，小心谨慎，不让自己吃亏。

五是寻求答案型。十分理智，根据自己的需要决定购买行为，独立判断，并积极与销售人员合作。

3. 销售三角理论中的三角分别代表 enterprise（企业）、goods（产品及服务）、myself（销售人员），销售三角理论具体包括三方面的内容。

一是销售人员对企业的信任。销售人员对企业的信任，包括信任企业经营行为的合法合理性，信任企业的管理决策能力，信任企业的发展前景等。销售人员应用辩证的眼光看待企业的优势与劣势，销售人员也应经常接受关于企业文化发展历程的培训和指导，主动传达积极的企业形象。

二是销售人员对产品及服务的信任。销售人员要相信销售的产品及服务货真价实，完全信任其销售潜力也要让销售人员明确整体产品概念，包括核心产品、形式产品和延伸产品。

三是销售人员对自身能力的信任。销售人员是完成销售任务、实现自己目标的前提。要实现这一点，需要从两个方面去把握，一是客观的外在的表现，如学历、工作经验、社交能力等；二是自我对内心感受的评价与衡量，是一种主观的评估行为。

4. IDEPA 模式的步骤，即其字母的排列顺序：I 为 identification，通过识别，把销售的产品同客户的愿望结合起来；D 为 demonstration，通过演示，示范产品特性；E 为 elimination，淘汰不适合客户需求的产品；P 为 proof，向客户证实其选择的正确性；A 为 acceptance，及时促成，要求客户做出购买决定。

IDEPA 模式的销售特点：该模式是针对有明确购买需求的客户，当他们主动表现出明显的购买需求或愿望后，销售人员按照以上五个步骤进行推销是很有效的。无论是小批量进货的中间商、大批量进货的批发商，还是厂矿等企业的团购客户，只要他们是主动拜访或用电话、电子邮件等工具联系购买时，该模式将会起到很好的作用。

五、论述题

1. 答题要点：

AIDA 模式是指一个成功的销售员必须学会把客户的注意力或兴趣及时地转移到产品上去，从而激发客户的购买欲望，而后再促使客户购买，最终达成交易，它的四个发展阶段是相互关联、缺一不可的。

DIPADA 模式是为适应现代市场营销需要进行的一次创造性销售构想，是一种以需求为导向的理论模式，是对 AIDA 模式的一种补充和完善，充分体现了销售洽谈的需要性原则和说服规劝原则。按 DIPADA 模式的六个步骤与客户洽谈，有助于销售人员提高说服能力，更有利于提高销售能力和水平，是一种严谨的销售规范，应认真把握六个步骤之间的逻辑关系及其作用，依次完整地完成每一个步骤。

IDEPA 模式是针对有明确购买需求的客户，当他们主动表现出明显的购买需求或愿望后，销售人员按照把销售的产品同客户的愿望结合起来，示范产品特性，淘汰不适合客户需求的产品、向客户证实其选择的正确性，及时促成，要求客户做出购买决定这五个步骤进行推销是很有效的。无论是小批量进货的中间商、大批量进货的批发商，还是厂矿等企业的团购客户，只要他们是主动拜访或用电话、电子邮件等工具联系购买时，该模式将会起到很好的作用。

FABE 模式是一种非常具体、可操作性很强的利益销售模式，它极为巧妙地处理了客户关心的问题，提高了销售效率，在实际销售操作中也称为卡片式销售，通常事先把产品特点、优点及好处在卡片上列好，使客户及时清晰地了解产品，缩短了释议的时间，因此简单易用，为销售人员所广泛使用。

2. 答题要点：

DIPADA 模式的六个步骤是：（1）definition：准确地界定客户的购买需求；（2）identification：将客户需求与产品的卖点结合起来；（3）proof：证实销售的产品符合客户实际需求和愿望要求；（4）acceptance：促使客户从心理上接受产品；（5）desire：刺激客户的购买欲望；（6）action：促使客户做出购买行为，尽快达成交易。

DIPADA 模式是一种严谨的销售规范，所以应认真把握六个步骤之间的逻辑关系及其作用，依次完整地完成每一个步骤，若随意跨越，销售效果将大打折扣。

3. 答题要点：

FABE 取自四个英文单词 feature、advantage、benefit 和 evidence 的首字母。FABE 模式是一种非常具体、可操作性很强的利益销售模式，它极为巧妙地处理了客户关心的问题，提高了销售效率，具体包含以下四个步骤。

（1）准确地界定产品的特质、特性等方面的内在属性。

（2）通过列举、描述，直接或间接地传达产品的优势特点。

（3）说明该产品能给客户带来哪些好处，来帮助客户虚拟体验这个产品。

（4）通过品牌效应、相关证明文件等来证实所介绍产品的属性，为有关产品特色或服务提供依据。

FABE 模式在实际销售操作中也称为卡片式销售，通常事先把产品特点、优点及好处在卡片上列好，使客户及时清晰地了解产品，缩短了释议的时间，因此简单易用，为销售人员所广泛使用。

六、案例分析

答题要点：

1. 与销售方格理论中五种心态的销售人员特征相联系。

具体如下：吉拉德不应该在和客户沟通的过程中与别的人长时间谈论与客户无关的内容，而忽视客户的感受，特别是在顾客与他谈论的时候。

2. 结合 DIPADA 模式、IDEPA 模式和 FABE 模式三种模式的内容及特点来分析。

第10章 销售过程管理

考核内容

本章主要考核内容有销售过程的主要环节，销售准备的主要内容，拜访客户的主要工作内容，接近客户的原则与方法，销售谈判的原则、类型及目标、阶段、策略，客户异议的含义、类型、来源与处理客户异议的原则与策略、方法，促成交易的策略、技巧，售后服务的主要工作。

一、销售准备

(一) 销售人员仪容仪表的塑造及演示物品的准备

在销售过程中，销售人员的形象永远是第一位的，销售人员在整体上应给客户一种整洁精干、沉静热诚，亲和自如的感觉，争取打造出令人赏心悦目的第一印象。具体来说，销售人员仪容仪表的塑造及演示物品的准备可以从以下几个方面着手：一是其穿着从总体上看要庄重协调，让客户看着舒服；二是辅助物品的准备，包括方便自我介绍和产品介绍的物品的准备，并保证准备充分；三是针对个体和团体客户的不同特点尽可能多地挖掘客户的相关资料，以增加谈判时的筹码。

(二) 销售目标及销售计划的制订

1. 销售目标

针对不同客户的购买特点，销售活动都要相应地制定一个合理的总体目标，使销售人员在作业时有的放矢、迅速激发客户兴趣。销售目标可分为终极目标和阶段性目标，其中，阶段性目标是检查销售计划执行状况的重要标准。

2. 销售计划

(1) 销售计划的概念。销售计划是针对销售活动的具体安排，包括日程规划、相关人员、主要讨论点、双方需遵循的原则等，做出合理的布局。

(2) 制订销售计划的要求及考虑因素。应该实事求是地按照客户、产品、企业资源状况恰当地设计出销售计划；同时还应依据销售人员的素质，不断提高计划的有效性，使计划更合乎实际。销售人员在制订计划时还要考虑以下两个要素：销售时间的控制、销售资源的预配置。

(三) 明确划分销售区域

作为销售人员，应该明确重点的销售区域，从而有针对性地执行销售计划。一般来说，应做好以下工作：了解客户行业状况、了解销售区域内的竞争状况和挖掘销售区域潜力。通过这三个方面的工作，销售人员可以掌握这个市场的客户重点分布区域状况、销售区域市场潜力，以及区域内竞争对手的产品和服务的运作渠道及竞争优势等，从而制定出相应有效的销售策略。

(四) 开发准客户

开发准客户包括两方面内容。

(1) 找出潜在客户或准客户：销售人员可以通过媒介、挨家挨户的拜访、销售记录、企业财务记录、采购相关记录获取客户信息，同时还可以通过广告搜寻法、名人介绍法、会议寻找法、电话寻找法等方式获取客户信息。

(2) 调查潜在客户购买决策人的资料：在销售中，若能获取客户对销售产生实际影响的关键人物的相关信息，将会起到事半功倍的效果，因为从他们身上可以了解到客户的真实需求。对关键人物进行调查，一般来说，需要挖掘出关键人物的职称、个性，客户的规模、资金状况、信誉状况、发展状况及其通常的决策途径等，为拜访奠定良好的资料基础。

(五) 企业在销售准备中的支持作用

企业应强化管理中层对销售人员的培训，并在拜访前对准备工作是否充分做好监督，并全力做好配合工作，随时应对销售过程中新的要求并做出及时的反应，争取客户的心理认同感。一般来说，企业管理层应做好以下几方面工作：做好商务礼仪的培训；做好产品知识的培训；做好与客户沟通技巧的培训；做好销售技巧的培训；敦促销售人员做好销售后总结。

二、拜访客户

(一) 约见客户

在明确了需要访问的潜在客户或准客户之后，销售人员应安排下一步访问行程。在约见客户之前，销售人员需要经过细致而明确的规划，统一安排好工作，合理利用时间，提高拜访效率。在这个过程中应注意如下四个问题。

(1) 找到合适的访问理由：在和客户洽谈之前应找到合适的访问事由，减少拜访的唐突性，才能顺理成章地开展销售活动。在实际中，一般有这几种事由：开门见山的正式销售、进行市场调查、签订合同、提供服务、收取货款、走访用户等。

(2) 合理选择访问地点：在确定访问地点时，根据具体的情况，本着既方便客户又尽量避免干扰正常工作的原则，选择客户可接受的理想场所。

(3) 合理地控制访问时间：销售人员拜访客户时，在确定访问时间时应根据具体客户的特点、访问的目的和客户的重要程度来确定，从而赢得客户的好感。

(4) 明确拜访目标：一般来说，拜访目标可分为销售目标和行政目标。销售目标包括通过介绍新产品，要求新客户了解本企业的产品特色或下订单；要求老客户增加订货量或品种，并让老客户参与新产品的开发；行政目标包括收回账款、处理投诉、传达政策、建立商誉等。

(二) 明确销售任务

销售人员每次拜访客户时都应该将以下事项记在心中：①销售的首要任务早日促成交易，实现销售目标；②要想保持市场开发的可持续性，就要建立长效的市场维护机制。

每次拜访时销售人员都要按照领导的部署有目的地进行，并实时跟踪处理客户意见，尽早解决同客户之间的矛盾，理顺渠道间的关系，确保市场的稳定。

(三) 配合企业，深入了解与自身产品相关的价格信息

销售人员要想从市场中摸清行业产品的定价状况，进而引导企业进行合理的价格管理，就应不断了解以下信息。

(1) 对同一客户不同时期的价格特点进行纵向比较，了解价格变动的诱因。

(2) 对不同客户在同一市场上进行横向比较，了解不同客户的实际价格差异情况。

(3) 企业的价格政策不一致，会导致进货价与零售价格的差异较大，销售人员应多从

相关方面进行详细的价格调查。

（4）配合企业，全面了解客户企业的运作经营状况。

为了提升销售人员自身的业绩质量，需要通过及时核对客户账目来降低货款风险，加大企业应收账款的回收力度；同时以书面形式确认客户收付款项，及时清理历史遗留问题，做到权债账务分明；另外，多分析了解客户的库存情况，提高企业生产预测的准确性，尤其是应注意一些重点客户的库存情况；最后还可以根据客户所在区域，给予客户正确的进货指导，从而建立双方的互相信任。

（四）对比企业的促销及售后服务状况，了解本企业产品销售情况

企业在不同时期根据市场的变化，针对不同的竞争状况，会推出各种促销活动，销售人员要及时抓住这些机遇，不失时机地展开宣传攻势，为企业寻求新客户、巩固老客户。同时，销售人员应该对公司主销产品、盈利产品、直销产品等进行细致全面的了解，正确地统计出具体产品总销售额的比例，产品销售数量，运用具体的销售模型，对不同类型产品进行不同的市场潜力评估，进而发现影响销售的具体问题，针对具体问题具体指导，才能获得客户的好评与信赖。

三、接近客户

（一）接近客户含义

接近客户是销售人员在对客户相对了解的基础上，用适当的销售技巧激发客户对自身、企业、产品的某些方面或非产品方面兴趣的过程。它有两个方面的含义：一是指销售人员和客户之间在空间距离上的接近；二是指销售人员和客户之间感情上的接近。

（二）接近客户的原则及注意事项

在接近客户时，要想取得客户的好感，销售人员应该遵循以下原则。

（1）使用客户乐意接受的称呼及开场白。销售人员根据具体产品、不同的客户及场合，有差别地进行话语及接近步骤的预先设定，并不断地进行预演、修正，做到简洁文雅，令人耳目一新。同时，由于习惯，人们通常不愿别人直呼其名或不愿别人称呼与其职位不相符的头衔，这就要求销售人员将客户的个人信息准确无误地记录在客户资料卡片上。

（2）保持话语幽默简洁，争取客户好感。每次接近客户时，都尽量用简明扼要的语言表明来意，让客户容易理解，避免开场的尴尬。另外，如果不是一些庄重严肃的场合，销售人员应学会用一些幽默话语，以在瞬间打开销售局面，获得客户的好感。通常获得客户好感的方法有三种。

一是善于掌握恰当的销售语言技巧，从语气、表情、思维的条理性等方面进行控制，让客户肯定自己。

二是善于倾听。要想成为一名优秀的销售人员，就必须学会倾听，主动耐心地了解客户的信息，以及他的真实想法和潜意识，从而掌握真正的客户信息。

三是坚持微笑服务、给对方以真诚的赞美又不失自重，时刻注意感谢对方。微笑服务是销售人员熟知的也是永恒有效的方法。被赞美是人的本性需要，人人都想受到赞美和尊

重，但要运用正确的赞美方式。

(3) 多用肯定的说法让客户接纳自己及产品，不断寻求客户的认同感。一般来说，销售人员只有把清晰肯定的信息传达给客户，客户才会迅速做出有效的判断，从而肯定其需求是否真正得到满足，进而才能做出购买的决定。

(4) 销售人员须守时守约，给客户以充分的安全感，并学会真诚待客。当销售人员和客户约定方便的时间、地点后，应该守时守信，同时对待客户要真诚，并拿出相关证件给客户充分的安全感。

(三) 接近客户的方法

经国内外调查研究，人们往往对销售人员的"第一印象"比较重视，所以总结出了一系列行之有效的接近客户的方法。

(1) 介绍接近法：该法通常利用视听环境来提高接近效果，并采用自我介绍、他人介绍或企业产品介绍等方式与客户联系接近。

(2) 演示产品接近法：这是一种相对传统的做法，销售人员通过了解客户的兴趣爱好、业务特点，通过各种角色扮演，依据客户的不同需求，在合适的机会采取现场演示的形式来接近客户的方法。

(3) 服务接近法：这种方法是指销售人员通过为了赢得客户的好感及信任，向客户提供某种有效切实能满足客户实际需求的服务来接近客户的方法。

(4) 调查接近法：这是一种通过以关心客户的方式对某些客户愿意配合的问题展开调查从而接近客户的方法。

(5) 求教接近法：这是一种先向客户提出求教问题，利用客户好为人师的心理接近客户，进而提出销售要求，进行销售宣传的接近客户方法。

(6) 反复接近法：这是销售人员在一两次不能达成交易或觉得业务较复杂不宜仓促促成时采用的一种方法，通过多次反复接近，让客户对销售人员产生感情，从而建立起较巩固的人际关系。

(7) 馈赠接近法：该法是指销售人员在合适的时机，如客户生日、庆典等有特殊意义的时候，向客户赠送礼品并表达出祝贺、慰问、感谢等情感，以引起客户注意的一种接近客户的方法。

(8) 赞美接近法：该法是指销售人员根据客户特点，选择恰如其分的话赞美客户从而接近客户的方法。

(9) 好奇接近法：该法主要是利用客户好奇心，引起客户对销售人员和销售产品的兴趣，说明销售产品能满足客户的某种利益，从而直接转入销售面谈阶段。

(10) 利益接近法：该法重点是抓住客户的逐利心理，把产品或服务的实惠和好处能满足客户利益的一面展现给他们以接近他们的方法。这种方法能够反映销售的实质，所以也最有效。

四、销售谈判

(一) 销售谈判的概念

销售谈判是销售人员通过向客户传递信息并经过沟通，运用各种销售方式、方法、手段及策略来说服客户购买产品的过程。误判过程中要能解除客户的各种疑虑与异议，进而激发购买欲望，从而达到某项协议或交易的目的。

（二）销售谈判的特点和原则

（1）销售谈判的特点。在谈判过程中，谈判双方既存在共同点又存在分歧点，所以谈判过程围绕经济利益中心，存在合作性与冲突性并存、原则性与可调整性并存的特点。

（2）销售谈判的原则。销售人员应从本企业及自身业绩目标出发，尽量不损害双利益。通常在销售谈判中要注意以下原则。

一是平等互利原则：销售人员与客户要在平等自愿的基础上互惠互利地进行交易。

二是守法和真实性原则：守法原则是指销售谈判内容及待签订的合同内容应遵守国家有关的政策法规及社会惯例。而真实性原则是指销售人员应实事求是地向客户传达己方的产品及服务信息，不隐瞒，不夸大。

三是有针对性地鼓动原则：在销售时应充分明确销售目的，针对客户的购买动机、个性心理特征、销售品特色有区别地展开谈判，并激励客户积极参与到有关其需求的活动中来，促进双方沟通并增强满足其需求的说服力。

四是坚持辩证法原则：销售人员要以联系的、发展的、全面的观点看待客户与产品，有区别地对待客户的个体差异，而不能以自我感觉为出发点进行谈判。

（三）销售谈判的类型及目标

（1）按照销售谈判的性质分，谈判类型可分为输赢式谈判和互利式谈判。前者是以牺牲一方利益为目标的谈判，后者是按照双方利益都得到满足的共赢思路进行的谈判。（2）按照销售谈判的形式划分，可分为一对一、一对多、多对一、多对多等形式，或者按照谈判主题分为单一型和综合型谈判。前者主要依据销售谈判各方参与主体数进行分类，而后者则依据销售谈判主题内容进行分类。

销售谈判的目标重在激发客户的购买欲望，促使客户尽早采取购买行动。一般来说，在谈判过程中，应尽量诱发客户的购买动机，从而发掘客户的真实需求，然后实时地向客户传递产品的特色及服务状况，赢取客户的购买行为。

（四）销售谈判的阶段

销售谈判一般分为以下四个阶段。

（1）开局阶段：在正式谈判的开始阶段，双方都希望尽快地了解对方的谈判底线和目标。因此，应当充分地介绍自己的目标、谈判人物配置、自身企业文化，同时倾听观察对方反应，然后表达愿望。

（2）报价阶段：该阶段是指谈判双方分别按照协议，提出各自的交易条件，是双方谈判的一个量化过程，涉及双方的共同利益。

（3）磋商阶段：销售人员在明确己方报价后，双方就进入了“讨价还价”的阶段，以逐步减少彼此的分歧。

（4）成交阶段：当双方的重大分歧基本解决后，双方就进入了成交阶段，此时双方利益逐步统一，双方态度趋于明朗，各个条款也基本达成共识，销售人员在此时要迅速抓住时机，尽可能少地给客户犹豫时间，发出成交的信号，及时提示客户办理成交手续。

（五）销售谈判的策略

销售谈判的策略主要有五种。

（1）求同存异、刚柔并济策略：指销售人员充分考虑谈判双方的利益需求，在谈判中因势利导、周密策划，控制整个销售进程，使谈判进程朝着设想的目标进行。

（2）步步为营、最后通牒策略：在谈判中，前面提到过，寒暄之后，只适宜提出初步的主题，因为每一次的谈判往往不能一次发现目标，而是朝设定的一个个具体目标稳步前进，最终实现总的销售目标。

（3）以进为退、绵里藏针策略：在谈判中，在适当的时候为保存实力要做到争而不破，就需要同客户在某些敏感问题上暂时退却，伺机再进。

（4）讨价还价、基辛格法则策略：价格是衡量双方利益天平的一个尺度，因此谈判双方最为关心。销售人员对于此应做到：首次报价要高，从而给谈判留有余地，使竞价富有弹性，便于把握成交时机；明确目标，以确定自身的价格底线，给自己的价格目标设定最佳价格、可能价格和可接受价格（即底线价格）。确定每次降价的幅度及允许降价的次数，可降价幅度过大或次数太多，既会影响客户对己方的信任，还会使己方损失较大；

（5）笑到最后策略：当谈判局势完全有利于销售方时，销售人员也不能过早得意，因为谈判的成功并不代表完全得到了客户的确认，只有当客户所有疑虑都打消并签订协议后，才能达到最终目的，所以心态尤为重要。

五、处理异议

（一）客户异议的含义

客户异议是指在销售过程中，客户对销售人员自身或产品介绍、交易条件等所展现出的疑虑、抱怨或反对意见。客户异议通常具有两面性：它既可能是成交的障碍，又可能是成功信号。

（二）客户异议的类型

（1）对企业、产品及销售人员自身的异议。客户对三者的异议往往会产生联系，因为报怨一方面而提及另一方面。对企业的异议一般会因为企业规模、社会知名度及美誉度、服务水平或购买方式等问题产生。产品异议是指客户对销售产品的外观形态、内在功能因主观意见而形成的异议，外观形态一般指结构、规格、颜色及包装等，内在功能指产品的质量、易操作等；对销售人员自身的异议是指客户对销售人员本身素质缺陷所产生的否定情绪，可能是针对销售人员个人形象或销售礼仪或诚信问题，如话语过于热情或不切实际。

（2）对满足需求的异议。满足需求的异议是指客户不认为销售人员的产品推销满足了自己的需求。这一意见可能是一种隐藏真实目的的借口，也可能是真的不需要，销售人员对此应具体分析，弄清这一异议的真实原因，有差别地对待。

（3）价格异议。价格异议是指客户对所购商品价格和价值是否相称而提出的异议。而提出这一异议的过程，往往是客户有需求的一种表现，因为客户想尽可能多地从销售方获得更多的利益而少支付费用。通常这类异议包括价值异议、折扣异议、回扣异议、付款方式异议等。

(4) 购买时间及财力异议。购买时间异议是客户对购买价格、产品功能等方面存在顾虑而故意拖延时间的一种异议。而财力异议是客户因为支付能力不足而提出的一种异议，通常会提出资金紧张等理由。

(5) 服务和政策异议。服务异议是指客户对产品是否附带售后服务而提出的一种异议，如对服务方式、服务时间长短、服务保证程度等方面的意见。政策异议是指客户对自己购买产品是否与自身组织政策相违背而提出的异议，一般指的是团购等较大型的客户。

(三) 客户异议的来源

客户异议来源于两个方面。

(1) 销售本身，即产品质量及销售服务质量，销售信息或销售证据不足，销售信誉不好。

(2) 客户本身：客户的无知或缺乏市场知识，客户传统经验和看法，客户企业的性质、规章制度、采购习惯，客户对自己的需求和认识不足，以及一些非常规的客户异议。

(四) 处理客户异议的原则与策略

(1) 处理客户异议的原则：处理客户异议时应保持心态平和、认真倾听、真诚欢迎，对客户异议表现出极大的兴趣，从而让客户有被尊重的感觉，然后通过细致的观察，准确分析异议的原因，再重述问题、证明了解、审慎回答，以提高回答的准确性和可信度，同时对客户异议应及时处理，尽快促成。

(2) 处理客户异议的策略：处理价格异议的策略、处理时机选择的策略、处理货源异议的策略、处理购买时间异议的策略。

(五) 处理客户异议的常用方法

处理客户异议常用方法有七种。

(1) 直接否定法，又称反驳处理法，是指销售人员根据比较明显的事实与充分的理由直接否定客户异议。

(2) 间接否定法，又称回避处理法，指销售员首先表示对客户的理解、同情，或者简单重复客户的异议，使客户得到某些心理平衡，以退为进，有利于保持良好的销售氛围。

(3) 不理睬法，又称装聋作哑法，是指销售人员判明客户所提出的异议与销售活动及实现销售目的无关或无关紧要后，采取避而不答的处理方法。

(4) 补偿法，又称抵消处理法，是指销售员在坦率地承认客户异议中所指出的问题的确存在的同时，指出客户可以从销售品及附加利益中得到另外的实惠，充分补偿由异议所提问题所造成的损失。

(5) 转化法，又称利用处理法，是指销售人员利用客户异议中有利于销售成功的因素，并对此加工处理，从而转化为自己观点的一种去消除客户异议。

(6) 询问法，又称反问处理法，指换一个角度，即反过来问，使答者变成问者。该法是指销售人员因势利导，直接询问客户的问题，并引导客户在思考中不知不觉地排除其异议。

(7) 定制处理法，是指销售人员按照客户异议的不同特点力求为客户打造符合其需求的产品，从而解决客户异议。

六、促成交易

(一) 促成交易的要求

(1) 创造有利的成交环境。成交环境应安静舒适，便于双方冷静地处理问题；成交环境要能保证单独洽谈，以减少双方判断的阻力；在安排成交环境时，要注意适应客户的心理要求，最好之前征求客户的意见，从而为打开局面做好铺垫。

(2) 善于捕捉交易信号。

交易信号一般分为三类。

第一，语言信号：诸如开始和销售人员讨价还价、假定购买条件、询问最快的交货时间及限制，询问产品的运输、储存、保管与拆装等有关购买问题，对产品的一些小问题提出具体的修改意见和要求，向销售人员介绍有关购买决策过程的其他人员等细节问题。这些都是客户购买意向的信号。

第二，动作信号：当客户态度转变不再担忧时，往往伴随一定的动作特点，即诸如由静变动，做一些友好表示、动作由紧张变为放松、由单方面动作转为多方面动作，或者不断地翻动合同，有签字倾向，销售人员一定要抓住这些信号，同客户达成默契。

第三，表情信号：当销售人员发现客户明显地不再表现出抵触情绪时，应捕捉客户发出的购买信号，如客户表现得随和亲切，眼神变得温柔，面部表情比较放松，这些都证明其有发生交易的意向。

(二) 促成交易的策略

(1) 请求成交法和局部成交法：请求成交法指在接到客户购买信号后，用明确的语言向客户直接提出购买建议，以求适时成交的方法；局部成交法是销售人员利用步步为营的办法，用局部成交的成功来促成整体成交的一种策略。

(2) 假定成交法：在尚未确定成交，对方仍持有疑问时，销售人员就假定客户已接受销售建议而直接要求其购买的一种策略。

(3) 选择成交法和激将成交法：选择成交法是销售人员向客户提供几种可供选择的购买方案来促成交易的策略；激将成交法指销售人员对特定对象的客户用激将的语言刺激客户购买，来促成交易成功的方法。

(4) 机会成交法和优惠成交法：机会成交法也叫做限期成交法、最后机会成交法，这种成交法是通过缩小人们选择的时空来达成交易；优惠成交法是指销售人员通过提供某种优惠条件引起客户兴趣来促成交易的方法。

(5) 从众成交法和保证成交法：从众成交法是指销售人员利用大众购买行为向客户举例以促进客户购买的方法；保证成交法是指销售人员向客户提供某种成交保证充分地打消客户顾虑来促成交易的方法。

(三) 促成交易的技巧

(1) 赞扬型、假定型成交：赞扬型成交指销售人员抓住客户愿意被奉为专家、内行等心理，真诚地赞扬客户而获取其好感后，进而提出成交的一种技巧；假定型成交是指销售人员在了解客户确实有购买意向后，有意创造客户已经购买的那种感觉，提出诸如要订多少、什么时候发货等前提话语。

（2）利益总结型成交：销售人员总结产品的主要优势预期给客户带来各种利益，让客户信服而提出成交的技巧。销售人员可以罗列产品及服务的一系列优势如功能、付款、交货等，在一些不需要过于突出个性的客户面前尤其受用。

（3）供应压力型成交：通过预期给客户施加一定的压力，如存货、买方过多或产能原因，让客户提早购买。有时候像罢工、气候、物流等因素也可以作为施加压力的借口。

（4）T形账户成交：以每个客户对购买决定的思想活动为基础，像T形账户一样，从两个方面列出买与不买的理由，来预期客户购买产品时买的决定如何胜过不买的决定的一种启发成交的技巧。通过正反意见的汇总，有利于分析出客户真实的需求，从而为进一步说服客户提供依据。

（四）克服交易的困难

（1）销售人员自身缺乏自信心，客户反问几次后就无法接受了，这时就应从一些导致缺乏信心的细节努力，使自己不管是在自身还在产品上的不自信尽可能地减弱。

（2）没能站在客户立场上提前给前给客户算一笔账，如投资回报等，使自己在销售时非常被动。

（3）否定的心理暗示，这是销售人员的通病，即使还没出门，就认为客户可能会不需要自己销售的产品，这样可能被拒绝后就会直接放弃该客户。而实际的购买决定权完全属于预期客户，所以准备好就应全力以赴。

（4）当销售人员在尝试一次被拒绝后，往往会认为该客户不会购买，而事实是客户很多时候是为了获得更多的附加利益而故意拒绝，这就要求销售人员三番五次劝客户购买，直到其确实表现出很大的厌烦和确定不买的态度为止。

七、售后服务

（一）拜访完后的话语处理

（1）交易成功后的离开。在交易成功后，销售人员难免志得意满，有时候甚至会在客户面前表现出来。但是客户在购买后也会产生一定的否定自我的情绪，不断的怀疑自己的购买决策是否真的合乎需求，甚至产生焦虑，所以如果销售人员表现出兴奋的话就更容易引起客户的怀疑。另外，销售人员也会出现担心客户反悔的焦虑，所以此时最好的办法就是用恰当的语言和态度来减少客户的焦虑感。此时，最好用真诚、亲切的语调感谢客户，和客户妥善处理交货及付款事宜，最大程度减少客户的认知不协调性，给客户适当的保证，感谢客户合作，然后礼貌地离开。

（2）交易失败后的离开。销售的真正意义在于宣传产品，扩充人脉，所以优秀的销售人员不会浪费每一次接触客户的机会，恰当处理各种拜访局面，即便在交易失败后，也会妥善和礼貌地和客户告辞，给客户留下良好的印象。因为每次拜访都是展示企业形象和个人素质的机会，都能为再次拜访打下基础，并总结出更好的经验。不管客户态度如何，销售人员都应表现出良好的职业素养，让客户心中产生对销售人员的信任感，一旦客户被销售人员的诚意打动，就会全力配合销售人员，即使自己暂时不需要，也会为销售人员提供其他的销售机会。

（二）售后服务的技巧及过程

在交易成功后做好客户的跟踪工作，即售后服务，积极主动和客户互动，从而更多地了解真实的客户感受并获取更多市场信息。

（三）投诉处理及解决办法

面对客户的投诉，要及时有序地跟踪处理，直到其满意为止，从而建立长期稳定的客户关系。针对客户的投诉应该做到如下几点：根据事实真相判断客户问题；积极引导客户就投诉问题做进一步的解释；迅速提供解决办法。

（四）建议重复购买及转介绍

在售后服务的同时，还应时常提醒客户追加购买或转介绍，因为不提醒，客户常常就不做或不说，所以销售人员应时时牢记这一点。

（五）建立商誉，提升竞争力

要在销售过程中建立良好的商誉，需要销售人员在推销中做到以下几点。

（1）结合企业愿景，向客户传达企业的奋斗使命和价值追求，体现个性化企业精神。

（2）积极友善的工作作风是员工服务态度上的要求。

（3）树立正确的客户观，经营视野要从注重企业内部资源转向注重客户资源。

（4）树立质量就是生命、真诚守信是立业之本的观念。

（5）树立团队学习观念，建立学习型组织，密切关注竞争对手，不断研究服务优势，从而赢得商誉。

重点和难点

本章应掌握的知识如下：（1）销售目标及销售计划的制订、开发准客户的方法；（2）接近客户时的原则及注意事项、接近客户的方法；（3）销售谈判的阶段、销售谈判的策略；（4）客户异议的类型及来源、处理客户异议的原则和策略、处理客户异议的方法；（5）促成交易的策略、促成交易的技巧。

同步综合练习题

一、单项选择题

1. 在销售过程中，(　　)永远是第一位的，如果自身都没有被客户接受，交易就无从谈起，因此仪容仪表的塑造就显得尤为重要。
   A. 购买策略　　B. 销售人员的形象
   C. 心理活动　　D. 产品准备
2. 拜访目标一般分为销售目标和行政目标，下列属于销售目标的是(　　)。
   A. 收回账款　　B. 建立商誉
   C. 让老客户参与新产品的研发　　D. 处理投诉
3. 销售人员在合适的时机，如客户生日、庆典等有特殊意义的时候，向客户赠送礼品并表达出祝贺、慰问、感谢等情感，以引起客户注意的一种接近客户的方法称为(　　)接近法。
   A. 利益　　B. 赞美　　C. 馈赠　　D. 服务
4. 销售人员应从本企业及自身业绩目标出发，尽量不损害双方利益。通常在销售谈判中要坚持平等互利原则、守法和真实性原则、有针对性地鼓动原则和(　　)。
   A. 合作性原则　　B. 可调整性原则
   C. 求同原则　　D. 辩证法原则
5. (　　)阶段是销售过程中最为敏感也最为关键的一环，因而在表达时应十分慎重，一旦做出决定，就应果断明确，且不要解释这么做的原因。
   A. 开局　　B. 报价　　C. 磋商　　D. 成交
6. 客户对产品的功能方面的质疑而形成的一种异议，属于(　　)异议。
   A. 需求　　B. 产品　　C. 价格　　D. 服务
7. 客户："听说这种布下水后缩得很厉害。"销售员回答："不，这种布料经过工艺处理，基本上不缩水。"销售人员在处理客户异议时，运用的方法属于(　　)法。
   A. 直接否定　　B. 转化　　C. 简洁否定　　D. 不理睬
8. 客户有购买意向时，会发出一定的购买信号，如开始和销售人员讨价还价，假定购买条件，询问最快的交货时间及限制，询问产品的运输、储存、保管等问题时，这属于(　　)信号。
   A. 语言　　B. 动作　　C. 表情　　D. 交易
9. (　　)是企业拥有或控制的无形资产，也是能够对企业获得社会必要收益能力产生影响的诸要素综合的资本化价值，它同时也反映了一个企业包括管理水平、经营业绩、销售网络、内部控制、人员素质、地理环境、历史声誉等诸多因素在内的整体素质，还体现了一个企业潜在的发展前景。
   A. 企业文化　　B. 企业发展前景　　C. 企业形象　　D. 商誉
10. (　　)是销售人员通过向客户传递信息并经过沟通，运用各种销售方式、方法、手段及策略来说服客户购买产品的过程。
    A. 接近客户　　B. 拜访客户　　C. 售后服务　　D. 销售谈判

二、多项选择题

1. 销售人员在制订销售计划时不仅应该根据销售目标，实事求是地按照客户、产品、企业资源状况来制订，还应该考虑(　　)。
   A. 销售区域的控制　　B. 销售时间的控制
   C. 销售资源的预配置　　D. 销售对象的限制
   E. 销售范围的控制
2. 企业在销售准备中的支持作用中，管理层对销售人员的培训起了很大的作用，对销售人员的培训包括(　　)。
   A. 商务礼仪　　B. 产品知识
   C. 与客户沟通技巧　　D. 销售技巧
   E. 敦促销售人员做好售后总结
3. 销售人员要想从市场中摸清行业产品的定价状况，进而引导企业进行合理的价格管理，就应不断了解以下信息(　　)。
   A. 价格变动的诱因　　B. 代理商对企业价格的执行状况
   C. 客户企业的运作经营状况　　D. 企业的价格政策
   E. 企业的发展战略
4. 销售人员在保持话语幽默简洁、争取客户好感的时候可以采取的方法有(　　)。
   A. 善于掌握恰当的销售语言技巧　　B. 发挥倾听的技巧和作用
   C. 坚持微笑服务　　D. 使用客户乐意的称呼和开场白
   E. 热忱对待每位客户
5. 经过了充分的销售准备，就可以进入谈判阶段了，一般来说，销售谈判可分为(　　)。
   A. 开局阶段　　B. 报价阶段
   C. 磋商阶段　　D. 成交阶段
   E. 售后阶段
6. 下列属于来源于销售本身的异议的有(　　)。
   A. 产品质量异议
   B. 销售服务质量异议
   C. 销售信息或销售证据不足引起的异议
   D. 客户传统经验和看法
   E. 销售信誉不好
7. 下列属于促成交易策略的是(　　)。
   A. 请求成交法和局部成交法　　B. 假定交易法
   C. 选择成交法和激将成交法　　D. 机会成交法和优惠成交法
   E. 诱导交易法
8. 企业的售后服务一般可以通过(　　)等方式进行。
   A. 定点服务　　B. 巡回服务
   C. 免费服务　　D. 收费服务

E. 定时服务

三、名词解释

1. 销售计划
2. 销售谈判
3. 客户异议
4. 直接否定法
5. 基辛格法则
6. 商誉

四、简答题

1. 企业在销售准备中应对销售人员做哪些培训?
2. 销售谈判时应注意哪些原则?
3. 简述处理购买时间异议的策略。
4. 如何处理客户投诉?

五、论述题

1. 试论述接近客户的方法。
2. 销售谈判过程中有哪些策略?

六、案例分析

日本某公司向中国某公司购买电石。此时，是他们间交易的第五个年头。去年谈价时，日方压低中方 30 万美元/吨，今年又要压 20 美元/吨，即从 410 美元压到 390 美元/吨。据日方讲，其已拿到多家报价，如 430 美元/吨、370 美元/吨、390 美元/吨。据中方了解，370 美元/吨是个体户报的价，430 美元/顿是生产能力较小的工厂供的货，供货厂的厂长与中方公司的代表共 4 人组成了谈判小组，由中方公司代表为主谈。谈判前，工厂厂长与中方公司代表达成了价格共同的意见，工厂可以以 390 美元/吨成交，因为工厂需订单连续生产。公司代表讲，对外不能说，价格水平我会掌握。公司代表又向其主管领导汇报，分析价格形势。主管领导认为价格不取最低，因为我们是大公司，讲质量，讲服务。谈判中可以灵活，但步子要小。若在 400 美元/吨以上拿下则可成交，拿不下时把价格定在 405～410 美元/吨，然后主管领导再出面谈，请工厂配合。中方公司代表将此意见向工厂厂长转达，并达成共识，和工厂厂长一起在谈判桌上争取该条件。中方公司代表为主谈。经过交锋，价格仅降了 10 美元/吨，在 400 美元/吨成交，比工厂厂长的成交价高了 10 美元/吨。工厂代表十分满意，日方也满意。

思考题:

1. 怎么评价该谈判结果?
2. 该谈判中中方公司的表现有何经验?

参考答案

一、单项选择题

1. B　2. C　3. C　4. D　5. B　6. B　7. A　8. A
9. D　10. D

二、多项选择题

1. BC　2. ABCDE　3. ABCD　4. ABC　5. ABCD　6. ABCE
7. ABCD　8. ABCD

三、名词解释

1. 销售计划是针对销售活动的具体安排，包括日程规划、相关人员、主要讨论点、双方需遵循的原则等，从而做出合理的布局。

2. 销售谈判是销售人员通过向客户传递信息并经过沟通，运用各种销售方式、方法、手段及策略来说服客户购买产品的过程。

3. 客户异议是指在销售过程中，客户对销售人员自身或产品介绍、交易条件等所展现出的疑虑、抱怨或反对意见。

4. 直接否定法，又称反驳处理法，是销售人员根据比较明显的事实与充分的理由直接否定客户异议的方法。

5. 基辛格法则是指利用对手的信息不充分而提前设置圈套，在谈判中给客户传递假信息，从而使对手心甘情愿地陷入我方设好的圈套，以获得最大的谈判利益。

6. 商誉是指企业通过长期执行良好的产品形象、规范的销售形象和完善的售后服务，使客户对企业销售人员、产品和服务所产生的一种积极的感情和态度。

四、简答题

1. 企业在销售准备中应对销售人员进行如下培训：商务礼仪的培训、产品知识的培训、与客户沟通技巧的培训、销售技巧的培训、售后总结的培训。

2. 销售谈判时应注意的原则有平等互利原则、守法和真实性原则、有针对性的鼓动原则、辩证法原则。

3. 客户存在购买时间异议时，应采取下列策略。

第一，货币时间价值法：应多向客户强调时间的变化、物价的快速上涨，将意味着更多的货币支出，拖延将意味着被动地提高成本和浪费时间。

第二，良机激励法：往往是借助一些促销政策和活动，向客户建议此时是进货最佳时机，以回避客户拖延。

第三，竞争诱导法：借助客户的竞争对手已购买此类产品使客户产生一种危机感，再不购买可能就要失去竞争优势而迫使其购买的方法。

第四，潜在风险法：利用客户意想不到的诸如物价上调、市场政策、竞争环境等方面的变化，让客户尽快抓住时机，早日购买。

4. 针对客户投诉，销售人员应该做到：首先，根据事实真相判断客户问题；其次，积极引导客户就投诉问题做进一步的解释；最后，迅速提供解决办法。

五、论述题

1. 答题要点：

经国内外调查研究，人们往往对销售人员的“第一印象”比较重视，所以总结出了一系列行之有效的接近客户的方法。

（1）介绍接近法。该法通常利用视听环境来提高接近效果，并采用自我介绍、他人介绍或企业产品介绍等方式与客户接近。

（2）演示产品接近法。这是一种相对传统的做法，销售人员通过了解客户的兴趣爱好、业务特点，通过各种角色扮演，依据客户的不同需求状况，在合适的机会采取现场演示的形式来接近客户。

（3）服务接近法。该法是指销售人员为了赢得客户好感及信任，通过向客户提供某种有效、切实能满足客户实际需求的服务来接近客户。

（4）调查接近法。该法通过关心客户的方式对某些客户愿意配合的问题展开调查从而接近客户。

（5）求教接近法。该法先向客户提出求教问题，利用客户好为人师的心理接近客户，进而提出销售要求，进行销售宣传，从而接近客户。

（6）反复接近法。这是销售人员在一两次不能达成交易或觉得业务较复杂不宜仓促促成时采用的一种方法。

（7）馈赠接近法。该法是指销售人员在合适的时机，如客户生日、庆典等有特殊意义的日子，向客户赠送礼品并表达出祝贺、慰问、感谢等情感，以引起客户注意从而接近客户。

（8）赞美接近法。该法是指销售人员根据客户特点，选择恰如其分的话赞美客户从而接近客户。

（9）好奇接近法。该法主要是利用客户的好奇心，引起客户对销售人员和销售产品的兴趣，说明销售产品能满足客户的某种利益，从而直接转入销售面谈阶段。

（10）利益接近法。该法重点是抓住客户的逐利心理，把产品或服务能满足客户利益的一面展现给他们以接近他们。

2. 答题要点：

面对多变的商场、复杂的客户，要想在谈判桌上占优势，在坚持常规的原则方法的基础上，还必须采用适当的销售策略，让客户心悦诚服。

（1）求同存异、刚柔并济策略。求同存异策略是指销售人员充分考虑谈判双方的利益需求，在谈判中因势利导、周密策划，控制整个销售进程，使谈判进程朝着设想的目标进行。刚柔并济策略是指面对一些尴尬的局面而采取的一种迂回策略，巧妙地避开对手锋芒，使谈判有力地进行下去。

（2）步步为营、最后通牒策略。在谈判中，寒暄之后，只适宜提出初步的主题，因为每一次的谈判往往不能一次实现目标，而是朝设定的一个个具体目标稳步前进，最终实现总的销售目标。若客户对交易决定犹豫不决或得陇望蜀时，就应该采取最后通牒的策略，向对方说明对方要求已是最低条件、最后期限或最大让步，促使对方就某一关键谈判进程的实质性问题尽快做出决定。

（3）以进为退、绵里藏针策略。在谈判中，在适当的时候为保存实力要做到争而不破，就需要同客户在某些敏感问题上暂时退却，伺机再进。在谈判的紧要关头，越应淡定自若，越要放慢节奏，以免因为快要达成交易而陷入客户设下的圈套。一般最终阶段，一定要把该重申的内容再次表述清楚，或者借助一些外因暂时中断谈判，以使己方获得更大的筹码。

（4）讨价还价、基辛格法则策略。价格是衡量双方利益天平的一个尺度，因此为谈判双方最为关心。销售人员对此应做到：首次报价要高，从而给谈判留有余地，使竞价富有弹性，便于把握成交时机；明确目标，以确定自身的价格底线；确定每次降价的幅度及允许降价的次数。基辛格法则是指利用对手的信息不充分而提前下套，在谈判中给客户传递假信息，从而使对手心甘情愿地陷入我方设好的圈套，以获得最大的谈判利益。

（5）笑到最后策略。当谈判局势完全有利于销售方时，销售人员也不能过早得意，因为谈判的成功并不代表完全得到了客户的确认，只有当客户所有疑虑都打消并签订协议后，才能达到最终目的，所以心态尤为重要。

六、案例分析

答题要点：

1. 谈判结果基本上应肯定，因为仍处在中高档的价格水平。

2. 中方公司组织上基本成功，主要原因：市场调查较好——有量有性；分工明确——价格由公司代表谈；准备方案到位——有线、有审、有防。

第11章 销售过程评估与控制

考核内容

本章考核内容主要有销售业绩评估的主要指标，销售业绩评估的要素、目的、原则及工具，销售风险控制的含义、销售风险产生的原因、控制销售风险的原则与策略。

一、销售业绩评估的主要指标

(一) 企业业绩评价的指标

按照指标的功能划分，可以把企业业绩指标划分为以下六类。

(1) 财务指标。财务指标用于评价工作结果在财务上的效果，应尽可能具体，该指标具有目标明确、容易量化、客观性高等特点，常用的财务指标包括收入指标、利润指标、费用指标等。

(2) 企业员工成长指标。企业员工成长指标用于评价员工对企业的贡献和能力是否得以持续提高，该指标具有基础性、前瞻性等特点，常用的员工成长指标包括职员满意度及忠诚度、培训效果等。

(3) 内部管理指标。内部管理指标用于评价对企业内部管理提升的效果，该指标具有基础性、导向性、综合性等特点，依据实践经验，常用的内部管理指标包括劳动生产率、产品合格率、计划执行率等。

(4) 客户指标。客户指标是让客户对企业提供的产品和服务进行评价，该指标具有客观性、导向性等特点，常用的客户指标包括客户满意度、市场占有率、企业商誉程度等。

(5) 行为特征指标。行为特征指标用于评价员工的行为是否有利于提高工作业绩，依据员工的个人素质，该指标具有过程性、基础性等特点，常用的行为特征指标包括领导评价指数、相关部门评价指数等。

(6) 否决指标。否决指标用于评价员工的失误给企业带来的意外损失，该指标具有预防性的特点，在考核标准中属于扣分指标。常用的否决指标包括重大质量事故、安全事故等。

(二) 企业销售业绩的指标

在销售管理中，对企业销售业绩的考核一般依据产品的销售额、费用利润、市场占有率等关键指标展开。

(1) 销售额。

销售额计算公式为

$$销售额=销售数量\times实际销售价格$$

(2) 费用和目标利润。

销售额与费用和目标利润的关系为

$$销售额=(固定费用+目标利润)/(1-变动费用率)$$

$$变动费用率=变动费用/销售额$$

(3) 市场占有率。考察市场占有率，有利于对比行业内外竞争状况，从而观察企业的市场开拓能力，也可以通过对区域市场占有率的评估，反映出优秀销售人员的销售能力。

(4) 销售收入预算。

$$销售收入预算=销售目标值\times销售计划售价$$

但是在日常的销售过程中，还要考虑客户的退货、现金折扣和货物折让等情况，要计算出销售净额，这时关系到一系列与销售业绩评估相关的指标：

退货额＝销售收入×退货率

退货率＝退货额÷销售收入×100%

销售净额＝销售收入－（销售退货＋现金折扣＋货物折让）

销售收入＝销售净额÷（1－退货率）

销售成本＝销售数量×单位产品售货成本

销售毛利＝销售收入－销售成本

二、销售业绩评估的方法

（一）销售业绩评估的要素

一般来说，企业管理部门从五个方面对销售队伍的销售业绩进行评估：一是销售队伍创造的企业销售业绩；二是对销售人员和销售支持的销售投入；三是开展销售活动所需的资金投入；四是销售人员与企业文化，它们对销售部门能否开展有效的销售活动具有直接的影响；五是客户尤其是老客户、大客户，他们对企业发展，形成良好口碑有重要影响。

（二）销售业绩评估的目标和原则

（1）销售业绩评估的目的。企业经营的目的是实现企业价值最大化，目标代表了企业努力追求的未来预期，评估一定时期的销售业绩状况可以评估企业目标在一定时期的实现情况。同时，销售业绩评估也是企业管理高层对销售部门进行有效管理的工具。

（2）销售业绩评估的原则。销售业绩评估一般应遵循以下原则。

一是透明原则：考核流程、考核方法和考核指标是确定的，是为考核者与被考核者所了解的；考核者与被考核者对考核目标不会存在明显的分歧，从而上下一心地工作。

二是对等原则：考核方法与职位特点相对等，一线销售人员应分别考核；考核指标与职责相对等，按劳分配，多劳多得；考核周期与考核指标相对等，销售人员是否在规定时间内完成了销售任务；考核目标与企业实际客观条件相对等。

三是可行原则：考核标准是可以操作的，主要是指考核者对考核方法能正确应用；考核者能保证考核的公正性，依据业绩质量，公正考核；考核指标是可以量化的；考核信息是可以获得的等。

（三）业绩评估的工具

销售业绩评估方面的问题相当复杂，仅凭单一的工具往往无法涵盖销售部门的各个方面，因此只有利用多种工具才能够对销售业绩进行综合的评估。

（1）责任会计。责任会计作为传统会计学科的理论，主要通过采用净资产报酬率、销售利润率、利润、收入成本等主要财务指标对销售部门进行业绩的计量、评价和考核。

（2）平衡计分卡。平衡计分卡可以作为销售人员业绩评估的工具，也可以作为销售部门业绩评估的工具。它由四个各具特色的方面构成，即财务、客户、内部业务及创新与学习。

三、销售费用控制

（一）销售人员薪资控制方案

对于销售人员，公司通常从薪资结构、销售费用、应收账款三个方面控制他们的薪资收入。

（二）销售业务费用

(1) 销售人员差旅费控制制度。销售人员因公出差，企业会对其费用施行报销，如住宿费、交通费和伙食补助、通信费等。

(2) 销售业务招待费控制办法。一般而言，销售业务招待费控制包括总额控制、预算管理、分层量化、进度管理、责权明晰、奖惩适当及杜绝例外等内容。

(3) 广告费用的控制。广告是最重要的促销手段之一，其宣传产品、树立形象和打造品牌的作用，使其历来受到企业青睐，但其高昂的费用也令企业谨慎为之。因此，企业管理者越来越重视广告费用的控制，并不断地追求最优的控制方案。

(4) 公关礼品管理控制。目的是加强对公关礼品方面的费用控制，应充分协调销售部门，对销售使用的公关礼品从制作到发放能有一个规范的监控。

四、销售风险控制

（一）销售风险控制的含义

在销售活动中，销售风险控制是指对于将来可能影响产品销售收入的风险，如价格风险、信用风险等的控制。销售价格风险主要是指由市场金融因素和市场整体供求因素而引起的产品市场价格变动的风险。销售信用风险指的是在交易协议达成后，一方不能履行或不能全部履行交收责任而给另一方造成利益损失的风险。

（二）销售风险产生的原因

(1) 来自企业自身的销售风险，包括企业销售部门对销售信用认识有偏差，企业对销售风险管理重视不足致使管理方法和手段十分落后。

(2) 来自客户的销售风险：对于授信企业来说，按照客户信用风险产生的原因，可将授信企业的销售信用风险分为道德性信用风险和非道德性信用风险。

（三）控制销售风险的原则

(1) 建立和完善相关风险管理制度。建立风险管理委员会，通过具体的管理办法，确保各项风险管理制度的落实。另外，建立业务人员品质的评级管理系统，针对所有的绩效都跟业务品质具有关联性，把激励体系和评级体系相挂钩，让销售人员工作时能按企业规定的风险控制要求操作，保证销售活动的安全有效。

(2) 树立风险意识，做好全面深入的培训工作。统一思想，加强整个公司的风险意识，从高层到一线员工，及时汇报风险隐患并不断改进风险控制措施。

(3) 运用先进技术做好风险处理。及时跟踪客户动向，用电子邮件、电话等及时回访客户以免销售欺诈的产生，从而为筛选客户虚假信息，为提高销售准度提供依据。做电话销售时，及时跟踪调查并学会甄别客户的意图，以节省销售时间。

(4) 建立销售风险的预警机制。针对可能突发的销售风险，制定完善的预警机制。及时地收集可能出现的危机信息，确保销售风险在发生前得到有效控制和发生后得到及时化解。

(四) 销售风险的控制策略

主要策略有建设完善的销售风险管理体系，建立客户资信调查和评估制度，加强中期赊销业务风险管理的同时加强后期应收账款的风险管理。

重点和难点

本章需要掌握的知识点如下：(1) 企业销售业绩的指标；(2) 销售业绩评估的要素、目的、原则和工具；(3) 控制销售风险的原则和主要方法；(4) 销售风险的类型及规避风险的策略。

同步综合练习题

一、单项选择题

1. 常用的(　　)包括领导评价指数、相关部门评价指数等。
   A. 行为特征指标　　B. 企业员工成长指标
   C. 内部管理指标　　D. 客户指标
2. 固定费用是指与销售活动无关的企业日常必须支付的费用，而(　　)是指包含于销售活动增减有关的活动，如运费、委托加工费等。
   A. 制造费用　　B. 变动费用
   C. 营业费用　　D. 管理费用
3. 销售业绩评估不包括的要素是(　　)。
   A. 销售队伍创造的企业销售业绩
   B. 开展销售活动所用的资金投入
   C. 对销售人员和销售支持的销售投入
   D. 优化销售业务流程的投入
4. (　　)克服了企业主要依靠财务方法衡量业绩的缺陷，能够更全面地反映企业对销售部门的业绩评估。
   A. 平衡积分法　　B. 责任会计
   C. 综合计分法　　D. 表格体系
5. 对于销售人员，公司通常从三方面控制他们的薪资收入，其中不包括(　　)。
   A. 薪资结构控制　　B. 差旅费控制
   C. 销售费用控制　　D. 应收账款控制
6. 在销售活动中，销售风险控制是指对于将来可能影响项目最终产品销售收入的销量风险，如价格风险、付款风险及交货风险等进行控制，其中最主要的风险是(　　)。
   A. 交货风险　　B. 产品风险　　C. 价格风险　　D. 付款风险
7. 企业经营的目的是(　　)。
   A. 实现企业经营规模最大化　　B. 实现企业影响力最大化
   C. 实现企业价值最大化　　D. 实现企业品牌意识最大化
8. (　　)是指在交易协议达成后，一方面履行或不能全部全部履行交收责任而给另一方造成利益损失的风险。
   A. 销售价格风险　　B. 销售信用风险
   C. 销售违约风险　　D. 销售交货风险

二、多项选择题

1. 常用的财务收入指标包括(　　)。
   A. 收入指标　　B. 利润指标　　C. 成本指标　　D. 支出指标
   E. 费用指标

2. 进行正确的业绩评价，需要有一套合理的指标体系，需要做到(　　)。
   A. 选取的指标能够代表公司期待被考核者的目标，同时能够客观地反映被考核者各个方面的工作业绩
   B. 选取的指标应尽可能详尽
   C. 指标所衡量和评价的内容被考核者能够控制或基本能够控制
   D. 被考核者能够通过自身的努力提高或改善业绩水平
   E. 要从小方面公平地反映员工的贡献
3. 在销售管理中，对于企业销售业绩的考核一般不包括产品的(　　)。
   A. 费用利润　　B. 市场占有率
   C. 销售收入预算　　D. 成本
   E. 销售额
4. 销售业绩评估一般应遵循以下几项原则(　　)。
   A. 公平原则　　B. 透明原则
   C. 对等原则　　D. 全面原则
   E. 可行原则
5. 对于销售业务费用的控制包括(　　)。
   A. 销售人员差旅费　　B. 销售业务招待费
   C. 广告费用　　D. 公关礼品费用
   E. 成本费用
6. 销售信用风险可分为以下哪两种风险(　　)。
   A. 本金风险　　B. 重置风险
   C. 违约风险　　D. 交货风险
   E. 价格风险
7. 控制销售风险的原则有(　　)。
   A. 建立和完善相关风险管理制度
   B. 加强中期赊销业务风险管理的同时加强后期应收账款的风险管理
   C. 运用先进技术做好风险处理
   D. 建立销售风险的预警机制
   E. 树立风险意识，企业要做好全面深入的培训工作
8. 在建设销售信用风险管理体系时，应注意(　　)。
   A. 建设完善的销售风险管理体系
   B. 建立客户资信调查和评估制度
   C. 建立客户资信调查和评估制度
   D. 加强中期赊销业务风险管理的同时加强后期应收账款的风险管理
   E. 对用户进行信用评价
9. 可进行内部授信制度管理的方式有(　　)。
   A. 应完善销售人员的业绩考核制度
   B. 建立对应收账款的风险分类管理制度并建立风险分析报告制度
   C. 运用合理的信用政策

D. 建立严格的销售信用的审批制度和授信制度
E. 及时追收拖欠账款

10. 销售风险控制的方法包括(　　)。
A. 建立和完善相关风险管理制度　B. 树立风险意识
C. 运用先进技术做好风险处理　D. 建立销售风险的预警机制
E. 制定规避风险制度

三、名词解释

1. 行为特征指标
2. 销售信用风险
3. 本金风险

四、简答题

1. 企业销售业绩的主要指标有哪些?
2. 销售业绩评估的要素和原则有哪些?

五、论述题

论述销售风险控制的策略。

六、案例分析

枣庄矿业集团是有着百年历史，以其优质的煤炭享誉国内外，但是由于矿井开采时间较长，几对矿井相继衰老，这为有十多万名职工的企业增加了困难。煤炭作为国民经济的基础，国家对煤炭市场开放较晚。1996 年 7 月 1 日，枣庄矿务局作为当时国家放开试点的两家矿务局之一，较早进入了市场。但好景不长，紧接而来的是全国煤炭市场全面放开，到 1998 年整个宏观经济下滑，煤炭行业进入了有史以来的艰难岁月。加之进入市场较晚，面对早已进入市场的客户，枣庄矿业集团感到束手无策。因而每年一度的全国煤炭订货会发生了变化，供求关系颠倒了过来，合同兑现率在逐年下降，营销风险也逐年增加。枣庄矿业集团在严重的市场压力下，积极探索自己的煤炭营销方式：调整营销机构，理顺营销管理体制，补充营销人员，提高营销人员素质。通过一段实践，合同量迅速上升，但在新的市场环境下，原来的客户资信状况发生了变化，对新客户的资信又不很了解，这必然增加了合同风险。为了防范合同风险，他们加大了合同签订前的审查力度，并专门成立市场部，对合同进行跟踪定期召开专门会议，运销部、财务部、市场部等多方共同协作排查合同风险，并且引进了《营销风险预警与防范系统》软件，使合同风险处于动态监视之中，既不影响合同的正常履行，又防止和控制了合同风险的发生，是营销处于一种阿布全部的运营状态。自 2000 年以来产销率达 100%，贷款回收率达 100%，创造了较好的营销业绩。尤其是近几年来，国内煤炭市场好转，为了不因市场好转而影响客户关系，他们加强了对合同的跟踪和调度，保证合同的及时、保质、保量完成。做到市场下滑不丢客户，市场上扬搞好服务。

思考题:

试分析枣庄矿业集团是在市场下滑的情况下实行合同风险排查的，为什么市场好转了其仍坚持合同风险排查呢?

参考答案

一、单项选择题

1. A　2. B　3. D　4. A　5. B　6. C　7. C　8. B

二、多项选择

1. ABE　2. ACD　3. CD　4. BCE　5. ABCD　6. AB　7. ACDE
8. ACD　9. CD　10. ABCD

三、名词解释

1. 行为特征指标：用于评价员工的行为是否有利于提高工作业绩，依据员工的个人素质，该指标具有过程性、基础性等特点，常用的行为特征指标包括领导评价指数、相关部门评价指数等。

2. 销售信用风险：在交易协议达成后，一方不能履行或不能全部履行交收责任而给另一方造成利益损失的风险。

3. 本金风险：当一方不足额交收时，另一方有可能收不到或不能全部收到应得账款或权益，造成损失。

四、简答题

1. 通常，在销售管理中，对销售部门的考核一般依据产品的销售额、费用利润、市场占有率等关键指标展开。

2. (1) 销售业绩评估的要素包括：①销售队伍创造的企业销售业绩；②对销售人员和销售支持的销售投入；③开展销售活动所需的资金投入；④销售人员与企业文化，它们对销售部门能否开展有效的销售活动具有直接的影响；⑤客户尤其是老客户、大客户，他们对企业发展、形成良好口碑有重要影响。

(2) 销售业绩评估的原则：透明原则、对等原则、可行原则。

五、论述题

答题要点：

企业销售风险存在于销售过程的各个环节，企业应着眼全局，对从授信、客户信用状况评估到应收账款监控、拖欠追收等整个交易全过程进行管理和控制。企业要形成有效的销售风险管理策略，首先应从企业的经营管理体制入手解决销售信用风险问题，设立独立于销售部、财务部的信用风险管理职能部门，让风险管理部门承担和协调整个企业的风险管理工作，并依照过程控制和系统分析的原理，建立一套全面的信用管理制度，从而保证企业销售风险控制高效运转。具体可采用以下三项策略。

(1) 建设完善的销售风险管理体系。

在构建销售信用风险管理体系时，应注意以下几个方面。

首先，成立独立的风险管理机构，并建立“客户资信管理”、“赊销风险管理”和“货款回收管理”等小组，展开销售部、财务部等各部门有关的风险管理工作。其次，建立垂直的由上而下的由财务总监或相关副总经理直接领导下的风险管理机构，负责建立企业风险管理和评估体系，并在企业内部形成科学的风险制约机制，进行相关利益的平衡，避免任何部门或员工因片面追求本部门利益最大化而损害企业利益的行为。同时，风险管理机构应明确和控制可能诱发风险的环节，尤其要理顺风险管理和风险控制的授权关系。例如，财务部门对销售风险的跟踪力度、销售部门在执行风险管理上的合理分工。

(2) 建立客户资信调查和评估制度。为了做好风险的预警工作，避免销售信用给企业带来的风险，应注意事前的防范工作，所以要建立企业销售风险控制的预警制度。企业通过对新老客户的资信状况的把握，以量化的方式评估其资信水平，这就需要建立企业资信调查和评估机制。企业需要针对不同的客户信用状况，在授信之前，通过调查对其进行信用评级：

首先，企业通过销售人员直接调查或暗访摸清客户的信用情况。在进行信用调查、搜集客户的信用资料时，既可用直接调查法即企业调查人员通过对客户当面采访、询问、观看、记录等方式获取信用资料的，也可用间接调查法，即通过对被调查客户或其他有关单位的相关原始记录和核算资料，进行加工整理以获取信用资料全方位地保证调查的有效性。

其次，对客户进行信用评级。目前有两种评级方法：第一种是采用三类九级制，把评估对象的信用情况分为九等，即AAA、AA、A，BBB、BB、B，CCC、CC、C；第二种是采用三级制，分为三等，即AAA、AA、A。通过专门的机构评估，为企业提供确凿可信的信用依据。

(3) 加强中期赊销业务风险管理的同时加强后期应收账款的风险管理。

企业在销售过程中产生的信用风险，主要来自对客户的赊销额度和期限的控制环节。因此，可按以下方式进行内部授信制度管理。

第一，运用合理的信用政策。企业应根据客户情况的变化，随时协调三个目标的矛盾，即既想把销售额提高到最大，又想把应收账款投资的机会成本降到最低，还想把坏账损失降到最小。要实现这些目标就要因势利导，在不同情况下，适当地修改和调整信用政策。

第二，建立严格的销售信用的审批制度和授信额度。企业可根据自身特点和管理要求建立销售信用审批制度，赋予不同级别的人员不同金额的审批权限，超过审批权限的必须向上一级领导报告。同时企业应根据客户的信用等级，为具体客户设定不同的信用额度，从而尽可能地减少坏账损失。

中期赊销风险控制失误将直接导致后期应收账款风险。造成应收账款风险的原因可能是应收账款监控制度不完整，没有涵盖与应收账款有关的全部内容，导致收款管理缺乏系统性；也可能是应收账款的监控与赊销政策之间的灵活互动性差，导致收账策略缺乏科学性。企业在对持有的应收账款进行分析时，要学会抓大放小，关心核心客户的应收账款变动和大额应收账款回款情况，借助客户服务，如对客户产品接收情况和满意程度的查询等，提醒客户及时付款。对于这一问题，企业应加强以下管理：

第一，应完善销售人员的业绩考核制度。销售人员在一定时期内的业绩考核，以实际完成的回收款和销售额，而不是以含应收账款的销售额为依据，并将考核结果与奖惩挂钩，以加强销售人员的风险意识。

第二，建立对应收账款的风险分类管理制度并建立风险分析报告制度。要求风险管理部门、销售部门和财务部门定期或不定期对应收账款进行对账，财务部门对应收账款的账龄进行调查、分析，而风险管理部门根据分析结果对应收账款产生的风险分类管理。同时，企业风险管理人员根据财务人员的调查分析定期向销售人员报送与其业务相关的应收账款余额、账龄、风险分析等资料，定期向风险管理部门汇报具体的风险状况，及时地反映有关应收账款管理中存在的问题，并提供风险分析报告。

第三，及时追收拖欠账款。对于逾期应收账款的产生，既有外部原因，又有企业内部管理原因，既有道德性原因形成的欠款也有非道德原因形成的欠款，应当区别对待处理。

六、案例分析

答题要点：

首先，因为形形色色的客户和多变的市场环境，始终存在着一定的风险。案例中枣庄矿业集团在市场好转的情况下仍坚持合同风险排查，这完全符合控制销售风险的原则。①建立和完善相关风险管理制度。②树立风险意识。企业要做好全面深入的培训工作。统一思想，加强整个公司的风险意识，从高层到一线员工，及时汇报风险隐患并不断改进风险控制措施。③运用先进技术做好风险处理。

其次，企业销售风险存在于销售过程的各个环节，企业应着眼全局，从授信、客户信用状况评估到应收账款监控、拖欠追收等整个交易全过程进行管理和控制。企业要形成有效的销售风险管理策略，首先应从企业的经营管理体制入手解决销售信用风险问题，设立独立于销售部、财务部的信用风险管理职能部门，让风险管理部门承担和协调整个企业的风险管理工作，并依照过程控制和系统分析的原理，建立一套全面的信用管理制度，从而保证企业销售风险控制高效运转。

第12章 销售信用管理

考核内容

本章主要考核内容有企业信用管理、赊销、信用的概念，信用管理的内容、目标，信用政策的主要内容，客户信用调查与评价，应收账款管理。

一、企业信用管理的概念

企业信用管理是指企业在力图扩大销售的同时，为控制销售风险而制定的政策、措施、业务方案和规章制度及其相关的运行活动，是企业信息管理、财务管理和销售管理相互交叉的一项管理工作。

二、信用管理概述

（一）赊销

赊销又叫做信用销售，是指厂家在同购货客户签订购销协议以后，让客户将企业生产的成品先拿走，购货客户则按照购货协议规定的付款日期付款或以分期付款形式逐渐付清货款。

企业赊销行为的发生一般应具备两个必须的条件：所期望的未来付款和对客户的信任。

（二）信用

信用是一种建立在信任基础上的能力，是不用立即付款就可获取资金、产品、服务等的能力。

（三）信用管理

信用管理（也称信用风险管理）属于风险管理的范畴，成功的信用管理必须依据坚实的信用政策。企业信用管理的内容主要有制定信用政策、确定客户资信（客户信用调查与评价）及应收账款管理。

企业信用管理的目标可以用一句话概括，就是力求企业在实现销售最大化的同时，将信用风险降到最低，使企业的效益得到最大程度的提高。在实际的企业管理工作中，信用管理功能基本上围绕赊销工作而展开，其核心目的是做好赊销工作，控制赊销风险。具体包括两个方面。①降低企业赊销风险，减少坏账损失。②降低销售变现天数，加快流动资金周转。销售变现天数（days sales outstanding，DSO）是西方企业衡量赊销工作最重要的指标。DSO 指标表现了企业的平均收账期，即把赊销收入转化为现金所需的时间，是企业衡量应收账款水平的重要指标。

三、制定信用政策

（一）信用标准

信用标准是企业同意向客户提供商业信用而提出的基本要求，通常以预期的 DSO 和坏账损失率作为判别标准。

（二）信用条件

信用条件是企业要求客户支付赊销款项的条件，它由信用期限和现金折扣两个要素组成。信用期限是企业为顾客规定的最长付款时间。影响信用期限的主要因素有四个。①企业的市场营销战略；②行业普遍的信用期限；③客户的资信水平和信用评级；④企业本身的资金状况。现金折扣是指在信用销售方式下，企业对客户在规定的短时间内付款所给予客户发票金额的折扣，以鼓励客户及早付清货款。企业信用管理部门给予客户的现金折扣中包含着两个要素——折扣期限和折扣率。

（三）信用额度

信用额度包括企业发放给客户群的总体信用额度和发放给某一具体客户的信用额度两个方面。就企业总体来说，信用额度是指企业基于自身的资金实力、销售政策、最佳生产规模、库存量等因素，以及受到的来自外部的竞争压力而确定的可对客户发放的信用额度的规定。

四、客户信用调查与评价

（一）客户信用调查

客户信用调查的方式通常有三种：①通过金融机构（银行）对客户进行信用调查；②利用专业资信调查机构进行调查；③通过行业组织进行调查。客户信用调查的内容包括对客户经营状况的调查、对客户财务现状的调查、对客户支付情况的调查。

（二）客户信用评价

客户信用评价指标主要包括回款率（应收款额）、支付能力（还款能力）、经营同业竞品情况等几项。根据这些指标可以将客户按照信用程度从高到低分为“A、B、C”三个等级。“5C”评价法由美国银行家爱德华于1943年提出，是评价客户信用时常用的一种专家分析方法，认为企业信用分析应包括五个要素：借款人的道德品质（character）、还款能力（capacity）、资本实力（capital）、担保品（collateral）和经营环境（condition），企业可通过这五个要素对客户进行定性分析以判别借款人的还款能力和意愿。

客户信用等级分类。信用评价等级一般按国际通行的“三等九级制”评价标准，将客户信用等级分为AAA、AA、A、BBB、BB、B、CCC、CC、C等级别。

五、应收账款管理

应收账款，是指企业因销售产品、提供劳务等而应向购货或接受劳务单位收取的款项。

（一）应收账款的功能

应收账款的功能主要有以下两个方面：其一，促进销售，扩大企业产品的市场占有率。其二，减少存货，降低财务风险。

（二）持有应收账款的成本

应收账款成本主要有以下三个方面：机会成本、管理成本和坏账成本。

（三）应收账款控制的目标和内容

应收账款控制的目标是降低应收账款的成本，使企业因使用信用销售手段所增加的销售收益大于持有应收账款产生的所有成本。企业信用管理部门对应收账款的控制主要包括如下内容。(1) 根据企业的实际情况和市场环境，制定科学的信用政策，依此指导企业的信用销售和应收账款管理。(2) 控制应收账款的发生规模，使企业持有的应收账款总额保持最佳水平。同时，认真审查客户信用，确保应收账款的及时足额回收。(3) 配合企业财务部门，加强对应收账款的日常监督与分析，以便随时掌握企业持有应收账款的基本情况，便于做出适时的决策。(4) 采取有力措施，加强应收账款的收款管理。

(四) 应收账款管理的监管

对销售、财务的监管：(1) 在销售合同中明确各项交易条款；(2) 定期的财务对账；(3) 尽量减少赊销、代销的比例；(4) 对产品铺货率的正确理解；(5) 制定合理的激励政策；(6) 建立信用评定、审核制度。

对客户的监管：(1) 对新客户的监管；(2) 对老客户的监管。

对销售人员的监管：(1) 加强销售人员的回款意识；(2) 加强销售人员的终端管理和维护能力；(3) 提高销售人员的回款技巧；(4) 销售人员要注意客户经营不善的危险信号。

(五) 企业追账的基本方法

企业追账的基本方法和特点如下。

(1) 企业自行追账的方法有函电追账、面访追账、电子追账。函电追账方式简便易行，可委派内部人员独立操作，无须经过仲裁或司法程序可以省去一定的时间和费用，但力度较小，不易引起重视。面访追账方式比较正规、效果好，但耗时多，费用高。电子追账速度快，费用低，可以双向交流。

(2) 委托追账的基本方法有专业追账员追账、律师协助非诉讼追账、诉讼追账、申请执行仲裁裁决。特点是追收力度大、处理专业化、节约追讨成本、缩短追讨时间。

(3) 仲裁追账的基本方法是债权债务双方根据债务纠纷发生前或者债务纠纷发生后双方所达成的书面协议，自愿将争议交给双方都同意的仲裁机构，由仲裁机构根据双方协议的授权审理争议，并做出对双方均有约束力的裁决。仲裁不具有诉讼的属性，但是，它也是解决经济纠纷的重要手段。仲裁追账的特点是以双方当事人的自愿约定为基础的，如果债权债务双方没有仲裁协议，仲裁程序不可能发生；仲裁机构是民间组织，不是国家的行政机关或司法机关，它对商务纠纷案件没有强制管辖权；仲裁裁决具有终局性，对双方当事人都有约束力，任何一方不得就同一标的或事由向仲裁机构再申请仲裁。

(4) 诉讼追账的基本方法是债务纠纷发生后，债权人或债务人中的一方向法院提出诉讼请求，由法院根据诉讼程序和有关法律规定审理案件，并做出对双方具有法律强制执行力的判决。诉讼追账的特点：一是必须是因自身的权利受到侵犯或因债权债务关系与客户发生争议，案件的直接利害关系人才有资格作为案件的原告；二是有明确的被告；三是有具体的诉讼请求和事实、理由。四是必须是属于法院管辖范围的案件。

重点和难点

本章应掌握的知识如下：(1) 赊销、信用、信用额度、机会成本和应收账款等概念；(2) 信用管理的内容和目标；(3) 制定信用政策的主要内容；(4) 客户信用评价的主要指标；(5) 应收账款管理的功能；(6) 企业自行追账的基本方法和特点。

同步综合练习题

一、单项选择题

1. 2/10的折扣政策表明，如果客户在10天之内付款，将获得货款总额2%的折扣优惠。这种折扣政策是(　　)。

A. 季节折扣　　B. 现金折扣
C. 功能折扣　　D. 批量折扣

2. DSO是指(　　)。

A. 存货周转期　　B. 应收账款周转期
C. 销售变现天数　　D. 应付账款周转期

3. 某客户具有优秀的信用记录，经营状况佳，赢利能力强，发展前景广阔，不确定性因素对其经营与发展的影响极小。其信用程度高、债务风险小。此类客户的信用等级为(　　)。

A. AAA级　　B. CCC级　　C. BBB级　　D. A级

4. 企业资金投放于应收账款而丧失的其他收入，称为(　　)。

A. 管理成本　　B. 坏账成本　　C. 可变成本　　D. 机会成本

5. “客户与银行的关系是否变得紧张?”这种调查是属于(　　)。

A. 对客户经营状况的调查　　B. 对客户财务现状的调查
C. 对客户支付情况的调查　　D. 对客户经营能力的调查

6. “客户的声誉、形象如何?”这种调查是属于(　　)。

A. 对客户财务现状的调查　　B. 对客户经营状况的调查
C. 对客户支付情况的调查　　D. 对客户经营能力的调查

7. 债务纠纷发生后，债权人或债务人中的一方向法院提出诉讼请求，由法院根据诉讼程序和有关法律规定审理案件，并作出对双方具有法律强制执行力的判决。这种追账方式是(　　)。

A. 自行追账　　B. 仲裁追账　　C. 委托追账　　D. 诉讼追账

8. 债务纠纷发生后，企业将逾期账款追收的权利交给专业收账机构，由其代理完成向债务人的追收工作。这种追账方式是(　　)。

A. 自行追账　　B. 仲裁追账　　C. 委托追账　　D. 诉讼追账

9. 企业因销售产品、提供劳务等而应向购货或接受劳务单位收取的款项，是指(　　)。

A. 应付账款　　B. 应付现款　　C. 应收账款　　D. 应收现款

10. 企业的信用程度一般，偿还债务的能力一般。该类企业的信用记录正常，但其经营状况、赢利水平及未来发展受不确定因素的影响较大，偿债能力有波动。此类客户的信用等级为(　　)。

A. AAA级　　B. AA级　　C. BBB级　　D. A级

11. 按国际通行的评价标准，客户信用等级最高为(　　)。

A. AAAA级　　B. AAA级　　C. AA级　　D. A级

二、多项选择题

1. 企业赊销行为的发生一般必须具备两个条件，包括(　　)。
   A. 现款交易　　B. 所期望的未来付款
   C. 对客户的信任　　D. 现汇交易
   E. 利润最大化
2. 企业信用管理的内容主要有(　　)。
   A. 制定信用政策　　B. 客户信用调查与评价
   C. 应收账款管理　　D. 制定促销策略
   E. 客户投诉管理
3. 对客户的信用状况进行评价的方法很多，较常见的有“5C”评价法，“5C”评价法包括(　　)等因素。
   A. 借款人的道德品质（character）　B. 还款能力（capacity）
   C. 资本实力（capital）　　D. 担保品（collateral）
   E. 经营环境（condition）
4. 企业的信用政策主要包括(　　)。
   A. 信用标准　　B. 信用条件　　C. 信用额度
   D. 收账政策　　E. 产品销售
5. 对客户支付情况的调查包括如下哪几点(　　)?
   A. 是否已不能如期付款　　B. 是否有推迟现金支付日?
   C. 是否有推迟签发支票　　D. 是否有提出要求票据延期?
   E. 是否有要求延长全部票据或货款的支付日期?
6. 影响信用期限的主要因素包括(　　)。
   A. 企业的市场营销战略　　B. 行业普遍的信用期限
   C. 客户的资信水平和信用评级　　D. 企业本身的资金状况
   E. 企业与客户的关系
7. 对客户支付情况的调查包括(　　)。
   A. 是否已不能如期付款
   B. 是否有推迟现金支付日
   C. 是否有推迟签发支票
   D. 是否有提出要求票据延期
   E. 是否有要求延长全部票据或货款的支付日期
8. 应收账款成本主要包括(　　)。
   A. 机会成本　　B. 管理成本
   C. 坏账成本　　D. 固定成本
   E. 变动成本

三、名词解释

1. 赊销

2. 信用
3. 销售变现天数
4. 信用额度
5. 应收账款
6. 机会成本

四、简答题

1. 信用管理的目标有哪些?
2. 制定信用政策主要包括哪些内容?
3. 客户信用评价指标主要有哪些?
4. 企业追账的基本方法有哪些?

五、论述题

1. 试述应收账款管理的功能。
2. 企业自行追账的基本方法和特点有哪些?
3. 企业信用管理的主要内容有哪些?

六、案例分析

在德国有一家成立于1992年的机械制造厂，其在5年时间里，就从小作坊式企业发展成拥有5000多名职工、产品出口到30多个国家、年出口额达20亿美元，而且正以每年30%速度增长的大型工业企业。这家制造厂拥有一项机械加工的专利技术，使同类机械产品的加工效率提高了100%。因此，欧美各国和东南亚国家均向其大量采购产品。德国制造厂的产品原料部分从中国进口。由于数量很大，中国共有7家机械公司向其供货。开始时每家公司的年出口额在100万美元左右，到1996年，已经达到700万～800万美元的规模，而所有供货都是采用D/A90～120天。这几家公司的老总虽然也对赊销如此大的货物心存疑虑，但考虑到该公司的规模和效益，尤其是几年来该厂没有发生过拖欠的情况，所以也就未加干涉。1997年4月，7家机械公司突然接到从德国法院发来的关于这家德国制造厂的破产通知书。这时，几家公司合计有3000多万美元的应收账款还没有收回。经过紧急磋商，7家机械公司很快组成了工作小组，奔赴德国参加破产企业财产清算。最后，我国的7家机械公司在债务人偿付了破产费用、职工工资和其他福利费用、税金、银行本息后，和其他债权人一起分得了部分财产，但核算下来，每家企业的损失都在50%以上。

从后来得到的该企业的财务报表中可以看到，该企业虽然利润很大，但企业的资产多为固定资产和应收账款，银行存款等流动资产很少。而其负债金额非常庞大，而且多为必须马上偿付的短期借款。因此，该企业很容易在某一个时间出现偿付不能的状况。如果我们的企业事先得到它的财务报表并认真分析了它的财务状况，就应该对这种状况有所警觉，或者降低给予的信用额度，或者采用其他付款方式，从而降低和排除这样的损失。

思考题：

试分析本案例给予国内企业的启示。

参考答案

一、单项选择题

1. B 2. C 3. A 4. D 5. B 6. B 7. D 8. C
9. C 10. C 11. B

二、多项选择题

1. BC 2. ABC 3. ABCDE 4. ABCD 5. ABCDE
6. ABCD 7. ABCDE 8. ABC

三、名词解释

1. 赊销又叫做信用销售，是指厂家在同购货客户签订购销协议以后，让客户将企业生产的成品先拿走，购货客户则按照购货协议规定的付款日期付款或以分期付款形式逐渐付清货款。

2. 信用是一种建立在信任基础上的能力，是不用立即付款就可获取资金、产品、服务等的能力。

3. 销售变现天数表现了企业的平均收账期，即把赊销收入转化为现金所需的时间，是企业衡量应收账款水平的重要指标。

4. 信用额度包括企业发放给客户群的总体信用额度和发放给某一具体客户的信用额度两个方面。就企业总体来说，信用额度是指企业基于自身的资金实力、销售政策、最佳生产规模、库存量等因素，以及受到的来自外部的竞争压力而确定的可对客户发放的信用额度的规定。

5. 应收账款是指企业因销售产品、提供劳务等而应向购货或接受劳务单位收取的款项。

6. 机会成本是指资金投放于应收账款而丧失的其他收入。

四、简答题

1. 企业信用管理的目标可以用一句话概括，就是力求企业在实现销售最大化的同时，将信用风险降到最低，使企业的效益得到最大程度的提高。具体包括降低企业赊销风险，减少坏账损失；降低销售变现天数，加快流动资金周转。

2. 信用政策主要内容有，信用标准、信用条件、信用额度和收账政策。

3. 客户信用评价指标主要有三个。(1) 回款率（应收款额）。A 级客户的回款率必须达到百分之百，如果回款率低于百分之百则信用等级相应降级。评价期内低于 5%，降为 C 级。(2) 支付能力（还款能力）。有些客户尽管回款率高，但由于其支付能力有限而必须降低信用等级。如某客户尽管不欠本企业的货款，但欠其他企业巨额货款，这样的客户最多只能认定为 C 级客户。(3) 经营同业竞品情况。凡经营同业竞品（指竞争对手产品）者，或以同业竞品为主要经营商品者信用自然降为 C 级。

4. 企业追账的基本方法大体上有以下四种：企业自行追账、委托追账、仲裁追账、诉讼追账。

五、论述题

1. 答题要点：

应收账款管理的功能如下：其一，促进销售，扩大企业产品的市场占有率；其二，减少存货，降低财务风险。

2. 答题要点：

企业自行追账的基本方法有函电追账、面访追账和电子追账。特点是：（1）函电追账方式简便易行，可委派内部人员独立操作，无须经过仲裁或司法程序，可以省去一定的时间和费用，但力度较小，不易引起重视；（2）面访追账方式比较正规、效果好，但耗时多，费用高；（3）电子追账速度快，费用低，可以双向交流。

3. 答题要点：

企业信用管理的内容主要有制定信用政策、确定客户资信（客户信用调查与评价）及应收账款管理。企业信用政策的构成要素主要包括信用期限、现金折扣、信用标准、信用额度、收账政策等；客户的资信情况是企业信用政策的出发点，企业应该针对不同的客户提供不同的信用政策，这是因为客户的资信情况是不一样的，对于资信好的客户可以提供宽松的信用政策，对于资信较差的客户应提供严格限制的信用政策；如何管理应收账款，让应收账款变成企业的现金收入，是企业信用管理中的一项重要内容。

六、案例分析

答题要点：

国际市场的特点是竞争激烈、变化多端，而且纷繁复杂，在这样的市场中，我们的企业要加强信用管理。上述中国7家公司缺乏信用风险控制机制，对老客户的经营状况、财务报表没有做好定期的调查分析。外贸企业要建立起完善的信用风险管理体制，不论对于什么样的国外客户，我们都应该在交易前事先了解它的资信状况，做到知己知彼。对于新客户，必须事先得到它的资信报告；对于老客户，一般是3个月到半年得到一份新的资信报告。报告最好通过专业的调查机构获得，因为这样取得的信息才更加客观公正。

第13章 客户管理

考核内容

本章考核内容主要有客户关系管理的内涵、内容、策略、原则，客户投诉的内容，处理客户投诉的重要性、原则、步骤、策略及应注意的问题，客户服务的含义和作用，客户服务的分类，售前、售中、售后服务的内容。

一、客户关系管理

(一) 客户关系管理的内涵

客户关系管理是指通过培养企业的最终客户、分销商和合作伙伴对本企业及其产品更积极的偏好，留住他们并以此提升企业业绩的一种营销策略。客户关系管理的内涵可以从以下几个方面来理解：客户关系管理首先是一种管理理念。其次，客户关系管理也是一种旨在改善企业与客户之间关系的新型管理机制。再次，客户关系管理又是一种管理软件和技术。

客户关系管理不仅要求企业树立观念，而且要求企业做到如下几点。(1) 客户关系管理并不是一种简单的概念或方案，而是一种企业战略，贯穿企业的每个部门和每个经营环节。(2) 客户关系管理的实施有赖于先进的信息技术。(3) 客户关系管理始于对客户行为和特性的深入分析，以取得对客户需求、客户偏好和愿望等的完整认知，然后应用这些知识去制定营销战略、编制营销计划和开展营销活动。(4) 实现客户与企业之间的“双赢”，在企业利润最大化和客户价值最大化之间找到平衡。(5) 不同的客户具有不同的关系价值，企业必须将最大的精力放在最有价值的客户身上。

(二) 客户关系管理的内容

客户关系管理的内容包括客户分析与识别、企业对客户的承诺、与客户的信息交流、以良好的关系留住客户、客户反馈管理。

(三) 如何实施客户关系管理

实施客户关系管理要做到：做好客户信息的收集，建立客户档案；了解客户的需求；获知客户的偏好，提高客户的满意度和忠诚度。

(四) 客户关系管理的原则

客户关系管理的原则有动态管理原则、突出重点原则、灵活运用原则、专人负责原则。

二、客户投诉管理

(一) 处理客户投诉的重要性

(1) 客户投诉往往蕴藏着价值极高的信息，是企业管理者与顾客沟通的桥梁。

(2) 客户投诉可以提高企业在市场上的“顾客占有率”，形成顾客忠诚。

(3) 客户投诉可以使企业明白市场上客户的要求，发现新的市场机会。

(二) 客户投诉的内容

客户投诉的内容主要有产品质量投诉、购销合同投诉、货物运输投诉、服务投诉等。

（三）处理客户投诉的原则和步骤

处理客户投诉的原则：有章可循、及时处理、分清责任、留档分析。处理客户投诉的步骤：记录投诉内容、判定投诉是否成立、确定投诉处理责任部门、责任部门分析投诉原因、提出处理方案、提交主管领导指示、实施处理方案，处罚直接责任者、总结评价。

（四）处理客户投诉的策略

企业处理客户投诉的方法有很多，面对不同情形应采取不同的应对策略。下面是几种常用的处理客户投诉的策略：鼓励客户投诉；获取和判断事实真相；提供解决办法；公平解决索赔；建议销售；建立商誉；设立免费投诉电话。

（五）处理客户投诉时应注意的问题

处理客户投诉时应注意的问题如下：（1）聆听客户的问题；（2）为有效顾客投诉提供馈赠；（3）追究原因；（4）采取适当的应急措施；（5）改善以后的工作；（6）建立客户投诉管理制度；（7）后续服务的实施。

三、客户服务管理

（一）客户服务的含义和作用

客户服务是指企业在合适的时间和地点，以适当的价格和方式向客户提供产品和服务，使客户的需求得到满足、价值得到提升的活动过程。客户服务在销售管理中发挥着十分重要的作用，主要体现如下。（1）全面满足客户需求。（2）扩大产品销售。（3）提高企业竞争能力。（4）提高企业的经济和社会效益。

（二）客户服务的分类

客户服务的方式多种多样，内容很多，依照不同的划分标准，可以对客户服务进行不同的分类。（1）按服务的时序分为售前服务、售中服务、售后服务。（2）按服务的性质分为技术性服务、非技术性服务。（3）按服务的地点分为定点服务、巡回服务。（4）按服务的费用分为免费服务、收费服务。（5）按服务的次数分为一次性服务、经常性服务。

（三）售前服务的内容

售前服务就是要在客户购买产品之前与他们进行沟通和交流，增进客户对企业产品的了解，并使之产生兴趣。售前服务的方式多种多样，如提供试用品、赠送购物券等。主要内容如下：（1）广告宣传；（2）为顾客提供各种方便；（3）做好社会性的公关活动；（4）销售环境布置；（5）开办各种培训，为顾客提供技术咨询和指导；（6）提供咨询服务。

（四）售中服务的内容

售中服务是指在买卖过程中直接或间接地为销售活动提供的各种服务。方便而周到的售中服务，不仅可以吸引更多的顾客，促进成交，而且还能增强企业与顾客的关系，增加客户的信任感，提高企业的竞争能力。售中服务的内容主要有以下几种：（1）向顾客传授产品知识；（2）帮助客户挑选，当好参谋；（3）尽最大努力满足客户的需求；（4）操作表演要吸引顾客参与。

（五）售后服务的内容

企业向顾客提供售后服务的目的是解决顾客因使用企业产品而带来的一系列问题，要保证顾客方便、放心地使用产品，降低使用产品的成本或风险，增加使用产品的效益，使顾客成为回头客，提高顾客对企业的忠诚度。主要内容如下：（1）送货上门；（2）安装服务；（3）包装服务；（4）维修和检修服务；（5）开通客户免费服务热线电话；（6）做好电话回访和人员回访；（7）建立客户档案；（8）妥善处理客户的投诉。

重点和难点

本章应掌握的知识如下：（1）客户关系管理的概念和内涵；（2）客户关系管理的主要内容；（3）客户投诉对企业的重要性；（4）客户服务的含义和作用；（5）企业售后服务的主要内容。

同步综合练习题

一、单项选择题

1. 客户关系管理的核心思想是将客户作为企业最重要的(　　)。

A. 销售对象　　B. 管理对象

C. 利润来源　　D. 企业资源

2. 客户的情况会不断发生变化，所以客户的资料也要不断地加以更新，剔除过时的或已经变化了的资料，及时补充新的资料，这种客户管理的原则是(　　)。

A. 突出重点原则　　B. 动态管理原则

C. 灵活运用原则　　D. 专人负责原则

3. 企业在固定地点建立或委托其他部门设立服务点为客户提供服务，这种服务是指(　　)。

A. 售前服务　　B. 巡回服务

C. 定点服务　　D. 售中服务

4. 客户对企业各类人员的服务质量、服务态度、服务方式、服务技巧等提出批评和抱怨，这种投诉是(　　)。

A. 产品质量投诉　　B. 服务投诉

C. 货物运输投诉　　D. 购销合同投诉

5. 下列表述不正确的是(　　)。

A. 客户关系管理的目的是对所有与企业发生关系的客户都一视同仁

B. 客户关系管理是为了在企业利润最大化和客户价值最大化之间找到平衡

C. 客户关系管理的实施有赖于先进的信息技术

D. 客户关系管理是一种企业战略，贯穿企业的每个部门和每个经营环节

6. (　　)是处理客户投诉的第一步。

A. 判定投诉是否成立　　B. 确定投诉处理责任部门

C. 记录投诉内容　　D. 提供咨询服务

7. 客户服务的中心环节是(　　)。

A. 售前服务　　B. 售中服务

C. 售后服务　　D. 处理客户投诉

8. 对顾客的差异化进行分析，(　　)提出 RFM（R 为 recent，顾客最近一次购买的情况；F 为 frequent，购买频率；M 为 money，花费金额）模型。

A. 菲利普·科特勒　　B. 西奥多·莱维特

C. 休斯　　D. 加里·阿姆斯特朗

9. 按服务的(　　)分类，可把客户服务分成技术性服务和非技术性服务。

A. 费用　　B. 次数　　C. 地点　　D. 性质

二、多项选择题

1. 对顾客差异化的分析，可采用美国数据库营销研究所休斯教授的 RFM 模型，其包

括(　　)。

A. 顾客最近一次购买的情况　　B. 购买频率

C. 花费金额　　D. 购买时间

E. 购买地点

2. 在客户关系的管理中，应遵循的原则包括(　　)。

A. 动态管理原则　　B. 静态管理原则

C. 突出重点原则　　D. 灵活运用原则

E. 专人负责原则

3. 客户服务按服务的时序可分为(　　)。

A. 定点服务　　B. 巡回服务　　C. 售前服务

D. 售中服务　　E. 售后服务

4. 企业社会性的公关活动包括(　　)。

A. 广告宣传　　B. 赞助体育运动事业

C. 捐款捐物支援灾区　　D. 捐建希望学校

E. 资助贫困学生

5. 售后服务的内容包括(　　)。

A. 送货上门　　B. 安装服务　　C. 包装服务

D. 维修服务　　E. 检修服务

6. 售中服务的内容包括(　　)。

A. 送货上门　　B. 安装服务

C. 帮助客户挑选　　D. 向顾客传授产品知识

E. 操作表演以吸引顾客参与

三、名词解释

1. 客户服务
2. 客户关系管理

四、简答题

1. 客户关系管理的主要内容有哪些？
2. 简述处理客户投诉对企业的重要性。
3. 企业售后服务的主要内容有哪些？

五、论述题

1. 如何理解客户关系管理？客户关系管理的内涵包括哪些内容？
2. 如何实施客户关系管理？

六、案例分析

泰国的东方饭店非常重视培养忠实的客户，并且建立了一套完善的客户关系管理体系，使客户入住后可以得到无微不至的人性化服务。迄今为止，世界各国约有 20 万人曾经入住过东方饭店，用他们的话说，只要每年有十分之一的老顾客光顾饭店就会永远客满。这就是东方饭店成功的秘诀！

东方饭店堪称亚洲饭店之最，几乎天天客满，不提前一个月预定是很难有入住机会的，而且客人大都来自西方发达国家。他们靠的是非同寻常的客户服务，也就是客户关系管理。

他们的客户服务到底好到什么程度呢？我们不妨通过一个实例来看一下。

一位朋友因公务经常出差泰国，并入住在东方饭店，第一次入住时良好的饭店环境和服务就给他留下了深刻的印象，当他第二次入住时几个细节更使他对饭店的好感迅速升级。

那天早上，在他走出房门准备去餐厅的时候，楼层服务生恭敬地问道："于先生是要用早餐吗？"于先生很奇怪，反问"你怎么知道我姓于？"服务生说："我们饭店规定，晚上要背熟所有客人的姓名。"这令于先生大吃一惊，这种情况还是第一次碰到。

于先生高兴地乘电梯下到餐厅所在的楼层，刚刚走出电梯门，餐厅的服务生就说"于先生，里面请"，于先生更加疑惑，因为服务生并没有看到他的房卡，就问："你知道我姓于？"服务生答："上面的电话刚刚下来，说您已经下楼了。"如此高的效率让于先生再次大吃一惊。

于先生刚走进餐厅，服务小姐微笑着问："于先生还要老位子吗？"于先生的惊讶再次升级，心想"尽管我不是第一次在这里吃饭，但最近的一次也有一年多了，难道这里的服务小姐记忆力那么好？"看到于先生惊讶的目光，服务小姐主动解释说："我刚刚查过电脑记录，您在去年的6月8日在靠近第二个窗口的位子上用过早餐"，于先生听后兴奋地说："老位子！老位子！"上餐时餐厅赠送了于先生一碟小菜，由于这种小菜于先生是第一次看到，就问："这是什么？"服务生后退两步说："这是我们特有的××小菜。"服务生为什么要先后退两步呢，他是怕自己说话是口水不小心落在客人的食品上，这种细致的服务于先生从没有见过。这一次早餐给于先生留下了终生难忘的印象。

后来，由于业务调整，于先生有三年的时间没有再到泰国去，在于先生生日的时候突然收到了一封东方饭店发来的生日贺卡，里面还附了一封短信，内容是：亲爱的于先生，您已经有三年没有来过我们这里了，我们全体人员都非常想念您，希望能再次见到您。今天是您的生日，祝您生日快乐。于先生当时激动得热泪盈眶，发誓如果再去泰国，绝对不会到任何其他的饭店，一定要住在东方饭店，而且要说服所有的朋友也像他一样选择。于先生看了一下信封，上面贴着一枚六元的邮票。六块钱就这样买到了一颗心，这就是客户关系管理的魔力。

思考题：

试分析东方饭店客户关系管理给我们的启示。

参考答案

一、单项选择题

1. D　2. B　3. C　4. B　5. A　6. C　7. B　8. C　9. D

二、多项选择题

1. ABC　　2. ACDE　　3. CDE　　4. BCDE　　5. ABCDE　　6. CDE

三、名词解释

1. 客户服务是指企业在合适的时间和地点，以适当的价格和方式向客户提供产品和服务，使客户的需求得到满足、价值得到提升的活动过程。

2. 客户关系管理的概念由美国 Gartner 集团率先提出。客户关系管理是指通过培养企业的最终客户、分销商和合作伙伴对本企业及其产品更积极的偏好，留住他们并以此提升企业业绩的一种营销策略。

四、简答题

1. 客户关系管理的主要内容如下：(1) 客户分析与识别；(2) 企业对客户的承诺；(3) 与客户的信息交流；(4) 以良好的关系留住客户；(5) 客户反馈管理。

2. 处理客户投诉对企业的重要性体现如下：(1) 客户投诉往往蕴藏着价值度极高的信息，是沟通企业管理者与顾客之间的桥梁；(2) 客户投诉可以提高企业在市场上的"顾客占有率"，形成顾客忠诚；(3) 客户投诉可以使企业明白市场上客户的要求，发现新的市场机会。

3. 企业售后服务的主要内容如下：(1) 送货上门；(2) 安装服务 ；(3) 包装服务；(4) 维修和检修服务；(5) 开通客户免费服务热线电话；(6) 做好电话回访和人员回访；(7) 建立客户档案；(8) 妥善处理客户的投诉。

五、论述题

1. 答题要点：

客户关系管理是指通过培养企业的最终客户、分销商和合作伙伴对本企业及其产品更积极的偏好，留住他们并以此提升企业业绩的一种营销策略。客户关系管理的内涵可以从以下几个方面来理解：客户关系管理首先是一种管理理念。其核心思想是将企业的客户（包括最终客户、分销商和合作伙伴）作为最重要的企业资源，通过完善的客户服务和深入的客户分析来满足客户的需要，保证实现客户的终身价值。其次，客户关系管理也是一种旨在改善企业与客户之间关系的新型管理机制。最后，客户关系管理又是一种管理软件和技术。

2. 答题要点：

实施客户关系管理，需做好如下工作。第一，做好客户信息的收集，建立客户档案。客户档案一般应包括：客户原始记录、统计分析资料、企业投入记录等三方面的内容。第二，了解客户的需求 。第三，获知客户的偏好，提高客户的满意度和忠诚度。

六、案例分析

答题要点：

现代客户关系管理的观念已经被普遍接受，而且相当一部分企业也建立起了自己的客户关系管理系统。但客户关系管理并非只是一套软件系统，而是以全员服务意识为核心贯穿于所有经营环节。企业应本着一切为了顾客的宗旨，满足客户的各种合理的需要，甚至是个性化的需求，完善地处理客户的投诉，提高顾客的满意度。顾客满意度有三种情况：如果感知效果小于期望值，称为不满意或失望；如果感知效果等于期望值，称为基本满意或一般满意；如果感知效果大于期望值，称为十分满意或高度满意。显然，顾客对东方饭店的评价是属于第三种情况。客户管理的质量，全在细节处彰显功力，全面细致地管理与顾客接触的每一个环节，才能提供顾客满意的服务，顾客高的满意度才能转变为高的顾客忠诚度。同时应注意的是信息技术的运用是客户关系管理重要的内容，服务小姐每天见到的顾客成百上千，绝不可能记清楚只有一面之缘的某个客户曾经坐在什么位子，曾经用过什么的早餐，在客户三年没有造访的情况下依然记得客户的生日……如果东方饭店没有一套先进的客户关系管理系统帮助，这样个性化的服务只能是一个梦想。先进信息技术的运用使得以前人力无法完成的梦想成为现实。

全真模拟演练（一）

（考试时间 150 分钟）

总分		题号	一	二	三	四	五	六
核分人		得分	20	20	9	25	10	16
复查人		得分						

一、单项选择题（本大题共 20 小题，每小题 1 分，共 20 分。在每小题列出的四个备选项中只有一个是符合题目要求的，请将其代码填写在题后的括号内。错选、多选或未选均无分。）

1.（　　）反映了企业的商品销售能力、市场竞争力能力和适应能力，以及企业的信誉状况和经营状况。

A. 企业市场份额　　B. 销售渠道

C. 销售手段　　D. 销售能力

2.（　　）是企业市场营销能力最直接的体现，也是所有市场销售行为结果的体现。

A. 企业市场份额　　B. 销售渠道

C. 销售手段　　D. 销售能力

3.（　　）是企业销售方针制定、战术运用的指挥者和实践者。

A. 营销总监　　B. 销售经理

C. 销售人员　　D. 客服人员

4. 基本控制单元的销售潜力由其（　　）决定。

A. 区域大小　　B. 购买者数量

C. 市场潜力　　D. 平均价格

5. 1989 年，台湾向岛外开放洋酒市场，美国的菲利普·莫里斯公司凭借其雄厚的财力和渠道优势，制造“雷声大雨点也大”的声势，一举夺下台湾洋酒市场，这是采用（　　）策略进入市场。

A. 造势　　B. 攻势　　C. 强势　　D. 顺势

6. 根据渠道层级数量的多少来定义的渠道结构是（　　）。

A. 长度结构　　B. 深度结构

C. 宽度结构　　D. 广度结构

7. 通过对销售人员的活动进行安排来实现企业的经营目标，实现整体大于部分之和体现了销售队伍设计(　　)原则。

A. 销售队伍应能保证企业目标的实现

B. 销售队伍设计应该考虑销售管理的深度和广度

C. 销售队伍设计应能满足专业分工、因事设岗、统一协作的目标

D. 销售队伍设计要适应市场的变化

8. 一般来说，(　　)岗位更适合从内部招聘人员。

A. 行政类　B. 技术类　C. 生产类　D. 营销类

9. 下列哪种销售人员接到全新或重大的任务时会非常兴奋。(　　)。

A. 竞争型　B. 成就型　C. 自我欣赏型　D. 服务型

10. (　　)是最直接的产出指标。

A. 销售量　B. 订单　C. 客户　D. 费用

11. 平衡计分卡从(　　)四个维度衡量企业业绩。

A. 财务、客户、内部流程、学习和成长

B. 战略、客户、内部流程、适应能力

C. 财务、信誉度、内部流程、学习和成长

D. 战略、信誉度、内部流程、学习和成长

12. 风险分析中，进行风险、效益、成本分析属于(　　)。

A. 风险辨识　B. 风险评估

C. 风险评价　D. 作出决策

13. 公司通过不断完善激励方案，争取员工的认同感来改变无视公司、客户存在的销售人员的态度，这是针对(　　)销售人员提出的解决方案。

A. 事不关己型　B. 客户关系型

C. 强力销售型　D. 解决问题型

14. 在 DIPADA 模型中，销售人员通过让客户试用，真实地反映用户对产品的感受，然后通过一系列问答的引导，激发客户购买热情，这种满足客户心理需求的方法是(　　)。

A. 提问法　B. 总结法

C. 试用法和诱导法　D. 示范检查法

15. 销售是(　　)的活动，需要对销售目标或业绩的达成做出预期。

A. 行为导向　B. 过程导向

C. 结果导向　D. 人员导向

16. 在客户异议的类型中，客户不认为销售人员的产品推销满足了自己的需求的质疑属于(　　)。

A. 对销售人员的异议　B. 对满足需求的异议

C. 价格异议　D. 服务异议

17. 企业经营的目的是实现企业价值最大化，目标代表了企业努力追求的未来预期，评估一定时期的(　　)可以评估企业目标在一定时期的实现情况。

A. 销售业绩状况　B. 销售人员状况

C. 顾客反应情况　D. 费用支出情况

18. (   )克服了企业主要依靠财务方法衡量业绩的缺陷，能够更全面反映企业对销售部门的业绩评估。

A. 责任会计　　B. 表格体系
C. 平衡计分卡　　D. 企业体系

19. 2/10 的折扣政策表明，如果客户在 10 天之内付款，将获得货款总额 2%的折扣优惠。这种折扣政策是(   )。

A. 季节折扣　　B. 功能折扣
C. 现金折扣　　D. 批量折扣

20. 许多客户的资料都是保密的，不宜流出企业，尤其不能落入竞争者手中。这种情况属于客户关系管理原则中的(   )。

A. 动态管理原则　　B. 突出重点原则
C. 灵活运用原则　　D. 专人负责原则

二、多项选择题（本大题共 10 小题，每小题 2 分，共 20 分。在每小题列出的五个备选项中至少有两个是符合题目要求的，请将其代码填写在题后的括号内。错选、多选或未选均无分。）

21. 影响销售计划制订的内部环境因素包括(   )。

A. 市场份额　　B. 销售渠道
C. 销售手段　　D. 销售能力
E. 其他部门

22. 销售组织的管理职能包括(   )。

A. 计划职能　　B. 执行职能
C. 组织职能　　D. 控制职能
E. 协调职能

23. 决定每个销售人员工作负荷必须考虑的因素包括(   )。

A. 产品特性　　B. 市场开拓阶段
C. 销售工作的性质　　D. 竞争性
E. 区域市场的潜力

24. 渠道结构的类型包括(   )。

A. 长度结构　　B. 深度结构
C. 宽度结构　　D. 广度结构
E. 高度结构

25. 销售人员必须掌握的知识有(   )。

A. 企业知识　　B. 客户知识
C. 语言知识　　D. 社会知识
E. 产品知识

26. 下列属于根据不同的个性心理采用的激励方式是(   )。

A. 优秀型　　B. 竞争型　　C. 成就型　　D. 服务型
E. 自我欣赏型

27. 属于360°绩效反馈法的特点的有(　　)。
A. 全方位　　B. 主观
C. 基于胜任特征　　D. 促进发展
E. 评价只来源于上级领导
28. 对于防范风险的措施，下列说法正确的是(　　)。
A. 重视市场观察　　B. 重视规划工作
C. 提高销售队伍素质　　D. 信息要及时掌握
E. 减少资源的投入
29. 关于FABE模型，下列说法正确的是(　　)。
A. FABE模型是一种非常具体、可操作性很强的利益销售模式
B. FABE模型也称卡片式模式
C. FABE模型简单易用，为销售人员所广泛使用
D. FABE模型通常先把产品特点、优点在卡片上列好，使客户及时清晰了解产品
E. A为acceptance，意为促使客户从心理上接受产品
30. 对于客户关系管理的内容，下列说法正确的是(　　)。
A. 客户关系管理的目的是对所有与企业发生关系的客户一视同仁
B. RFM模型主要是用来分析客户的反馈
C. 企业承诺的目的在于明确企业提供什么样的产品和服务
D. 企业与客户的信息交流是一种双向的信息交流，主要功能是实现双方的互相联系、互相影响
E. 客户管理的原则不包括专人负责原则

三、名词解释（本大题共3小题，每小题3分，共9分）

31. 销售计划
32. 团队精神
33. 销售信用风险

四、简答题（本大题共5小题，每小题5分，共25分）

34. 简述销售配额的主要类型。
35. 简述销售组织常见的问题。
36. 简述如何用工作量法确定销售人员的数目。
37. 简述团队冲突的类型。
38. 简述客户方格中五种典型心态的特征。

五、案例分析题（本题10分）

39. 员工A大学的专业是日语，毕业后便被一家中日合资公司招为推销员。他很满意这份工作，因为工资高，还是固定的，不用担心未受过专门训练的自己比不过别人。若拿佣金，比人少得太多就会丢面子。

上班的头两年，A的工作虽然兢兢业业，但销售成绩一般。可是随着他对业务和他与

对方们的关系越来越熟悉，他的销售额也渐渐上升了。到了第三年年底他已跻身公司几十名销售员中的前 20 名了。下一年他很有信心估计自己当属销售员的冠军了。不过这个公司的政策是不公布每人的销售额，也不鼓励互相比较，所以他还不是很有把握说自己一定会坐上第一把交椅。去年，A 干得特别出色。尽管定额比前年提高了 25%，到了九月初他就完成了。据他观察，同事中还没有人完成定额。

10 月中旬，日方销售经理召他去汇报工作。听完他用日语做的汇报后，日本人对他格外客气，祝贺他已取得的成绩。在他要走时，经理对他说："公司要是再多几个像你一样的推销明星就好了。"A 只是微微一笑，没说什么不过他心里思忖，这不意味着承认他在销售员队伍中出类拔萃，独占鳌头嘛。

可是他觉得自己的心情并不舒畅。最令他烦恼的事，莫过于公司不告诉大家干得好坏，没个反应。他听说本市另外两家也是中外合资的化妆品制造企业都搞销售竞赛和有奖活动。其中一家是总经理亲自请最佳推销员到大酒店大吃一顿；而且人家还有内部发行的公司通讯之类的杂志，让大家知道每人的销售情况，还表扬季度和年度最佳销售员。想到自己公司这套做法，他就特别恼火。一开始他并不关心排名第几的问题，如今却重视起来了。不仅如此，他开始觉得公司对推销员实行固定工资制是不公平的，一家合资企业怎么也搞大锅饭？应该按劳付酬。

上星期，他主动找到了那位外国经理，谈了他的想法，建议改革佣金制，至少按成绩给奖金。不料那日本上司说这是既定的政策，而拒绝了他的建议，母公司一贯如此，这是本公司文化的特色。日本老板拒绝了他的建议。

昨天，令公司领导吃惊的是 A 辞职而去，到了另一家公司。

(1) 请分析该公司对推销人员的激励制度和薪酬制度。

(2) 请用相关的知识分析 A 辞职的原因。

(3) 如果你是该公司的领导，你会怎么挽留 A?

六、论述题（本大题共 2 小题，每小题 8 分，共 16 分）

40. 论述解决窜货问题的策略。

41. 分析企业销售风险控制的策略。

全真模拟演练（一）参考答案及解析

一、单项选择题（本大题共20小题，每小题1分，共20分）

1. A	2. D	3. A	4. C	5. B
6. A	7. C	8. A	9. C	10. A
11. A	12. C	13. A	14. C	15. A
16. B	17. A	18. C	19. C	20. D

二、多项选择题（本大题共10小题，每小题2分，共20分）

21. ABCDE	22. ABD	23. ABCD	24. ACD	25. ABCDE
26. BCDE	27. ACD	28. ACD	29. ABCD	30. CD

三、名词解释（本大题共3小题，每小题3分，共9分）

31. 销售计划是企业在销售预测的基础上，对未来一定时期内销售目标进行的规划及其实施任务的分配，并编制销售预算，支持销售配额的实现。(3分)

32. 团队精神指团队整体的价值观、信念和奋斗意识，它是团队成员为了团队的利益和目标而相互协作、尽力完成工作的思想意识。(3分)

33. 销售信用风险指的是在交易协议达成后，一方不能履行或不能全部履行交收责任而给另一方造成利益损失的风险。(3分)

四、简答题（本大题共5小题，每小题5分，共25分）

34. 销售配额主要有四种类型。①销售量配额：销售量配额是最常用、最重要的配额，一般用销售额来表示。(1分) ②财务配额：财务配额更注重利润而非销售量。财务配额包括费用配额、毛利配额和利润配额。(1分) ③销售活动配额：销售人员的销售活动配额一般包括日常性拜访，吸引新客户、获得订单，产品展示，宣传企业及其产品，为顾客提供服务、帮助和建议，培养新的销售人员等。(1分) ④综合配额：综合配额是对销售量配额、财务配额、销售活动配额进行综合加权后得出的配额。(2分)

35. 销售组织常见问题有效率低下（1分）、管理失控（1分）、沟通不畅（1分）、追求短期利益（2分）。

36. 步骤如下：

(1) 选择一个可将顾客或潜在顾客清楚地分为几个等级的基础；(1分)

(2) 根据过去的购买形式、营销经验和销售量等，决定每一级顾客的数目和一个相对的访问频率，即每年对一客户的访问次数；(1分)

(3) 计算企业销售访问的总次数，即销售人员的总工作量；(1分)

(4) 决定一个销售人员每年的平均访问次数；(1分)

(5) 估计所需销售人员的人数。销售人数＝访问次数总和÷每位销售人员的平均访问次数。(1分)

37. 团队冲突主要有五种类型。①角色冲突：两人或更多人之间由于所负担的角色不同而产生的不和谐情况。(1分) ②团队之间冲突：发生在不同的团队之间，其表现形式可能与人与人之间冲突相似，但起因通常是不同的，冲突的原因更多是团队的因素。(1分)③关系冲突：主要是人际关系的不协调导致团队成员之间情感方面的紧张和摩擦，相互之间冷漠，甚至讨厌，感到不安和挫折。(1分) ④任务冲突：成员间对团队任务的看法和观点不同所产生的冲突。(1分) ⑤过程冲突：当团队中某个成员应该担负的职责存在分歧时，过程冲突就会产生。(1分)

38. 客户方格中五种典型心态的特征。①漠不关心型：这类心态的客户对销售人员和购买需求都不关心，表现既无热心，也无责任感。(1分) ②感情用事型：这类心态的客户由于心肠很好，出于同情和友好的角度才购买产品，而对产品是否为已所需，并不关心。(1分) ③防卫型：这类心态的客户把购买利益看很重要，更关心自己的购买利益是否得以真正地实现，很乐意买但对销售人员有戒心。(1分) ④公正干练型：这类心态的客户既关心自己购买需求，又关心销售人员，所以乐于听取销售人员的意见，但是又会自主做出购买决策，比较理智、冷静、自信。(1分) ⑤寻求答案型：这类心态的客户由于对销售工作和产品都很熟悉，所以既高度关注自己的购买需求，又高度关心销售人员。(1分)

五、案例分析题（本题10分）

39. (1) 激励对于企业而言，具有提高工作效率、开发个人潜能、激发员工创造力和革新精神的功能，该公司对于推销人员采取了物质激励（工资）和目标激励（设定每年需完成的目标）两种方式。而薪酬制度则采取了固定薪水制。(3分)

(2) A辞职的最大原因是因为他觉得公司的薪酬制度不公平和不合理。决定销售人员薪酬的因素有付出的劳动、销售经验、工龄及行业间的薪酬水平差异。在入职初期，由于经验不足，拿固定的薪水是合理的。但是后期，业务水平上升，销售经验丰富，此时的固定薪水使得付出与获得不成正比，于是A心里便产生了不公平感，所以辞职了。(3分)

(3) 如果我是该供公司的领导，我会让员工选择组合的薪酬制度。做法如下：制订不同的薪酬方案：①固定薪水＋佣金制度；②固定薪水＋奖金制度；③生活费＋佣金制度。让员工根据自身的能力选择适合自己的方案，一旦签订协议，则双方不能有任何的异议。(4分)

六、论述题（本大题共2小题，每小题8分，共16分）

40. (1) 从根源上解决窜货问题：要想从根源上解决窜货问题，就必须选择好中间商、创造良好的销售环境、制定完善的销售政策。(4分)

(2) 有效预防窜货策略：制定合理的奖惩措施、建立监督管理体系、减少渠道拓展人员参与窜货、培养和提高中间商忠诚度、利用技术手段配合管理。(4分)

41. (1) 建设完善的销售风险管理体系(3分)。

(2) 建立客户资信调查和评估制度(3分)。

(3) 加强中期赊销业务风险管理的同时加强后期应收账款的风险管理(2分)。

全真模拟演练（二）

（考试时间150分钟）

总分		题号	一	二	三	四	五	六
核分人		得分	20	20	9	25	10	16
复查人		得分						

一、单项选择题（本大题共20小题，每小题1分，共20分。在每小题列出的四个备选项中只有一个是符合题目要求的，请将其代码填写在题后的括号内。错选、多选或未选均无分。）

1.（　　）是依据系统的程序，采用背对背的通信方式征询专家小组成员的预测意见。

A. 专家会议法　　B. 集合意见法

C. 购买者意向调查法　　D. 德尔菲法

2. 销售预算必须以（　　）为基础。

A. 销售计划　　B. 销售预测

C. 销售配额　　D. 销售活动

3. 销售组织的管理幅度一般应尽量少，以（　　）人为宜。

A. 3～5　　B. 6～8　　C. 9～11　　D. 12～14

4. 设计销售区域应实现的目标中，（　　）指出，各个销售区域应具有可赢利、可进入、可占领的特点。

A. 公平性　　B. 可行性　　C. 可进入性　　D. 具体性

5. 从离企业最远的客户开始访问，在回企业的途中对沿途客户进行访问的拜访路线是（　　）。

A. 直线式　　B. 循环式　　C. 跳跃式　　D. 8字形

6. 东芝的笔记本采用（　　）分销渠道

A. 密集型　　B. 选择性　　C. 独家　　D. 集中

7. 职位说明书的内容不包括（　　）。

A. 销售市场　　B. 上行方式

C. 分配方式　　D. 演绎方式

8. 下列激励方式中，（　　）是最基本的激励手段，通常也是最有效的手段。

A. 物质激励　　B. 目标激励

C. 培训激励　　D. 工作激励

9. 销售人员表现出缺乏干劲、缺乏持久力、缺乏时间管理等行为，属于(　　)。

A. 老化型　　B. 问题型　　C. 优秀型　　D. 服务型

10. “八二原理”是哪种评估方法的一个重要管理原理(　　)。

A. 图尺度评价法　　B. 关键绩效指标

C. 360°绩效反馈　　D. 平衡计分卡

11. 如果销售主管做事大大咧咧、只关注自己，这与(　　)的素质要求相违背。

A. 高度事业心和工作责任感　　B. 进取精神

C. 良好的社会知觉　　D. 宽广的胸怀

12. 企业在引进新产品时，会采用样品赠送、低价出售的方法考察新产品的受欢迎程度，这是运用了哪种降低风险的策略(　　)?

A. 试探风险策略　　B. 降低投资风险策略

C. 减少资源投入策略　　D. 转移风险策略

13. “我有一个经过验证是有效的工作方法，能使顾客购买。”这句话可能出自(　　)型的销售人员。

A. 事不关己型　　B. 客户关系型

C. 强力销售型　　D. 销售技术型

14. 关于 IDEPA 模式，下列说法正确的是(　　)。

A. D 为 definition，意为准确界定客户的购买需求

B. IDEPA 模式要求把销售的产品同客户的愿望联系起来

C. 在向客户展示产品时，应做到尽可能的细致全面，不管客户愿意与否

D. 在分析不同客户不同时期的购买特点时，对于老客户，要关注购买量和购买档次

15. 销售人员通过更新信息服务、定期维修服务、试用服务等接近客户，这属于(　　)。

A. 演示产品法　　B. 调查接近法

C. 服务接近法　　D. 馈赠接近法

16. 在一次销售中，客户说：“我对保险不感兴趣。”销售人员回答：“我和您一样对保险并不感兴趣，但这并不代表我们的家人对它也不感兴趣，真正需要它的不正是我们的家人吗?”这是运用了(　　)方法处理客户异议。

A. 询问法　　B. 定制处理法

C. 有效类比法　　D. 委婉处理法

17. 对于销售费用的控制，下列说法错误的是(　　)。

A. 公司通常从薪资结构控制、销售费用控制，应收账款控制等控制销售人员的薪资收入，从而达到销售费用的控制

B. 销售人员的薪资由固定工资构成

C. 销售业务费用包括销售人员差旅费、招待费、广告费及公关礼品管理控制

D. 销售人员的差旅费有住宿费、交通费、伙食补助等

18. (　　)是现代企业管理的核心内容之一，建立信用管理体系、增强风险防御能力，是当前企业在市场经济中获胜的重要法宝。

A. 信用管理　　B. 信息管理

C. 财务管理　　D. 销售管理

19. 采取现金折扣、取消赊购资格、断绝来往和加收利息等措施，是哪种收账策略(　　)?

A. 合理使用奖惩措施　　B. 设计完善的收账程序

C. 优选收款人员　　D. 讲究收款技巧

20. 客户对(　　)问题的投诉，主要指产品数量、等级、规格、交货时间、交货地点、结算方式、交易条件等方面与原合同不同。

A. 产品质量　　B. 购销合同

C. 货物运输　　D. 服务

二、多项选择题（本大题共10小题，每小题2分，共20分。在每小题列出的五个备选项中至少有两个是符合题目要求的，请将其代码填写在题后的括号内。错选、多选或未选均无分。）

21. 在经济环境中，对销售的影响集中体现为(　　)，在制订销售计划时必须考虑这些因素。

A. 社会购买力　　B. 通货膨胀率

C. 经济周期　　D. 国内生产总值

E. 国民生产总值

22. 管理失控的现象包括(　　)。

A. 财务失控　　B. 信息失真

C. 人员失信　　D. 关系失控

E. 效率低下

23. 在制定区域市场开拓决策时，必须重点考察(　　)。

A. 分析现状　　B. 制作销售地图

C. 市场细分　　D. 对付竞争者

E. 制定目标

24. 评估选择渠道结构的方法有(　　)。

A. 财务评估法　　B. 交易成本评估法

C. 权重因素记分法　　D. 直接定性判定法

E. 销售渠道成本比较法

25. 决定每一个销售领域应配销售人员的数量可以使用的方法有(　　)。

A. 工作量法　　B. 销售目标分解法

C. 边际利润法　　D. 演绎法

E. 区域划分法

26. 根据不同的成熟度采用的激励方式包括(　　)。

A. 幼稚型　　B. 成长型　　C. 成熟型　　D. 成就型

E. 老化型

27. 平衡计分卡主要从(　　)维度进行评估。

A. 财务　　B. 顾客

C. 内部流程　　D. 学习与成长
E. 合作伙伴

28. 客户方格理论主要是从客户(　　)维度进行分析。
A. 对销售人员的关心程度　　B. 对自身付出的关心程度
C. 对购买需求的关心程度　　D. 对自身获得的关心程度
E. 对企业的关心程度

29. 按照销售谈判的形式划分，销售谈判的类型包括(　　)。
A. 一对多　　B. 多对一　　C. 单一型　　D. 综合型
E. 互利型

30. 企业赊销行为的发生一般必须具备如下条件(　　)。
A. 现款交易　　B. 所期望的未来付款
C. 对客户的信任　　D. 现汇交易
E. 利润最大化

三、名词解释题（本大题共 3 小题，每小题 3 分，共 9 分）

31. 外在薪酬
32. 销售模式
33. 企业信用管理

四、简答题（本大题共 5 小题，每小题 5 分，共 25 分）

34. 简述影响销售预测的因素。
35. 简述薪酬管理的原则。
36. 简述解决团队冲突的技术。
37. 简述销售谈判的原则。
38. 如何处理客户投诉？

五、案例分析题（本题 10 分）

39. B 公司是一家经营酒品的商贸公司，公司经营的白酒产品主要销往宾馆、酒吧等场所。这类营销网络具有几个令供应商头痛的问题，诸如产品要进店费、开瓶费，并且有产品加价率高、货款回收周期长等特点，导致呆死账现象时有发生。于是，公司主管销售的李副总便和人力部、财务部共同制定了一套销售人员绩效考核体系，但这套体系就只有几个关键性财务指标：销售额、回款额、呆死账额度等。并且，采取月度考核的办法，完成不了任务直接从工资中扣罚，并且呆死账要销售人员个人负责。如果连续三个月没有完成目标或呆死账超过设定目标，销售人员就得“走人”。执行后，确实使销售人员十分谨慎，害怕自己“赔了”。结果，更加意想不到的事情发生了，销售网点开发力度大大降低。更为糟糕的是，有一位销售人员所负责的酒店在一夜之间倒闭了，尚欠公司 2 万元贷款，这位销售员无力承担，只好“潜逃”了，还带走了公司的一些尚未结算的财务票据。B 企业害怕损失，结果蒙受了更大的损失。

(1) 请分析B企业的绩效考核存在的问题。

(2) 结合所学的知识，分析如何控制案例中出现的销售风险。

六、论述题（本大题共2小题，每小题8分，共16分）

40. 请论述产品型销售组织的优缺点。

41. 分析销售渠道管理中存在的问题及解决策略。

全真模拟演练（二）参考答案及解析

一、单项选择题（本大题共20小题，每小题1分，共20分）

1. D	2. B	3. B	4. B	5. C
6. C	7. D	8. A	9. B	10. B
11. A	12. A	13. D	14. B	15. C
16. A	17. B	18. A	19. A	20. B

二、多项选择题（本大题共10小题，每小题2分，共20分）

21. AC	22. ABCD	23. ABCDE	24. ABCDE	25. ABC
26. ABC	27. ABCD	28. AC	29. AB	30. BC

三、名词解释题（本大题共3小题，每小题3分，共9分）

31. 外在薪酬主要是指为销售人员提供的可量化的货币性价值，如基本工资、佣金、奖金等短期激励薪酬，退休金，医疗保险等，以及其他各种货币形式的开支。(3分)

32. 销售模式就是根据销售活动的特点及对客户购买活动各阶段的心理演变采取的策略，所总结出的一套程序化的标准销售模式。(3分)

33. 企业信用管理是指企业在力图扩大销售的同时，为控制销售风险而制定的政策、措施、业务方案和规章制度及其相关的运行活动，是企业信息管理、财务管理和销售管理相互交叉的一项管理工作。(3分)

四、简答题（本大题共5小题，每小题5分，共25分）

34. 影响销售预测的因素非常多，可以分为外部因素和内部因素两大类。①外部因素是指对企业未来销售产生影响，而企业又无法控制的因素，包括市场需求动向、经济发展变动情况、同行业竞争动向，以及政府和消费者团体的动向等因素。(2分) ②内部因素是指那些对企业未来销售产生影响，而企业自身又可以控制的因素，包括企业营销策略、销售政策、销售人员、生产状况等。(3分)

35. 薪酬管理包括以下原则。

(1) 公平性原则。公平性原则要求薪酬分配全面考虑员工的绩效、能力、劳动力强度、责任等因素，考虑外部竞争性、内部一致性要求，达到薪酬的内部公平、外部公平和个人公平。(1分)

(2) 激励性原则。在企业内部，不同职务、不同级别、不同销售业绩的销售人员之间的薪酬水平应该有一定的差距，从而不断激励员工提高工作绩效。(1分)

(3) 竞争性原则。企业的薪酬标准要有吸引力，才足以战胜竞争对手，招到企业所需的销售人员。(1分)

(4) 经济型原则。经济型原则要求要用最少的钱实现最大的效益。(1分)

（5）合法性原则。合法性原则要求薪酬制度不违反国家法律法规。（1分）

36. 解决团队冲突的技术主要有七种。

（1）解决问题，具体做法有面对面会议法和角色互换法。（0.5分）

（2）转移目标，包括转移到外部和目标升级。（0.5分）

（3）回避或抑制冲突，适用于小事，主要用于意识到自己无法得益时、代价大于报酬时、其他人能更有效地解决冲突时。（0.5分）

（4）妥协，有助于改善冲突双方的关系和保持和谐。（0.5分）

（5）上级命令，团队的上级管理层运用正式权威来解决冲突。（1分）

（6）提高人际交往能力，通过对冲突较多的部门之间的人员互换，缓解冲突。（1分）

（7）改变组织结构因素，通过重新设置岗位、工作再设计、调动团队小组成员等方式减缓冲突。（1分）

37. 通常在销售谈判中要注意以下原则：①平等互利原则（1分）；②守法和真实性原则（2分）；③有针对性地鼓动原则（1分）；④坚持辩证法原则（1分）。

38. 企业处理客户投诉的方法有很多，面对不同情形应采取不同的应对策略。常用的处理客户投诉的策略如下：①鼓励客户投诉；②获取和判断事实真相；③提供解决办法；④公平解决索赔；⑤建议销售；⑥建立商誉；⑦设立免费投诉电话。（5分）

五、案例分析题（本题10分）

39.（1）B企业的绩效考核存在如下问题。（5分）

①只注重定量指标而忽视定性指标。业绩评价的合理性要求企业选取的指标能够代表公司期望被考核者达到的目标，同时能够客观地反映被考核者各个方面的工作业绩。而该企业的指标只反映了公司对被考核者的期望，而忽视了被考核者其他方面的能力或素质，如满意度、工作能力、工作态度等。

②指标不具有合理性。业绩评价的合理性要求指标所衡量和评价的内容是被考核者能够控制或基本能够控制的，即被考核者能够通过自身的努力提高或改善业绩水平。呆死账是销售人员不能控制的因素，不可将其列入考核指标内。③绩效考核违背了销售业绩评估的原则。开展绩效考核的前提是目标和责任明确，虽然B企业的考核具有透明性，但是责任不明确，可行性低。销售人员代表企业对外进行销售，呆死账是企业之间的债务关系，而不应该是销售人员与合作企业的债务关系。

（2）销售风险的产生一方面来自企业自身，如企业销售部门对销售信用认识有偏差、企业对销售风险管理重视不足，致使管理方法和手段十分落后；另一方面来自客户的销售风险，客户有意占用企业资金以确保自身的资金周转而延迟交货或付款等。所以，企业的销售风险控制有如下的策略：（5分）①建立完善的销售风险管理体系，如成立独立的风险管理机构、建立企业风险管理和评估体系、风险管理机构应明确和控制可能诱发风险的环节，做到事前预防。②建立客户资信调查和评估制度。企业可以通过销售人员或暗访调查客户的信用情况，对客户进行信用评级。将信用等级低的客户剔除，从根源上消除销售风险的产生。加强中期赊销业务风险管理的同时加强后期应收账款的风险管理。企业在销售过程中产生的信用风险，主要来自对客户的赊销额度和期限的控制环节，所以要进行内部授信制度的管理，如运用合理的信用政策，建立严格的销售信用的审批制度和授信额度。而在后期应收账款的风险管理中，要完善销售人员的业绩考核制度，建立对应收账款的风险分类管理制度并建立风险分析报告制度，及时追收拖欠账款。

六、论述题（本大题共 2 小题，每小题 8 分，共 16 分）

40. 优点主要包括五个方面：①各个产品项目有专人负责，使每个产品都不会受到忽视。（0.5 分）②产品销售经理能有效地协调各种销售职能，并对市场变化做出积极反应。（0.5 分）③按产品进行专业化分工，有助于销售人员熟悉产品的特点，总结和积累各种产品有效推销经验和方法。（1 分）④当产品技术复杂、产品之间联系少或数量众多时，按产品专门化构建销售组织比较合适。（1 分）⑤容易实现销售目标，有利于以利润最大化为目标进行商品管理，易于实现产销协调。（1 分）

缺点主要包括四个方面：①缺乏整体观念，在该组织模式中，各个产品销售经理相互独立，他们可能为保持各自产品利益而产生矛盾。（1 分）②导致部门冲突：一方面产品销售经理对其他营销职能部门依赖性强，另一方面却未必有足够的权威能协调与广告部门、销售部门、生产部门和其他部门的关系并得到支持和配合。（1 分）③整体成本费用比较高，比较难管理。（1 分）④当企业的产品种类繁多时，不同的销售人员会面对同一顾客群，不仅增加了销售成本，也会使顾客反感。（1 分）

41. 问题及解决策略如下。（1）渠道不统一引发生产商与中间商之间的矛盾：企业应该解决由市场狭小造成的企业和中间商之间的冲突，统一企业的渠道政策，规范服务标准。厂、商关系需要管理，如防止窜货应该加强巡查，防止倒货应该加强培训，建立奖惩措施，通过人性化管理和制度化管理的有效结合，培育最适合企业发展的厂商关系。（1 分）

（2）渠道冗长造成管理难度加大：生产商应该缩短产品到达顾客的时间，减少环节降低产品的损耗，有效掌握终端市场供求关系，减少企业利润被分流的可能性。（1 分）

（3）渠道覆盖面过广：生产商必须有足够的资源和能力去关心每个区域的运作，尽量提高渠道管理水平，积极应对竞争对手对薄弱环节的重点进攻。（1 分）

（4）企业对中间商的选择缺乏标准：选择渠道成员应该有一定的标准，如经营规模、管理水平、经营理念、对新生事物的接受程度、合作精神、对顾客的服务水平、其下游客户的数量及发展潜力等。（1 分）

（5）企业不能很好地控制和管理终端：利用渠道里的资源优势，管理中间商，是决胜终端的关键。（1 分）

（6）忽略渠道的后续管理：要根据市场的发展状况不断加以调整，否则就会出现大问题。（1 分）

（7）盲目自建网络：生产商自建渠道必须具备的一定的条件，高度的品牌号召力、影响力和相当的企业实力等。（1 分）

（8）新产品上市的渠道选择混乱：企业在新品上市的过程中，应该认真评价和选择中间商，一是对现有的中间商，大力强化网络拓展能力和市场操作能力，新产品交其代理后，生产商对其全力扶持并培训；二是对没有改造价值的中间商，坚决予以更换；三是对于实力较强的中间商，可委托其代理新产品。（1 分）

全真模拟演练（三）

（考试时间 150 分钟）

总分		题号	一	二	三	四	五	六
核分人		得分	20	20	9	25	10	16
复查人		得分						

一、单项选择题（本大题共 20 小题，每小题 1 分，共 20 分。在每小题列出的四个备选项中只有一个是符合题目要求的，请将其代码填写在题后的括号内。错选、多选或未选均无分。）

1.（　　）是指由企业最高层管理人员根据企业营销战略和销售预测确定销售目标值，然后再往下一层分配目标值。

A. 下行方式　　B. 上行方式

C. 分配方式　　D. 演绎方式

2. 企业总费用减去其他部门的费用，余下的全部作为销售预算的方法是（　　）。

A. 销售额百分法　　B. 最大费用法

C. 边际效益法　　D. 投入产出法

3.（　　）原则指出，各个部门和个人要有明确的工作任务和责任，还要有相应的权力。

A. 统一指挥　　B. 精简和高效

C. 权责对等　　D. 稳定而有弹性

4. 用假设所有的销售人员都承担同样的负荷工作量来确定销售人员的工作负荷的方法是（　　）。

A. ABC 分析法　　B. 分解法

C. 假设法　　D. 定量分析法

5. 有的公司针对大客户建立大客户部直接销售，针对中小企业采用分销渠道，针对偏远地区的消费者则采用邮购的方式进行销售，这体现了渠道结构中的（　　）。

A. 长度结构　　B. 深度结构

C. 宽度结构　　D. 广度结构

6. 渠道结构评估选择方法中，最粗糙但最常用的方法是（　　）。

A. 财务评估法　　B. 交易成本评估法

C. 直接定性判定法　　D. 权重因素记分法

7. 内部招聘有许多优势，其中不包括(　　)。
   A. 风险低　　B. 激励员工
   C. 补充新血液　　D. 成本低
8. 当主管说“回去好好想想”，“会不会有什么问题”时，采用的是哪种批评方式(　　)?
   A. 暗示　　B. 忠告　　C. 申诫　　D. 制裁
9. 当公司出现财务问题，销售成本需要与销售额直接挂钩时，应选用哪种薪酬类型(　　)。
   A. 固定薪水制　　B. 直接佣金制
   C. 组合薪酬制　　D. 特别奖励制度
10. 销售主管因为不喜欢销售人员的着装方式而造成过低的评估，这种误差属于(　　)。
   A. 偏见误差　　B. 近因误差
   C. 晕轮效应误差　　D. 自我比较误差
11. 销售主管在决策时要考虑产品的数量、质量、品种、价格，这属于(　　)风险意识。
   A. 环境风险　　B. 生产风险
   C. 市场风险　　D. 财务风险
12. 团队成员相互之间冷漠，甚至讨厌对方，这属于(　　)团队冲突
   A. 团队之间冲突　　B. 关系冲突
   C. 角色冲突　　D. 任务冲突
13. 处于(　　)销售心态的销售人员成功的概率较高。
   A. 事不关己型　　B. 客户关系型
   C. 强力销售型　　D. 解决问题型
14. 在销售过程中，(　　)永远是第一位的，如果自身都没有被客户接受，交易就无从谈起，因此仪容仪表的塑造就显得尤为重要。
   A. 购买策略　　B. 销售人员的形象
   C. 心理活动　　D. 产品准备
15. 在某次销售信用卡时，客户抱怨诸如还款期、取现利率等问题，待其倾诉完后再全面反击，拿出最新的优势产品，打动客户，完成销售，这是用了(　　)销售谈判策略。
   A. 刚柔并济策略　　B. 步步为营策略
   C. 以进为退策略　　D. 讨价还价策略
16. 在促成交易的技巧中，以客户对购买决定的思想活动为基础来列举买与不买的理由来预期客户购买产品时的决定，这是运用了(　　)技巧。
   A. 假定型成交　　B. 利益总结型成交
   C. 供应压力型成交　　D. T 型账户成交
17. (　　)是指在销售信用过程中，由对合同中的某些条款，如货物质量、数量等方面

的分歧产生纠纷，导致货款迟付或拒付。

A. 非道德性信用风险　　B. 道德性信用风险

C. 交货风险　　D. 付款风险

18. (　　)指标表现了企业的平均收账期，即把赊销收入转化为现金所需的时间，是企业衡量应收账款水平的重要指标。

A. 应收账款　　B. 销售变现天数

C. 利息成本　　D. 费用支出

19. “公司内部管理如何?”这种调查属于(　　)。

A. 对客户经营状况的调查　　B. 对客户财务状况的调查

C. 对客户支付情况的调查　　D. 对客户经营能力的调查

20. 处理客户投诉的(　　)原则要求，对于客户的投诉，各部门应通力合作，迅速做出反应，力争在最短时间内全面解决问题。

A. 有章可循　　B. 及时处理

C. 分清责任　　D. 留档分析

二、多项选择题（本大题共 10 小题，每小题 2 分，共 20 分。在每小题列出的五个备选项中至少有两个是符合题目要求的，请将其代码填写在题后的括号内。错选、多选或未选均无分。）

21. 销售计划编制的原则包括(　　)。

A. 具体化原则　　B. 顺序优先原则

C. 一致性原则　　D. 弹性原则

E. 精简原则

22. 销售组织常见的问题有(　　)。

A. 效率低下　　B. 管理失控

C. 沟通不畅　　D. 追求长期利益

E. 责权不明

23. 窜货按照动机可以分为(　　)。

A. 恶行窜货　　B. 自然性窜货

C. 良性窜货　　D. 社会性窜货

E. 危害性窜货

24. 企业可以对其分销渠道实行的控制方式有(　　)。

A. 深度控制　　B. 高度控制

C. 低度控制　　D. 广度控制

E. 宽度控制

25. 下列选项中属于招聘渠道的有(　　)。

A. 内部招聘　　B. 校园招聘

C. 媒体广告　　D. 外部推荐

E. 猎头招聘

26. 关于关键绩效指标的叙述，正确的是(　　)。

A. 指标是解决“评价什么”的问题
B. 在设定评价标准时，标准是解决“被评价者怎么做，做什么”的问题
C. 关键绩效指标强调，任何一个考评计划都必须是由管理层制定的
D. 关键绩效指标采取取证的方式，从具体的工作结果中收集员工达到业绩标准的证据
E. 关键绩效指标的指标不易于测量

27. 市场风险主要来源于(　　)。
A. 竞争能力　　B. 竞争者的产品质量
C. 消费者拥有该产品的饱和度　　D. 相类产品出现的时间和数量
E. 替代产品的数量

28. 关于客户方格的典型心态分析中，下列说法正确的是(　　)。
A. 漠不关心型的客户对销售人员和购买要求都不关心，所以应该花时间去争取
B. 感情用事型客户出于同情和友好才购买产品，销售时应注重情感的投资
C. 防卫型客户对销售人员极为关心，对购买需求不关心
D. 寻求答案型客户十分理智，根据自己的需求决定购买行为，并积极配合销售人员
E. 公正干练型客户能根据自己的知识和他人的经验决定购买

29. 企业业绩评价指标中，内部管理指标具有(　　)的特点。
A. 基础性　　B. 客观性　　C. 导向性　　D. 综合性
E. 主观性

30. 企业管理部门通过五个要素对销售业绩进行评估，则下列说法正确的是(　　)。
A. 销售队伍创造的销售业绩可以用销售额、利润额和市场占有率来表示
B. 销售人员的销售投入包括工资与津贴，而销售支持投入则包括销售会议、培训等支出项目
C. 开展销售活动所需的资金投入虽能为企业带来利润，却不是必不可少的投入
D. 销售人员与企业文化对销售部门能否开展有效的销售活动具有直接的影响
E. 客户尤其是新客户对企业发展、形成良好口碑有重要影响

三、名词解释题（本大题共3小题，每小题3分，共9分）

31. 销售渠道管理
32. 关键绩效指标法
33. 销售谈判

四、简答题（本大题共5小题，每小题5分，共25分）

34. 简述销售渠道管理中存在的问题。
35. 简述销售人员培训的主要内容。
36. 简述选择评估方法应考虑的因素。
37. 简述IDEPA模式的五个阶段。
38. 应收账款的成本有哪些？

五、案例分析题（本题 10 分）

39. A 从销售主管升任销售经理 3 个月后的一天，上司让他去办公室谈谈。A 琢磨着上司叫自己会有什么事。不会是同事关系的事。因为自从上任以来，为了体现自己没有架子，A 对每个下属都很亲切，没有什么过节。即使下属犯了错误，A 最多说句“下回改正”，也不会是业绩的事，虽然自己上任以来，业绩没有大幅度增长，但也没有比上任差，而且也完成了公司交给的任务。A 一边琢磨一边推开了上司办公室的门。

上司开门见山地说：“你知道吗？你的下属对你意见挺大的。” A 听了吓了一跳，脑袋快速转了几转也想不出下属会对自己有什么意见。“我对他们很好啊。” A 说：“就是因为这个。” 上司没有给 A 说下去的机会。“你的下属是这样投诉你的，说你是个老好人，对他们要求不够严格，跟着你这样的上司他们觉得成长慢。记住你现在是管理者了，对下属的成长是负有责任的。”

（1）请说出作为销售主管应具备的能力。

（2）结合所学的知识，分析 A 管理团队的方式。

（3）对于 A 现在遇到的问题，请给出你的解决方案。

六、论述题（本大题共 2 小题，每小题 8 分，共 16 分）

40. 试述影响销售计划制订的因素。

41. 根据服务的时序对客户服务进行分类，并论述每个类别的主要内容。

全真模拟演练（三）参考答案及解析

一、单项选择题（本大题共 20 小题，每小题 1 分，共 20 分）

1. C	2. B	3. C	4. A	5. D
6. C	7. C	8. B	9. B	10. B
11. C	12. B	13. D	14. B	15. C
16. D	17. A	18. B	19. A	20. B

二、多项选择题（本大题共 10 小题，每小题 2 分，共 20 分）

21. ABD	22. ABC	23. ABC	24. BC	25. ABCDE
26. ABD	27. ABCD	28. BDE	29. ACD	30. ABD

三、名词解释题（本大题共 3 小题，每小题 3 分，共 9 分）

31. 销售渠道管理是指生产商为实现企业销售的目标而对现有渠道进行管理，以确保渠道成员间、企业和渠道成员间相互协调和通力合作的一切活动，其意义在于共同谋求最大化的长远利益。(3 分)

32. 关键绩效指标是通过对工作绩效特征的分析，提炼出最能代表绩效的若干关键指标体系，并以此为基础进行绩效评估的模式。(3 分)

33. 销售谈判是销售人员通过向客户传递信息并经过沟通，运用各种销售方式、方法、手段及策略来说服客户购买产品的过程。(3 分)

四、简答题（本大题共 5 小题，每小题 5 分，共 25 分）

34. 主要问题有如下八个。

(1) 渠道不统一引发生产商与中间商之间的矛盾。(1 分)

(2) 渠道冗长造成管理难度加大。(1 分)

(3) 渠道覆盖面过广。(0.5 分)

(4) 企业对中间商的选择缺乏标准。(0.5 分)

(5) 企业不能很好地控制和管理终端。(0.5 分)

(6) 忽略渠道的后续管理。(0.5 分)

(7) 盲目自建网站。(0.5 分)

(8) 新产品上市的渠道选择混乱。(0.5 分)

35. 销售人员培训的主要内容有五项。①销售技巧 (1 分)；②产品知识 (1 分)；③竞争和行业知识 (1 分)。④企业知识 (1 分)；⑤顾客知识 (1 分)。

36. 包括以下因素。

(1) 评估的成本。对企业的评估活动进行投入与产出分析，使得投入尽量少，产出尽量多。(1 分)

（2）评估的信度和效度。信度是指评估结果的可信程度，效度是指评估本身所能达到的期望目标的程度。（1分）

（3）评估的精度。精度是评估结果反映与员工实际情况的详细程度。企业要根据评估的目的选择适当精度的评估方法。（1分）

（4）操作难度。是否便于操作是选择评估方法的重要因素。（1分）

（5）评估方法的适应性。指某一评估方法能适用于哪些目的、哪些人员。（1分）

37. 五个阶段如下。

（1）把销售的产品同客户的愿望联系起来。销售人员应围绕客户的需求点进行产品介绍及相关销售行为。（1分）

（2）向顾客示范合适的产品。该阶段要求销售人员按照客户的需求认真示范产品相关的功能，以吸引客户的注意力，并使其直接对产品产生兴趣。（1分）

（3）淘汰不宜推销的产品。在完成前面的阶段后，销售人员应及时筛选掉那些与客户需求不吻合的产品，使客户尽量买到合适的产品。（1分）

（4）证实客户的选择是正确的。销售人员可以利用相当的案例向客户证明其选择的产品是合适的，也是能满足他需要的。（1分）

（5）促使客户接受产品。销售人员既要针对客户的具体特点和需要进行促销工作，又要提供优惠的条件来促使客户购买产品。（1分）

38. 应收账款成本主要包括以下三个方面。

（1）机会成本。机会成本是指资金投放于应收账款而丧失的其他收入。（2分）

（2）管理成本。管理成本是指管理和控制应收账款而耗费的开支。（2分）

（3）坏账成本。坏账是企业信用管理部门收不回来的客户欠款，或者说是逾期应收账款中收不回来的部分，也称呆账。（1分）

五、案例分析题（本题10分）

39.（1）销售主管应具备以下几种能力：①分析、综合、宏观调控能力；②决策能力；③知识能力；④创新能力；⑤组织能力；⑥应变能力；⑦激励与协调团队关系的能力；⑧表达能力。（3分）

（2）A作为销售经理，具备了销售经理应有的基本能力和素质要求，即客观开朗、平易近人，拥有宽广的胸怀，能包容下属所犯的过错。但是，A的管理方式却不利于下属的成长。A具备了良好的态度却忽视了最本质的“辅导”作用，下属的成长越来越被重视。

（3）首先，A应该进行角色的转换，调整心理。（3分）其次，确定清晰的目标，将目标落实到每一个销售人员上，并制订相关的培训课程对销售人员进行培训；或者使用经验丰富的销售人员带资历浅的销售人员的方法提升销售团队的整体业务水平和素质。并为每个销售人员制订成长计划，让他们实现自我的价值。最后，根据销售人员的成长不断修正其成长计划，加强团队凝聚力的建设。（4分）

六、论述题（本大题共 2 小题，每小题 8 分，共 16 分）

40. 影响销售计划制订的环境因素包括外部环境因素和内部环境因素。

（1）外部环境因素，指存在于企业外部、影响企业销售活动及其发展的各种客观因素与力量，包括经济环境、社会文化和道德环境、政治法律环境、自然环境和技术环境等。（4 分）

（2）内部环境因素，指由企业销售活动所引起的与企业销售紧密相关、直接影响其销售业绩的各种企业内部因素，包括企业市场份额、销售渠道、销售手段、销售能力和企业其他部门等。（4 分）

41. 按服务时序分类，客户服务可以分为售前服务、售中服务以及售后服务。

（1）售前服务的主要内容如下。（3 分）①广告宣传。企业可以通过电视、报纸、广播、杂志、网络等大众传媒在短期内迅速将有关产品功能、用途、特点等方面的信息告知大众。②为顾客提供各种便利，如为顾客提供技术培训、免费咨询指导。③做好社会性的公关活动。这样有助于树立良好的企业形象。方式有赞助文化、体育运动事业，捐款捐物支援灾区人民。④销售环境布置。企业店铺的整体环境会给顾客购物以强烈的影响，会引起顾客不同的情绪感受，并由此激发他们的购买欲望。⑤开办各种培训，为顾客提供技术咨询和指导。⑥提供咨询服务。

（2）售中服务的主要内容如下。（3 分）①向顾客传授产品知识。向客户介绍有关产品的性能、质量、用途、品种、规格等方面的知识。②帮助客户挑选，当好参谋。客户购买产品时，除了受自身因素影响外，还受外部刺激影响，所以销售人员要帮助客户排除干扰，树立购买信心。③尽最大努力满足客户的需求。④操作表演要吸引顾客参与。操作表演，要能真实地体现产品的质量、性能和特点，引起客户的购买兴趣。

（3）售后服务的主要内容有送货上门、安装服务、包装服务、维修和检修服务、开通客户免费服务热线电话、做好电话回访和人员回访、建立客户档案、妥善处理客户的投诉。（2 分）

全真模拟演练（四）

（考试时间 150 分钟）

总分		题号	一	二	三	四	五	六
核分人		得分	20	20	9	25	10	16
复查人		得分						

一、单项选择题（本大题共 20 小题，每小题 1 分，共 20 分。在每小题列出的四个备选项中只有一个是符合题目要求的，请将其代码填写在题后的括号内。错选、多选或未选均无分。）

1. 在销售人员管理的决策中，企业要解决的首要问题是(　　)。

A. 设计销售队伍策略和结构　　B. 招募和选拔销售人员

C. 培训销售人员　　D. 奖励销售人员

2. 把各位销售人员的销售业绩进行比较和排队的方法，叫做(　　)。

A. 纵向分析法　　B. 横向比较法

C. 360°绩效反馈　　D. 目标管理法

3. 适合大公司采用的销售组织结构是(　　)。

A. 地域型销售组织　　B. 产品型销售组织

C. 职能销售型组织　　D. 顾客型销售组织

4. 下列哪个不属于销售预算的作用(　　)。

A. 计划作用　　B. 协调作用

C. 控制作用　　D. 领导作用

5. 销售区域设计的原则不包括(　　)。

A. 公平性　　B. 可控性　　C. 挑战性　　D. 可行性

6. 哪种销售组织适合临时的销售(　　)？

A. 大客户销售组织　　B. 团队销售组织

C. 独立销售组织　　D. 电话销售组织

7. (　　)是指产品能带给顾客的基本效用或利益。

A. 核心产品　　B. 整体产品

C. 形式产品　　D. 延伸产品

8. 企业在市场开发初期，有意或无意地选中了流通性较强的经销商，使其产品流向非经营区域或空白市场的现象，属于(　　)。

A. 恶意窜货　　B. 自然性窜

C. 良性窜货　　D. 经销商窜货

9. 企业把精力集中于能给企业带来更大效益的特殊的销售区域的或某种类型的客户身上，这是(　　)。

A. 差异性策略　　B. 集中策略

C. 区分策略　　D. 个性化策略

10. 就企业营销活动的控制而言，所有向该企业购买的顾客占所有顾客的比重对应的市场份额分析指标是(　　)。

A. 顾客渗透率　　B. 顾客忠诚度

C. 顾客选择性　　D. 价格选择性

11. 以下误差那种是因为人员在绩效评估是因把某一方面看得过重而引起的误差(　　)。

A. 晕轮效应　　B. 近因误差

C. 暗示效应误差　　D. 偏见误差

12. 销售对企业的作用，下列不正确的说法是(　　)。

A. 销售是实现企业价值和获取利润的出路

B. 销售是企业与顾客沟通和联系的渠道

C. 销售是企业营销活动之一

D. 销售是增强企业市场竞争力的主要体现

13. 销售目标按照销售活动细分，主要包括销售额目标、销售活动目标、利润目标和(　　)。

A. 人员数估计　　B. 销售部门的确定

C. 潜在顾客数的估计　　D. 销售费用估计

14. 在客户组合策略中，企业把精力集中于能带来更大的总体收益的特殊区域或某种类型的客户身上的是(　　)。

A. 集中策略　　B. 区分策略

C. 个性化策略　　D. 对等策略

15. 与市场沟通最顺畅的是(　　)模式。

A. 区域型　　B. 产品型　　C. 大客户　　D. 顾客型

16. “MAN法则”中的“M”指的是(　　)。

A. 购买决定权　　B. 购买力

C. 需求　　D. 风险

17. 当客户对你说“我不需要”或“我已经有了”之类的话时，表明客户在(　　)方面产生了异议。

A. 需要　　B. 需求　　C. 交换　　D. 价格

18. 某百货公司投资设立了“新新音响沙龙”，并组织爱好音响的消费者参加。该沙龙不仅给参加者价格优惠，还提供社交服务。此公司所采用的关系营销策略是(　　)。

A. 经济利益型关系策略
B. 经济利益加社交型关系策略
C. 经济利益加结构型关系策略
D. 经济利益加社交加结构型关系策略

19. 在以下的销售评估方法中哪种可以把绩效评定为杰出、优秀、良好、合格、和不合格(　　)。
A. 排序法　　B. 等级评定法
C. 关键时间法　　D. 工作成果评价法

20. 职能销售型组织的优点(　　)。
A. 协调量小　　B. 灵活
C. 费用低　　D. 分工明确

二、多项选择题（本大题共 10 小题，每小题 2 分，共 20 分。在每小题列出的五个备选项中至少有两个是符合题目要求的，请将其代码填写在题后的括号内。错选、多选或未选均无分。）

21. 好的销售配额体系应该遵循的原则有(　　)。
A. 公平性　　B. 可行性　　C. 灵活性　　D. 平均性
E. 便捷性

22. 客户管理包括(　　)。
A. 基本资料管理　　B. 交易状况管理
C. 社会关系管理　　D. 客户风险管理
E. 客户关系管理

23. 以下选项中哪些是潜在顾客应具备的特征。(　　)。
A. 对公司的产品和服务存在需求
B. 对公司的产品和服务具备购买能力
C. 对公司的产品和服务能够提出建议
D. 必须有购买产品的权力
E. 对公司的产品和服务提出价格要求

24. 接近顾客的常用方法包括(　　)。
A. 产品演示法　　B. 探测法
C. 询问法　　D. 顾客利益法
E. 追踪法

25. 销售人员绩效评估中的定量评估，内容包括(　　)。
A. 产出指标　　B. 投入指标
C. 技术指标　　D. 比率指标
E. 费用指标

26. 以下选项中哪些属于销售展示的基本步骤(　　)。
A. 预测顾客的关注点　　B. 介绍销售计划
C. 详细介绍产品　　D. 详细阐述建议

E. 价格交涉

27. 销售配额的类型有哪些？（　　）。

A. 销售量配额　　B. 财务配额

C. 销售活动配额　　D. 按需配额

E. 综合配额

28. 以下属于销售人员与顾客交往过程中出现的道德问题的是（　　）。

A. 价格歧视　　B. 捆绑销售

C. 误导性展示　　D. 欺诈顾客

E. 互惠交易

29. 对于 SMART 原则理解正确的是（　　）。

A. S 代表具体　　B. M 代表可靠

C. A 代表可达到的　　D. T 代表真实

E. R 代表回归

30. 销售预测中定量预测法包括（　　）。

A. 销售人员意见法　　B. 市场试销法

C. 时间序列分析法　　D. 回归和相关分析法、

E. 模拟分析法

三、名词解释题（本大题共 3 小题，每小题 3 分，共 9 分）

31. “造势”进入策略

32. 团队冲突

33. 销售计划

四、简答题（本大题共 5 小题，每小题 5 分，共 25 分）

34. 销售人员绩效评估的内容。

35. 简述内部招聘销售人员的优缺点。

36. 销售人员绩效评估中出现误差如何克服？

37. 简述销售人员培训的流程。

38. 新产品开发中，一般降低风险的策略有哪些？

五、案例分析题（本题 10 分）

39. 南海物资总公司“泡沫箱”产品的发展战略

民营小企业以产品本土化优势来开发海外市场才能使企业最富有竞争力。1994 年，该厂到缅甸考察投资项目时发现，渔业资源是缅甸出口创汇的主要资源，可缅甸工业发展落后，为了海产品的保鲜和运输，缅甸每年需要从国外进口大批的聚乙烯泡沫箱。该厂对市场进行调查后发现，由于聚乙烯泡沫箱体积大，所以尽管其分量轻但运输成本却很大。一个聚乙烯泡沫箱在中国售价是 13～14 元人民币，而在缅甸仰光的价格却高达约 80 元人民币。其实，看上生产聚乙烯泡沫箱这个会发财机会的商家当时不计其数，但他们最后都被办厂所遇到的困难吓退了。因为缅甸是一个还尚未开放的国家，缺少建立现代化工厂的条件。该厂善于利用缅甸电费便宜、水近乎免费、劳动成本低的投资环境，选准当地市场的紧俏商品项目投资，只用了107万元人民币和两个半月时间建厂。

俗话说，商场如战场，企业在海外寻找发展空间，面临的竞争比国内更加残酷。该厂为了能确定自己的泡沫箱在缅甸市场独占鳌头，早在聚乙烯泡沫箱厂投产前便在缅甸的报纸和电视上大做产品广告，吓走了那些也想到缅甸办厂的外国商家；产品上市后，遇到新马泰商家企图运销聚乙烯泡沫箱到缅甸抢占市场，他们又不惜血本大幅度降价，将泡沫箱由1000缅币降到300缅币，终逼得国外商家望而却步，不敢参与缅甸聚乙烯泡沫箱市场的竞争。

产品本土化，使得投资成本降低，每个箱子的市场售价只有13元人民币，比新马泰国家进口的泡沫箱便宜60元，却不能保持较高利润。强劲的竞争优势使得该厂不仅挤走了新马泰泡沫箱推销商，而且还扩大了泡沫箱在缅甸的使用范围。原先该厂生产的泡沫箱只是供装运海产品用，但其售价低廉使得日本和韩国在缅甸的电器生产商也纷纷转向该厂订购，用于包装电器。最近，该厂继投资泡沫箱厂之后，又办起了纸箱厂。此外，他们根据缅甸渔业资源丰富的特点，用利润250万元人民币在缅甸办起了一个烤鱼片厂，并利用制作烤鱼片的边角废料又起了一个鱼粉厂。

问题：(1) 该公司采取的营销战略基本特色是什么？

(2) 你对该公司的发展还有什么建议？

六、论述题（本大题共2小题，每小题8分，共16分）

40. 论述确定销售人员工作负荷的方法。

41. 试述凝聚力高团队表现出的特征及影响凝聚力的内部因素。

全真模拟演练（四）参考答案及解析

一、单项选择题（本大题共 20 小题，每小题 1 分，共 20 分）

1. B	2. B	3. C	4. D	5. B
6. B	7. A	8. D	9. B	10. A
11. A	12. C	13. D	14. B	15. D
16. B	17. B	18. B	19. B	20. D

二、多项选择题（本大题共 10 小题，每小题 2 分，共 20 分）

21. ABC	22. ABDE	23. ABD	24. ACD	25. ABD
26. BCD	27. ABCE	28. ABCDE	29. ABC	30. BCDE

三、名词解释题（本大题共 3 小题，每小题 3 分，共 9 分）

31. "造势"进入策略是指企业在销售活动中凭借自己的智慧和力量，去积极主动地创造出一种有利于自己的态势、格局和趋向，从而进入目标销售区域市场的策略。(3 分)

32. 团队冲突指的是两个或两个以上的团队在目标、利益、认识等方面互不相容或互相排斥，从而产生心理或行为上的矛盾，导致抵触、争执或攻击事件。(3 分)

33. 销售计划是企业在销售预测的基础上，对未来一定时期内销售目标进行的规划及其实施任务的分配，并编订销售预算，支持销售配额的实现。(3 分)

四、简答题（本大题共 5 小题，每小题 5 分，共 25 分）

34. 销售人员绩效评估的内容如下。

(1) 定量评估：①产出指标：销售量、市场份额、毛利、订单数量和规模、客户数。(1 分) ②投入指标：销售访问次数、工作时间与时间分配、直接销售成本、非销售活动. (1 分) ③比率指标：费用比率、客户开发与服务比率、访问比率。(1 分)

(2) 定性评估：销售人员的工作技能等难以用定量的数据来评估的指标。(2 分)

35. 优点：①全面了解拟招聘人员；②应征者对工作熟悉；③内部人才流动；(3 分)

缺点：①易形成"帮派"、小团体；②近亲繁殖带来不良后果。(2 分)

36. (1) 对工作中的每一方面都进行评估，而不是笼统评估。(1 分)

(2) 评估人观察的重点应是被评估人的工作，而不是其他方面。(1 分)

(3) 评估表面上不要使用概念不清的措辞，以防不同的评估者对这些词有不同的理解。(1 分)

(4) 一个评估人不要一次评估太多的员工，以防评估先松后紧，有失公允。(1 分)

(5) 对评估人和被评估人进行必要的培训。(1 分)

37. (1) 确定培训需求，包括培训需求调查、培训需求分析。(1 分)

(2) 建立培训目标。(1 分)

(3) 选择培训评估，包括选择培训师，培训地点、时间及方法。(1分)

(4) 设计培训计划。(0.5分)

(5) 实施培训计划。(0.5分)

(6) 评估培训计划。(1分)

38. (1) 试探风险策略。(1分)

(2) 降低投资风险策略。(1分)

(3) 减少资源投入策略。(1分)

(4) 转移风险策略。(2分)

五、案例分析题（本题10分）

39. (1) 根据案例内容，该公司进占缅甸市场的战略有以下几个方面的特色。①产品本土化优势开拓市场；(1分) ②实行低价市场战略，击退竞争对手；(1分) ③采取市场开拓战略把产品销售到日本； (1分) ④采取多角化经营战略，生产鱼片、鱼粉等。(1分)

(2) 该企业继续发展要做好以下开拓工作。①扩大规模，兼并联合；②提高技术含量；③向周边及海外其他国家拓展市场；④以该产品为基础，多产化经营。

(共6分，按照答案酌情给分)

六、论述题（本大题共2小题，每小题8分，共16分）

40. (1) ABC分析法。

这种方法最基本的假设是所有的销售人员都承担同样的负荷工作量。使用这种方法，管理者必须统一估计目标市场所需要的工作量，包括客户的数目、每个客户应访问的次数和时间，计算出该目标市场的工作量，从而确定销售人员的数量。这种方法共分六个步骤：一是将客户进行分类，基于对每个客户销售水平，将客户分为ABC三类，企业15%的A类客户占有企业65%的销售量，20%的B类客户占有企业20%的销售量，65%的C类客户占有15%的销售量；二是决定每类型客户的访问频率和每次访问时间，二者相乘可以获得每个客户总计访问时间；三是计算总工作负荷，即先计算针对每类型客户的工作量，再求和，每类型客户数乘以每个客户总计访问时间即为每类型客户工作量；四是确定每个销售人员一定时期内的工作时间；五是确定销售人员的时间分配，主要指销售人员在销售时间、交通时间和非销售时间等方面的时间分配；六是计算所需要的销售人员数量，将一定时期内总工作量除以一定时期内一个销售人员用于销售工作的时间即可获得所需销售人员数量。

ABC分析法是决定销售队伍规模的常用方法，它容易理解，而且能清楚地了解销售人员针对不同类型客户的工作量。其缺点主要有三个：第一，没有考虑到客户对同样销售努力的不同反应；第二，没有考虑到竞争的影响；第三，这种方法基于所有销售人员都承担同样的负荷工作量的假设，即他们的时间效率是一样的，但在实际的销售实践中，不同的销售人员的工作负荷及时间效率是有差别的。(4分)

(2) 分解法。这种方法把每个销售人员都看作一个销售单位，每个销售单位有销售人员在一定时期内的销售额表示。销售队伍规模由企业总预测销售额和每个销售人员所能完成的销售额决定。其计算公式如下：

$$N=S/P$$

式中，N 为需要的销售人员数量；S 为预测的总销售额；P 为每个销售人员所能完成的销售额。这种方法将销售队伍的规模，简单地看做完成销售额的结果。这种方法没有考虑销售人员的能力水平不同、目标市场潜力不同、各销售区域竞争状况不同，也没有考虑销售人员的更换或在职时间的长短。(4 分)

41. (1) 凝聚力高的团队表现出以下特征。①团队成员的参与意识较强，人际关系和谐；②团队成员间会彼此关心、互相尊重；③团队成员有强烈的归属感，每个成员认识到自己在团队中的位置，认识到团队为自己提供工作，个人命运和团队是息息相关的，所以跳槽的现象相应较少；④团队内的沟通渠道比较畅通、信息交流频繁，大家觉得沟通是工作中的一部分，不会存在什么障碍；⑤团队成员有较强的事业心和责任感，愿意承担团队的任务；⑥团队为成员的成长与发展、自我价值的实现提供了便利的条件。(4 分)

(2) 从内部看，有这样一些因素影响着凝聚力。①团队目标。团队目标如果跟个人目标一致，并且有吸引力、有号召力，这时团队成员就愿意合作完成任务，凝聚力会增强；反过来如果个人目标和团队目标不关联，个人想法是自身发展，团队目标是获得销售量，这时合作就会少，少了一份激励，凝聚力也就降低。②团队的规模。规模越大越容易阻碍团队的沟通，意见存在分歧的可能性也会增大；大规模的团队人员之间的接触相应较少，关系也不融洽，办事效率低、不负责任；团队的规模越大，产生小团队的可能性就越大，这时可能就会出现小团体主义。通常团队的人数应该为 10～15 人较好。③团队主管的风格。团队主管是团队行为的一种导向和核心，采取什么样的领导方式直接影响到凝聚力的高低。在民主的领导方式之下团队成员愿意表达自己的意见和参与决策，这时积极性高、凝聚力比较强；在专制、独裁、武断的领导方式下，下属参与的机会比较少，员工的满意度相应较低，牢骚满腹，私下攻击性的言论也相应增多，凝聚力也会较低；在过于放任的领导方式下，团队成员就像一盘散沙，人心涣散，谈不上集体主义，也谈不上一个团队，这时更谈不上凝聚力。④奖励方式或激励机制。个人奖励和集体奖励有不同的作用：集体奖励会增强团队的凝聚力，会使成员意识到个人的利益和荣誉与所在团队不可分割；个人奖励可能会增强团队成员间的竞争力，但也可能导致个人只顾自己的利益，协作、凝聚可能会弱化。必须两者都兼顾，既要承认团队的贡献，也要承认个人成绩。⑤团队以往的表现。如果团队一贯有好的表现，那么就能按团队目标很好运行，这时团队成员就会觉得这是一个优秀的团队，在这样的团队中有荣誉感，所以就会激发团队成员做得更好。通常有优异表现的团队更容易吸引优秀的成员加入。(4 分)

全真模拟演练（五）

（考试时间 150 分钟）

总分		题号	一	二	三	四	五	六
核分人		得分	20	20	9	25	10	16
复查人		得分						

一、单项选择题（本大题共 20 小题，每小题 1 分，共 20 分。在每小题列出的四个备选项中只有一个是符合题目要求的，请将其代码填写在题后的括号内。错选、多选或未选均无分。）

1. 简单易行、集思广益，一般只需 1～2 次会议即可获得销售预测值的方法是(　　)。
   A. 集合意见法　　B. 专家会议法
   C. 德尔菲法　　D. 购买者意向调查法
2. 为糖果厂宣传或促销的工作属于(　　)类型。
   A. 销售量配额　　B. 毛利配额
   C. 活动配额　　D. 利润配额
3. 以下哪种销售组织结构适合规模小的企业(　　)?
   A. 区域型　　B. 产品型
   C. 顾客型　　D. 团队销售组织型
4. 未来销售发展的趋势是由个人销售发展为(　　)。
   A. 复合销售　　B. 大客户销售
   C. 团队销售　　D. 区域销售
5. 设计出来的各个销售区域既要使销售人员能正常发挥其工作潜力，又要有足够的销售潜力，是设计销售区域应实现的(　　)。
   A. 公平性　　B. 可行性　　C. 挑战性　　D. 具体性
6. 在巨大的潜在市场前，很多计算机生产厂商躲在 IBM 与联想等巨人的阴影下努力耕耘自己的细分市场的现象，这是采用(　　)进入市场策略。
   A. 造势　　B. 强势　　C. 弱势　　D. 顺势
7. 东芝的笔记本产品渠道、三星的笔记本产品渠道采用的是(　　)。
   A. 密集型分销渠道　　B. 广泛型分销渠道
   C. 选择性分销渠道　　D. 独家分销渠道

8.（　　）是一种更为精确的选择渠道结构的直接定性方法。

A. 财务评估法　　B. 交易成本评估法

C. 权重因素计分法　　D. 直接定性判定法

9.（　　）主要是模拟工作环境的各种情况的办法，观察应聘者在一定销售工作压力下如何做出反应。

A. 专业知识测验　　B. 心理素质测验

C. 环境模拟测验　　D. 口试测验

10. 企业招聘人员常用的办法是（　　）。

A. 笔试　　B. 面试

C. 情景模拟　　D. 上述三者

11.（　　）最基本的激励手段，通常也是最有效的手段。

A. 物质激励　　B. 民主激励　　C. 环境激励　　D. 竞赛激励

12.（　　）不是组合薪酬制最常见的三种形式之一。

A. 薪水加佣金计划　　B. 薪水加奖金计划

C. 生活费加佣金计划　　D. 特别奖励制度

13. 评估者可能因为被评估者的总体印象、个人印象而产生偏见，影响绩效评估的公正性、客观性。这种是（　　）。

A. 晕轮效应误差　　B. 暗示效应误差

C. 感情效应误差　　D. 近因误差

14. 关于360°考评的保密性，说法错误的是（　　）。

A. 各维度的权重数值能公开

B. 考评结果只有企业高层领导知道

C. 下级能获知上级对自己的评价结果

D. 上级不应知道每个下级对自己的评分

15. 销售三角理论中的三角或三边分别代表 enterprise（企业）、goods（产品及服务）、（　　），一般称其为销售三角理论。

A. management（管理）　　B. myself（销售人员）

C. market（市场）　　D. marketing（营销）

16. DIPADA 模式对（　　）模式的一种补充和完善，充分体现了销售洽谈的需要性原则和说服规劝原则。

A. FABE 模式　　B. 销售模式

C. AIDA 模式　　D. 埃德帕模式

17. 销售人员可以通过抓住客户心理上的弱点激起客户的购买欲望，如客户的财富、地位与客户有同样需求的同行和客户购买数量的差异等，使客户最终做出购买决定，属于（　　）。

A. 选择成交法　　B. 激将成交法

C. 假定成交法　　D. 请求成交法

18. 客户的动作特点，诸如做一些友好表示、由单方面动作转为多方面动作，或者不断地翻动合同，有签字倾向动作，这些都属于交易信号中的(　　)。

A. 语言信号　　B. 动作信号

C. 表情信号　　D. 请求信号

19. 企业运用定额分配制来评估销售人员的销售业绩，这在企业销售、支出、利润、产品组合等相关领域都能应用，此体系是(　　)。

A. 定额体系　　B. 表格体系

C. 预算体系　　D. 配额体系

20. 客户关系管理的目的是实现(　　)的最大化和企业收益的最大化之间的平衡。

A. 客户价值　　B. 客户目标　　C. 客户未来　　D. 客户风险

二、多项选择题（本大题共 10 小题，每小题 2 分，共 20 分。在每小题列出的五个备选项中至少有两个是符合题目要求的，请将其代码填写在题后的括号内。错选、多选或未选均无分。）

21. 下列(　　)不是主要的编制销售预算的方法。

A. 上行法　　B. 下行法

C. 最大费用法　　D. 边际效益法

E. 零基预算法

22. 企业销售计划按市场区域来分，可以分为(　　)。

A. 整体销售计划　　B. 分公司销售计划

C. 区域销售计划　　D. 流通企业销售计划

E. 零售企业销售计划

23. 在设计销售区域时，销售经理首先要考虑(　　)等影响因素。

A. 销售区域目标　　B. 销售区域边界

C. 销售区域市场潜力　　D. 销售区域的市场涵盖

E. 销售人员的工作负荷

24. 下列(　　)适合采用段渠道分销。

A. 单位价值低的产品　　B. 生命周期短的产品

C. 单位价值高的产品　　D. 易腐易坏产品

E. 时尚品

25. 绩效工资制一般不包括(　　)。

A. 销售提成工资制　　B. 职务工资制

C. 计时工资制　　D. 技能工资制

E. 佣金制

26. 关键事件法的缺点是(　　)。

A. 时间跨度大　　B. 费时费力且费用较高

C. 不能在员工之间进行　　D. 只能定量分析，不能定性分析

E. 使考评者和员工忽视行为的过程

27. 在客户方格中，寻求答案型客户的特点是(　　)。

A. 高度关注自己的购买需求　　B. 高度关注销售人员

C. 是最成熟的购买者　　　　　　　D. 拥有娴熟的购买技巧
E. 不关注销售人员

28. 经过充分的销售准备，就可以信心十足地进入谈判阶段了。一般来说，销售谈判可分为(　　)。
A. 开局阶段　　B. 报价阶段　　C. 磋商阶段
D. 成交阶段　　　　　　　　　E. 介绍阶段

29. 企业社会性的公关活动包括(　　)。
A. 广告宣传　　　　　　　　　B. 赞助体育运动事业
C. 捐款捐物支援灾区　　　　　D. 捐建希望学校
E. 销售促进

30. 下列表述正确的是(　　)。
A. 客户关系管理的目的是对所有与企业发生关系的客户都一视同仁
B. 客户关系管理是为了在企业利润最大化和客户价值最大化之间找到平衡
C. 客户关系管理的实施有赖于先进的信息技术
D. 客户关系管理是一种企业战略，贯穿企业的每个部门和每个经营环节
E. 客户关系管理是一种管理理念

三、名词解释题（本大题共 3 小题，每小题 3 分，共 9 分）

31. 德尔菲法
32. 销售三角理论
33. 销售谈判

四、简答题（本大题共 5 小题，每小题 5 分，共 25 分）

34. 简述销售配额的类型。
35. 简述窜货的原因。
36. 简述销售激励组合有哪些。
37. 简述绩效评估中常见的误差。
38. 简述企业自行追账的基本方法和特点有哪些。

五、案例分析题（本题 10 分）

39. 　　　　　　　　　　销售技巧的灵活使用

顾客将自行车停在专卖店门口并进到店内来，穿着比较简朴，这时走到一款“蒙娜丽莎粉”旁边，表露出喜欢的眼神，但一看价格又皱了皱眉，对导购员说“能不能打折？如果打折的话就买一套，并另外再配被芯和枕芯”。

问题：针对上述种种情况导购员应如何应对？（请运用所学的销售技巧进行解答）

六、论述题（本大题共 2 小题，每小题 8 分，共 16 分）

40. 试述销售组织设计的原则。
41. 试述客户关系管理的主要内容有哪些。

全真模拟演练（五）参考答案及解析

一、单项选择题（本大题共 20 小题，每小题 1 分，共 20 分）

1. B	2. C	3. A	4. C	5. C
6. D	7. D	8. C	9. C	10. D
11. A	12. D	13. A	14. B	15. B
16. C	17. B	18. B	19. D	20. A

二、多项选择题（本大题共 10 小题，每小题 2 分，共 20 分）

21. CDE	22. AC	23. ABCDE	24. BCDE	25. BCD
26. BC	27. ABCD	28. ABCD	29. BCD	30. BCDE

三、名词解释题（本大题共 3 小题，每小题 3 分，共 9 分）

31. 德尔菲法，是依据系统的程序，采用背对背的通信方式征询专家小组成员的预测意见，即小组成员之间不得互相讨论，不发生横向联系，只能与调查人员有联系，经过几轮征询，使专家小组的预测意见趋于集中，最后做出符合市场未来发展趋势的预测结论。(3 分)

32. 销售三角理论，为了提升销售人员的素质，人们总结出了一种简明的能够激发其销售活动积极性、奠定销售自信心、完善销售技术的基础关系理论——销售三角理论。这三角或三边分别代表 enterprise（企业）、goods（产品及服务）、myself（销售人员），该理论着重描述销售人员在日常作业活动中要熟悉的三个要素：销售人员所在的企业、销售人员所在的企业的产品或服务、销售人员自身能力，以帮助销售人员认清销售活动中有哪些自信心方面的缺陷，树立正确的营销理念。(3 分)

33. 销售谈判是销售人员通过向客户传递信息并经过沟通，运用各种销售方式、方法、手段及策略来说服客户购买产品的过程。(3 分)

四、简答题（本大题共 5 小题，每小题 5 分，共 25 分）

34. 销售配额有如下几种类型。

(1) 销售量配额。(2 分)

(2) 财务配额。(1 分)

(3) 销售活动配额。(1 分)

(4) 综合配额。(1 分)

35. 窜货的原因如下：

(1) 中间商为了完成销售任务和获得高额奖励；(1 分)

(2) 不同区域市场相同产品的售价存在差异；(1 分)

(3) 管理制度有漏洞，监控不力；(1 分)

(4) 抛售处理品和滞销品；(1 分)

(5) 恶意冲击竞争对手市场。(1 分)

36. 销售激励组合如下：

(1) 物质激励与精神激励相结合；(2 分)

(2) 正强化与负强化相结合；(2 分)

(3) 外在激励与内在激励相结合。(1 分)

37. 绩效评估中常见的误差如下：

(1) 晕轮效应误差；(1 分)

(2) 暗示效应误差和感情效应误差；(1 分)

(3) 近因误差和偏见误差；(1 分)

(4) 自我比较误差；(1 分)

(5) 评估标准变化不定误差。(1 分)

38. 企业自行追账的方法有函电追账、(1 分) 面访追账、(1 分)
电子追账。(1 分)

特点如下：(1) 函电追账方式简便易行，可以节省时间和费用，但不易引起重视，(2) 面访追账方式比较正规、效果好，但耗时多，费用高；(1 分) (3) 电子追账速度快、费用低，可以双向交流。(1 分)

五、案例分析题（本题 10 分）

39. 答案要点：(1) 不能差别对待客户。(2.5 分)

(2) 表露出喜欢的眼神，首先表示赞美。(2.5 分)

(3) 对于能不能打折的说法，不能出现“没办法”“公司规定不能打折”等字样。(2.5 分)

(4) 推销今天买，强调这一套相当好卖。(2.5 分) (销售技巧言之有理即可)

六、论述题（本大题共 2 小题，每小题 8 分，共 16 分）

销售组织设计的原则如下。

40. (1) 客户导向的原则。在设计销售组织时，管理者必须首先关心市场，考虑满足市场需求，服务客户。(1 分)

(2) 统一指挥的原则。在指挥上，每个销售人员只接受一个上级命令和指挥并对他负责。上下级之间的上报下达，都要按层次，不得越级，形成一个“指挥链”。(1 分)

(3) 精简与高效的原则。销售组织的结构在满足管理需要和保证目标实现的前提下，把组织中的机构和人员的数量减少到最低限度，使组织结构的规模与所承担的任务相适应。通过建立合理的组织结构，使企业内部形成良好的运行机制，从而提高工作效率，降低流通成本，为社会提供优良服务，使企业的经济效益和社会效益不断提高。(1 分)

(4) 管理幅度适度的原则。一般情况下，管理幅度应尽量小一些，一般为 6～8 人。(1 分)

(5) 权责对等的原则。销售组织中的各个部门和个人都要有明确的工作任务和责任，而且还要有相应的权力，即权责相适应。(2 分)

(6) 稳定而有弹性的原则。相对稳定的销售人员队伍，对增强销售组织的凝聚力、

提高员工的士气是必要的。(2 分)

41. 客户关系管理的主要内容如下。(1) 客户分析与识别。(2 分)

(2) 企业对客户的承诺。(2 分)

(3) 与客户的信息交流。(1 分)

(4) 以良好的关系留住客户。(1 分)

(5) 客户反馈管理。(2 分)

全真模拟演练（六）

（考试时间 150 分钟）

总分		题号	一	二	三	四	五	六
核分人		得分	20	20	9	25	10	16
复查人		得分						

一、单项选择题（本大题共 20 小题，每小题 1 分，共 20 分。在每小题列出的四个备选项中只有一个是符合题目要求的，请将其代码填写在题后的括号内。错选、多选或未选均无分。）

1. 德尔菲法预测的关键环节是（　　）。
   A. 组织严密　　B. 选择合适的专家
   C. 轮询的次数多少　　D. 专家的独立性和保密
2. 好的销售配额体系应该遵循的原则没有（　　）。
   A. 公平性　　B. 可行性　　C. 灵活性　　D. 平均性
3. 最常见、最简单的销售组织模式是（　　）型销售组织。
   A. 区域　　B. 产品　　C. 客户　　D. 职能
4. 一般情况下，销售组织的管理幅度应尽量小一些，一般为（　　）。
   A. 10 个　　B. 9 个　　C. 8 个　　D. 7 个
5. （　　）是销售区域设计的决定性因素。
   A. 销售区域目标　　B. 销售区域边界
   C. 销售区域的市场覆盖　　D. 企业的销售潜力和销售人员的工作负荷
6. 基本控制单元的销售潜力由其（　　）决定。
   A. 区域大小　　B. 购买者数量
   C. 市场潜力　　D. 平均价格
7. 易腐、易坏产品，价值高的产品适于采用（　　）进行分销。
   A. 短渠道　　B. 长渠道
   C. 二级渠道　　D. 三级渠道
8. 向中间商派驻代表，与中间商多方式合作是销售控制中的（　　）控制所包括的内容。
   A. 高度　　B. 低度　　C. 影响　　D. 适度
9. 要保证企业招聘到高素质人才，实现招聘活动的高效率，就必须坚持面向社会，进行（　　）。

A. 社会招聘　　B. 制度招聘
C. 公开招聘　　D. 内部招聘

10. 费用相对比较低廉的招聘方式是(　　)。
A. 校园招聘　　B. 媒体广告
C. 网络招聘　　D. 人才中介机构招聘

11. 客户关系管理的核心思想是将客户作为企业最重要的(　　)。
A. 销售对象　　B. 管理对象
C. 利润来源　　D. 资源

12. 销售主管在考察销售费用时，不仅要看佣金水平的高低，还要看员工的绩效水平，这体现了薪酬管理的(　　)。
A. 公平性原则　　B. 激励性原则
C. 竞争性原则　　D. 经济性原则

13. (　　)是企业最常用的绩效评估方法之一。
A. 图尺度评价法　　B. 关键绩效评估法
C. 360°绩效反馈　　D. 平衡积分卡

14. 把各位销售人员的销售业绩进行比较和排队的方法，叫做(　　)。
A. 等级评定法　　B. 横向比较法
C. 360°绩效反馈　　D. 目标管理法

15. DIPADA 模式，是为适应现代市场营销需要进行的一次创造性销售构想，是一种以(　　)为导向的理论模式。
A. 产品　　B. 客户　　C. 需求　　D. 竞争

16. (　　)是一种非常具体、可操作性很强的利益销售模式，它极为巧妙地处理了客户关心的问题，提高了销售效率。
A. 客户模式　　B. IDEPA 模式
C. AIDA 模式　　D. FABE 模式

17. 销售人员利用客户异议中有利于销售成功的因素，并对此加工处理，从而转化为自己观点的一种去消除客户异议的方法。这种方法是(　　)。
A. 补偿法　　B. 转化法
C. 询问法　　D. 定制处理法

18. 销售人员在购物商场家庭主妇比较多的地方表演静电吸毛刷的功能，把她们的目光一下子被吸引了过来，这种方法是(　　)。
A. 服务接近法　　B. 演示产品接近法
C. 调查接近法　　D. 反复接近法

19. 固定费用是指与销售活动无关的企业日常必须支付的费用，而(　　)是指包含了与销售活动增减有关的活动，如运费，委托加工等。
A. 变动费用　　B. 管理费用　　C. 制造费用　　D. 营业费用

20. 债务纠纷发生后，企业将逾期账款追收的权利交给专业收账机构，由其代理完成向债务人的追收工作，这种追账方式是(　　)。
A. 自行追账　　B. 仲裁追账　　C. 委托追账　　D. 诉讼追账

二、多项选择题（本大题共 10 小题，每小题 2 分，共 20 分。在每小题列出的五个备选项中至少有两个是符合题目要求的，请将其代码填写在题后的括号内。错选、多选或未选均无分。）

21. 企业使用的销售配额一般有(　　)。
A. 销售量配额　　B. 财务配额
C. 销售活动配额　　D. 综合配额
E. 费用配额

22. 下列(　　)不是在销售预测中常用的定量预测方法。
A. 专家会议法　　B. 时间序列分析法
C. 德尔菲法　　D. 季节趋势预测法
E. 市场寿命周期预测法

23. 按照动机不同，(　　)不是窜货的类型。
A. 自发性窜货　　B. 自然性窜货
C. 良性窜货　　D. 恶性窜货
E. 竞争性窜货

24. 销售渠道的起点是生产者，终点是消费者，中间环节是中间商，中间商包括(　　)。
A. 批发商　　B. 零售商　　C. 代理商
D. 仓储公司　　E. 消费者

25. 某大型企业要招聘若干高层管理人员，不适宜选用的招聘渠道有(　　)。
A. 发布广告　　B. 猎头公司
C. 学校招聘　　D. 职业介绍所
E. 内部员工推荐

26. 关于 360°反馈评价，正确的理解是(　　)。
A. 一般采用署名的方式
B. 有利于促进员工的职业发展
C. 可以对被评价者有更深入、更全面的了解
D. 可以据此确定员工的任务绩效水平
E. 能够增强员工的自我意识，提高自我管理效能

27. 在销售方格理论研究中，有(　　)几种心态的销售人员。
A. 事不关己导向型　　B. 客户关系导向型
C. 强力销售导向型　　D. 销售技术导向型
E. 解决问题导向型

28. 按照销售谈判的性质，谈判类型可分为(　　)。
A. 妥协式谈判　　B. 输赢式谈判
C. 进攻式谈判　　D. 放弃式谈判
E. 互利式谈判

29. 销售业绩评估的五个方面是(　　)。
A. 销售队伍创造的企业销售业绩　　B. 对销售人员和销售支持的销售投入
C. 销售活动所需的资金投入　　D. 销售员工素质与企业文化
E. 客户

30. 下列(　　)一般不是企业赊销行为的发生必须具备的条件。
A. 现款交易　　B. 所期望的未来付款
C. 对客户的信任　　D. 现汇交易
E. 利润最大化

三、名词解释题（本大题共 3 小题，每小题 3 分，共 9 分）

31. 专家会议法
32. FABE 模式
33. 客户关系管理

四、简答题（本大题共 5 小题，每小题 5 分，共 25 分）

34. 简述德尔菲预测法的优缺点。
35. 简述销售渠道的宽度结构。
36. 简述销售人员激励的方式。
37. 简述销售人员评估的主要方法。
38. 在交易阶段应该采用什么样的销售策略。

五、案例分析题（本题 10 分）

39. AVON 个人销售法的转变

美国著名的化妆品厂商 AVON 成立于 1886 年，至今仍主要靠众多女推销员来直销自己的化妆品，估计在公司 110 年的历史中有 4000 万女性做过公司的销售员，这些销售员大部分是钟点工和兼职人员。这家年销售额达 35 亿美元的大公司 1990 年所花费的广告费仅 460 万美元。而依靠超市或零售商经销化妆品的公司，每年则需大量的广告开支，如 1992 年 P&G 的广告费高达 21.49 亿美元。

AVON 的这种个人销售法的关键在于制造与消费者双方的直接见面。而在 20 世纪 70 年代以来，越来越多的女性从事各种各样的工作，因而直销员上门推销越来越困难。于是 AVON 的年销售额从最高的 35 亿美元下降到 1992 年的 13.6 亿美元，利润也以每年 3.6%的速度下降。

20 世纪 90 年代以来，AVON 意识到传统的直销策略存在的问题。于是决定在保留传统的直销策略的同时，通过大量的零售商店分销，逐步增加了大量的广告宣传和市场活动。AVON 营销策略的改变为公司扭转不利的形势奠定了良好的基础。

问题：AVON 公司采用大量的非正式推销员来进行直销，在过去适合市场需求的，但现在不合时宜了，你认为公司的销售人员应该具备何种条件来适应形势的变化?

六、论述题（本大题共 2 小题，每小题 8 分，共 16 分）

40. 试述销售方格理论五种典型的心态类型及特点。
41. 试述销售人员培训的内容

全真模拟演练（六）参考答案及解析

一、单项选择题（本大题共 20 小题，每小题 1 分，共 20 分）

1. D	2. D	3. A	4. D	5. D
6. C	7. A	8. C	9. C	10. C
11. D	12. D	13. A	14. B	15. C
16. D	17. B	18. B	19. A	20. C

二、多项选择题（本大题共 10 小题，每小题 2 分，共 20 分）

21. ABCDE	22. AC	23. AE	24. ABCD	25. CDE
26. BD	27. ABCDE	28. BE	29. ABCDE	30. ADE

三、名词解释题（本大题共 3 小题，每小题 3 分，共 9 分）

31. 专家会议法是指由预测组织者召集一批专家参加以某销售预测对象为主题的会议，让与会专家充分发表意见，如能达成一致，则预测结果成立；如意见不一，则采取加权平均统计预测结果的一种方法。(3 分)

32. FABE 模式也称为费比模式，FABE 取自四个英文单词 feature、advantage、benefit 和 evidence 的首字母。FABE 模式是一种非常具体、可操作性很强的利益销售模式，它极为巧妙地处理了客户关心的问题，提高了销售效率。(3 分)

33. 客户关系管理概念由美国 Gartner 集团率先提出。客户关系管理是指通过培养企业的最终客户、分销商和合作伙伴对本企业及其产品更积极的偏好，留住他们并以此提升企业业绩的一种营销策略。(3 分)

四、简答题（本大题共 5 小题，每小题 5 分，共 25 分）

34. 优点如下：

(1) 能充分发挥各位专家的作用，集思广益，准确性高；(1 分)

(2) 能把各位专家意见的分歧点表达出来，取各家之长，避各家之短；(1 分)

同时，德尔菲法又能克服专家会议法的如下缺点：

(1) 权威人士的意见影响他人的意见；(1 分)

(2) 有些专家碍于情面，不愿意发表与其他人不同的意见；(1 分)

(3) 出于自尊心而不愿意修改自己原来不全面的意见。(1 分)

缺点是过程比较复杂，花费时间较长。

35. 销售渠道的宽度结构如下：

(1) 密集型分销渠道；(2 分)

(2) 选择性分销渠道；(2 分)

(3) 独家分销渠道；(1 分)

36. 销售人员的激励方式如下：
(1) 物质激励和目标激励；(1 分)
(2) 培训激励和工作激励；(1 分)
(3) 榜样激励和民主激励；(1 分)
(4) 环境激励；(1 分)
(5) 竞赛激励。(1 分)
37. 销售人员评估的方法主要如下。
(1) 图尺度评价法；(1 分)
(2) 关键绩效指标法；(1 分)
(3) 360°绩效反馈；(1 分)
(4) 平衡计分卡。(2 分)
38. 销售策略如下：
(1) 请求成交法和局部成交法；(1 分)
(2) 假定成交法；(1 分)
(3) 选择成交法和激将成交法；(1 分)
(4) 机会成交法和优惠成交法；(1 分)
(5) 从众成交法和保证成交法。(1 分)

五、案例分析题（本题 10 分）

销售人员应具备的条件如下：
39. (1) 销售人员应善于发掘用户的心理特征，并将公司的产品与用户的需求结合起来；(2.5 分)
(2) 销售人员需要沟通表达能力强、喜欢化妆品或有意从事化妆品销售工作。(2.5 分)
(3) 有效地管理销售队伍，激励销售人员努力工作；(2.5 分)
(4) 选用和留用高素质的销售人员。(2.5 分)

六、论述题（本大题共 2 小题，每小题 8 分，共 16 分）

40. 销售方格理论五种典型类型如下。
(1) 事不关己导向型。此类销售人员对对销售任务和客户都不关心。(1 分)
(2) 客户关系导向型。此类销售人员把客户关系看得十分重要，而忽视销售任务的达成。(1 分)
(3) 强力销售导向型。此类销售人员特别注重业绩的达成，把销售任务看得尤其重要，而不顾客户的实际感受，不是按照具体的购买需求和意愿进行销售引导，而是不择手段地把商品推向客户。在短期内能够取得较好的业绩，但是不符合企业的长远的发展。(2 分)
(4) 销售技术导向型。此类销售人员对销售任务和客户关系都能照顾得到，比较温和地处理二者的矛盾，在自然市场状态下，可能会有较好的表现，但在现代市场环境下，将会打破这种创新动力不足的局面。(2 分)
(5) 解决问题导向型。此类销售人员对客户需求和销售任务都高度关心，以客户需

求为中心，不断追求更高的销售目标，是销售人员不断追求的目标和规范。提高组织对市场环境的应变能力。（2 分）

41. 销售人员的培训内容如下。

（1）销售技巧，提高销售员完成交易的手段，包括销售人员应该具备的仪表和态度、寻找客户培训、拜访客户培训、成功签约培训、售后服务培训、收款和催款培训等。（2 分）

（2）产品知识：产品是企业和顾客的纽带，产品知识在帮助顾客解决问题时十分重要。（2 分）

（3）竞争和行业知识：通过同业者和竞争对手的比较，发现自己的优势和劣势，提高自身竞争力。（1 分）

（4）企业知识：使销售人员了解本企业文化，从而有效地开展顾客的服务工作，培育顾客对企业的忠诚。（1 分）

（5）顾客知识：顾客是企业销售活动中重要的主体，因为顾客具有多样性，所以销售人员需要鉴别和适应不同类型顾客的要求。（2 分）

全真模拟演练（七）

（考试时间150分钟）

总分		题号	一	二	三	四	五	六
核分人		得分	20	20	9	25	10	16
复查人		得分						

一、单项选择题（本大题共20小题，每小题1分，共20分。在每小题列出的四个备选项中只有一个是符合题目要求的，请将其代码填写在题后的括号内。错选、多选或未选均无分。）

1. 在对销售人员绩效评估的过程中，属于定性评估的指标是（　　）。
A. 市场份额　　B. 销售访问次数
C. 费用比率　　D. 顾客关系

2. 适合大公司采用的销售组织结构是（　　）。
A. 地域型销售组织　　B. 产品型销售组织
C. 职能销售型组织　　D. 顾客型销售组织

3. 把各位销售人员的销售业绩进行比较和排队的方法，叫做（　　）。
A. 纵向分析法　　B. 横向比较法
C. 360考核法　　D. 目标管理法

4. 下列选项中属于财务性薪酬的是（　　）
A. 薪金　　B. 晋升机会
C. 成就感　　D. 个人发展空间

5. 在客户组合策略中，企业把精力集中于能带来更大的总体收益的特殊区域或某种类型的客户身上的是（　　）。
A. 集中策略　　B. 区分策略
C. 个性化策略　　D. 对等策略

6. 确定所需销售人员数量可采用的方法是（　　）
A. 工作量法　　B. 相对分析法
C. 参数系数法　　D. 因素替代法

7. 用以衡量销售增长状况，是最常用的指标是（　　）。
A. 销售量　　B. 市场份额
C. 销售费用　　D. 产品定位

8. 关于销售人员绩效评估指标，下列不属于产出指标的是（　　）。
A. 市场份额　　B. 订单数量和规模
C. 客户数　　D. 非销售活动

9. 哪种销售组织费用最低（　　）？
A. 区域型销售组织　　B. 产品型销售组织
C. 顾客型销售组织　　D. 职能型销售组织

10. 接近顾客的常用方法不包括（　　）。
A. 产品演示法　　B. 探测法
C. 询问法　　D. 顾客利益法

11.（　　）是指产品能带给顾客的基本效用或者利益。
A. 核心产品　　B. 整体产品
C. 形式产品　　D. 延伸产品

12. “对于产品你的看法是？”这样的询问属于（　　）。
A. 开放式询问　　B. 封闭式询问
C. 商议式询问　　D. 确认式询问

13. 适合技术性较强的产品的销售区域设计的方法是（　　）。
A. 按地理位置划分法　　B. 按产品划分法
C. 按市场划分法　　D. 综合法

14. 企业把精力集中于能给企业带来更大效益的特殊的销售区域的或某种类型的客户身上，这是（　　）。
A. 差异性策略　　B. 集中策略
C. 区分策略　　D. 个性化策略

15. 从狭义角度来理解，推销是营销组合中的（　　）
A. 人员推销　　B. 非人员推销
C. 广告推销　　D. 渠道营销

16. 销售人员的工作安全应取决于（　　）
A. 企业决策　　B. 工作表现
C. 经济环境　　D. 销售经理

17. 某百货公司投资设立了“新新音响沙龙”，并组织爱好音响的消费者参加。该沙龙不仅给参加者价格优惠，还提供社交服务。此公司所采用的关系营销策略是（　　）。
A. 经济利益型关系策略　　B. 经济利益加社交型关系策略
C. 经济利益加结构型关系策略　　D. 经济利益加社交加结构型关系策略

18. 以下哪种销售组织结构适合规模小的企业（　　）
A. 区域型　　B. 产品型
C. 顾客型　　D. 团队销售组织型

19. 以下哪种是因为人员在绩效评估时把某一方面看得过重而引起的误差（　　）
A. 晕轮效应　　B. 近因误差
C. 暗示效应误差　　D. 偏见误差

20. 对 SMART 原则理解错误的是（　　）

A. s 代表具体　　B. m 代表可靠

C. a 代表可达到的　　D. t 代表真实

二、多项选择题（本大题共 10 小题，每小题 2 分，共 20 分。在每小题列出的五个备选项中至少有两个是符合题目要求的，请将其代码填写在题后的括号内。错选、多选或未选均无分。）

21. 企业销售计划按市场区域来分，可以分为（　　）。

A. 整体销售计划　　B. 分公司销售计划

C. 区域销售计划　　D. 流通企业销售计划

E. 零售企业销售计划

22. 销售组织的设计原则有（　　）。

A. 客户导向原则　　B. 稳定而有弹性原则

C. 权责对等原则　　D. 统一指挥原则

E. 精简与高效原则

23. 窜货可以按照动机不同分为（　　）。

A. 自发性窜货　　B. 自然性窜货

C. 良性窜货　　D. 恶性窜货

E. 竞争性窜货

24. 生产商选择中间商应遵循的原则有（　　）。

A. 规模匹配　　B. 前景匹配

C. 战略匹配　　D. 市场匹配

E. 资源匹配

25. 某大型企业要招聘高层管理人员若干，适宜选用的招聘渠道有（　　）。

A. 发布广告　　B. 猎头公司

C. 学校招聘　　D. 职业介绍所

E. 内部员工推荐

26. 企业工资制度设计的基本原则包括（　　）。

A. 公平性原则　　B. 激励性原则

C. 竞争性原则　　D. 经济性原则

E. 合法性原则

27. KPI 指标体系的设计主线包括（　　）。

A. 组织结构层级　　B. 区域人事布局

C. 主要业务流程　　D. 主营业务种类

E. 产品生命周期

28. 销售主管的风险意识包括（　　）。

A. 环境风险　　B. 生产风险

C. 市场风险　　D. 财务风险

E. 技术风险

29. 在销售方格理论研究中，有以下哪几种心态的销售人员（　　）。
A. 事不关己导向型　　B. 客户关系导向型
C. 强力销售导向型　　D. 销售技术导向型
E. 解决问题导向型

30. 销售谈判按照谈判主题可分为（　　）。
A. 单一型谈判　　B. 多对一谈判
C. 多对多谈判　　D. 一对多谈判
E. 综合型谈判

三、名词解释题（本大题共 3 小题，每小题 3 分，共 9 分）

31. 销售渠道管理
32. 销售谈判
33. 客户关系管理

四、简答题（本大题共 5 小题，每小题 5 分，共 25 分）

34. 简述如何激励渠道成员。
35. 简述在交易阶段应该采取什么样的销售策略。
36. 简述客户关系管理的内容。
37. 简述 IDEPA 模式的五个阶段。
38. 简述团队冲突的分类。

五、案例分析题（本题 10 分）

39. 评估制度的改善

美国空军采取的考评制度是美国许多公共事务机构绩效评价的典型代表。这套考评机制要求，每位官衔在将军以下的军官的直接上级，每年一次为各位军官做出书面报告。评估报告的格式设计是统一的，适用于不同的军种和级别。表格留出的空白处较小，评估人员只能用精练的语言总结各个军官的业绩。20 世纪 70 年代中期，这套评估制度受到了广泛的批评，因为它对员工的工作指派缺乏专业化的定义，导致了评估的主观性和不合理性，如对参谋人员评领导才能的评估，这种方法的作用就不大 。评估导致了评估制度的修改。在每个单位内部，对业绩高低的评价比例进行了硬性规定，而且对评估程序也做了修改，每位军官要接受其主要上司以及一位附加评估人和一位审核人的共同评估。

问题：(1) 运用管理行政方法分析本案例的考评制度有什么问题?
(2) 你能替他们提出较好的评估方法吗?

六、论述题（本大题共 2 小题，每小题 8 分，共 16 分）

40. 试述中国房地产业传统的销售模式及其新发展。
41. 试述如何处理好客户异议。

全真模拟演练（七）参考答案及解析

一、单项选择题（本大题共 20 小题，每小题 1 分，共 20 分）

1. D　2. C　3. B　4. A　5. B
6. A　7. A　8. D　9. A　10. B
11. A　12. A　13. B　14. B　15. A
16. B　17. B　18. A　19. A　20. D

二、多项选择题（本大题共 10 小题，每小题 2 分，共 20 分）

21. AC　22. ABCDE　23. BCD　24. CDE　25. AB
26. ABCDE　27. AC　28. ABCD　29. ABCDE　30. AE

三、名词解释题（本大题共 3 小题，每小题 3 分，共 9 分）

31. 销售渠道管理是指生产商为实现企业销售的目标而对现有渠道进行管理，以确保渠道成员间，企业和渠道成员间相互协调和能力合作的一切活动。(3 分)

32. 销售谈判是指销售人员通过向客户传递信息并经过沟通，运用各种销售方式、方法、手段及策略来说服客户购买产品的过程。(3 分)

33. 客户关系管理是指通过培养企业的最终客户、分销商和合作伙伴对本企业及其产品更积极的偏好，留住他们并以此提升企业业绩的一种营销策略。(3 分)

四、简答题（本大题共 5 小题，每小题 5 分，共 25 分）

34. 激励渠道成员的方式有如下三种。
(1) 给予中间商奖励。(1 分)
(2) 对中间商销售全过程的支持。(2 分)
(3) 为中间商提供培训支持。(2 分)

35. 交易阶段应采取的销售策略如下。
(1) 请求成交法和局部成交法。(1 分)
(2) 假定成交法。(1 分)
(3) 选择成交法和激将成交法。(1 分)
(4) 机会成交法和优惠成交法。(1 分)
(5) 从众成交法和保证成交法。(1 分)

36. 客户关系管理包括如下五个方面的内容。
(1) 客户分析和识别。(1 分)
(2) 企业对客户的承诺。(1 分)
(3) 与客户的信息交流。(1 分)

(4) 以良好的关系留住客户。(1分)

(5) 客户反馈管理。(1分)

37. IDEPA的五个销售阶段如下：

(1) 把销售的产品同客户的愿望联系起来。(1分)

(2) 向客户示范合适的产品。(1分)

(3) 淘汰不宜推销的产品。(1分)

(4) 证实客户的选择正确。(1分)

(5) 促使客户接受产品。(1分)

38. 团队冲突分为以下五种类型。

(1) 角色冲突。(1分)

(2) 团队之间冲突。(1分)

(3) 关系冲突。(1分)

(4) 任务冲突。(1分)

(5) 过程冲突。(1分)

五、案例分析题（本题10分）

39. (1) 行政方法的实质是通过行政组织中的职务和职位进行管理。(1分) 它特别强调职责、职权、职位，而并非个人的能力或特权。(1分) 美国空军的考评制度强调直接上级的考评，群众未直接参与考评，使考评成果受到一定的影响，(1分) 且评估的主观性的存在，降低了评估质量。(1分) 因而这套评估制度在20世纪70年代中期受到广泛的批评。(1分)

(2) 我认为，员工业绩的评估应注意：①群众参与的方法，即被评者业绩增加透明度；(2分) ②自我评估方法，使评估结果减少较大的差异；(1分) ③量化评估与定性化评估相结合，结合确定被评者的绩效；(1分) ④不仅要看今天的业绩，还要看昨天的绩效，综合分析研究。(1分)

六、论述题（本大题共2小题，每小题8分，共16分）

40. (1) 传统销售模式：①房地产直销模式；(2分) ②委托给专业代理公司的代理销售模式。(2分)

(2) 新型销售模式：①网络销售模式；(2分) ②房地产金融超市模式。(2分)

41. 处理客户异议的方式主要有如下几种：①充足的准备；(1分) ②态度诚恳；(1分)③积极询问，判断异议的真正原因；(2分) ④选择适当的时机；(2分) ⑤针对异议，有的放矢。(2分)

全真模拟演练（八）

（考试时间 150 分钟）

总分		题号	一	二	三	四	五	六
核分人		得分	20	20	9	25	10	16
复查人		得分						

一、单项选择题（本大题共 20 小题，每小题 1 分，共 20 分。在每小题列出的四个备选项中只有一个是符合题目要求的，请将其代码填写在题后的括号内。错选、多选或未选均无分。）

1. 影响销售计划制订的内部环境因素不包括（　　）。

A. 技术环境　　B. 企业市场份额

C. 销售渠道　　D. 销售能力

2. （　　）是销售活动中核心的因素和最灵活的因素。

A. 营销策略　　B. 销售政策

C. 生产状况　　D. 销售人员

3. （　　）是最常用的一种销售预算编制方法。

A. 零基预算法　　B. 销售额百分比法

C. 同等竞争法　　D. 最大费用法

4. 销售组织的管理幅度一般应尽可能小，以（　　）人为宜。

A. 3～5　　B. 6～8　　C. 9～11　　D. 12～14

5. （　　）全面管理企业销售行为，执行并完成营销总监下达的销售目标。

A. 销售经理　　B. 销售人员

C. 客户服务人员　　D. 维修人员

6. 组合销售区域的基本原则是（　　）。

A. 各区域销售潜力相对均衡　　B. 各区域销售人员数量相对均衡

C. 各区域销售目标相对均衡　　D. 各区域销售策略相对均衡

7. 通常销售明星拜访客户会选择的路线是（　　）。

A. 跳跃式路线　　B. 循环式路线

C. 三叶式路线　　D. 星形式路线

8. 按照“零售商—批发商—生产商”的顺序进入市场是（　　）。

A. “强势”进入　　B. “顺势”进入

C. “弱势”进入　　D. “逆势”进入

9. DELL 的直销模式是(　　)。

A. 零级渠道　　B. 一级渠道

C. 二级渠道　　D. 三级渠道

10. 生产商能够选择中间商类型、数目和地理分布，并且支配中间商的销售政策和价格政策，这样的销售控制是（　　)控制。

A. 适度　　B. 低度　　C. 高度　　D. 深度

11. 下列不属于销售人员能力要求的是（　　）。

A. 多角度分析问题　　B. 服务水平高

C. 常常自我激励　　D. 能说多国语言

12. 相对于内部招聘而言，内部招聘更有利于（　　）。

A. 激励员工、鼓舞士气　　B. 招聘到高素质人才

C. 培养员工的忠诚度　　D. 促进团结、消除矛盾

13. 主要的销售激励组合应遵循的原则不包括(　　)。

A. 物质激励与精神激励相结合　　B. 正强化与负强化相结合

C. 个人激励与团队激励相结合　　D. 外在激励与内在激励相结合

14. 公司要打入新的销售区域或销售系列产品适合采用(　　)。

A. 直接佣金制　　B. 薪水加佣金计划

C. 固定薪水制　　D. 薪水加奖金计划

15. 平衡积分卡从（　　)四个维度衡量企业业绩。

A. 财务、客户、内部流程、学习与成长

B. 财务、美誉度、内部流程、适应能力

C. 战略、客户、内部流程、学习与成长

D. 战略、美誉度、内部流程、适应能力

16. 转移目标的技术包括转移到外部和（　　)两个方面

A. 解决问题　　B. 目标升级

C. 妥协　　D. 回避冲突

17. IDEPA 模式五个阶段中第一个阶段是(　　)。

A. 向客户示范合适的产品　　B. 淘汰不宜推销的产品

C. 证实客户的选择正确　　D. 把销售的产品同客户的愿望联系起来

18. 销售目标包括通过介绍新产品，要求新客户了解本企业的产品特色或下订单；要求老客户(　　)，并想让老客户参与新产品的开发。

A. 增加订货量或品种　　B. 发展新客户

C. 参与产品调查　　D. 参与产品定价

19. 如何从一个量化的角度去考量销售人员的工作效率，如何衡量整个销售过程，企业付出的成本和协调灵敏程度，如何建立销售过程中的风险观念，就需要通过销售过程的(　　)。

A. 风险控制　　B. 评估与控制

C. 产品准备　　D. 费用控制

20. DSO 是指(　　)。

A. 销售变现天数
B. 应收账款周转期
C. 销售变现天数
D. 应付账款周转期

二、多项选择题（本大题共 10 小题，每小题 2 分，共 20 分。在每小题列出的五个备选项中至少有两个是符合题目要求的，请将其代码填写在题后的括号内。错选、多选或未选均无分。）

21. 销售计划编制原则有(　　)。

A. 具体化原则
B. 顺序优先原则
C. 细分原则
D. 弹性原则
E. 动态原则

22. 下列属于销售预测方法中的定性预测方法有(　　)。

A. 时间序列分析法
B. 专家会议法
C. 德尔菲法
D. 购买者意向调查法
E. 集合意见法

23. 销售组织的职能包括(　　)。

A. 计划职能
B. 组织职能
C. 领导职能
D. 执行职能
E. 控制职能

24. 按销售工作的主要职能划分，销售部门可以划分为(　　)。

A. 电话营销部
B. 计划部
C. 销售部
D. 服务部
E. 网络销售部

25. 窜货的类型有(　　)。

A. 良性窜货
B. 恶性窜货
C. 自然性窜货
D. 中性窜货
E. 必然性窜货

26. 生产商选择中间商应遵循的原则有(　　)。

A. 前景匹配
B. 规模匹配
C. 战略匹配
D. 资源匹配
E. 市场匹配

27. 销售人员培训的目的是(　　)。

A. 满足员工需要
B. 提高员工素质
C. 建立优秀的组织文化
D. 增强企业的竞争力
E. 提高团队绩效

28. 绩效工资包括(　　)。

A. 销售提成工资制
B. 职务工资制
C. 计时工资制
D. 技能工资制
E. 佣金制

29. 关键绩效指标体系设计主线包括（　　）。
A. 组织结构层次　　B. 区域人事布局
C. 主要业务流程　　D. 主营业务种类
E. 产品生命周期

30. 在客户关系的管理中，应遵循的原则包括（　　）。
A. 动态管理原则　　B. 静态管理原则
C. 突出重点原则　　D. 灵活运用原则
E. 专人负责原则

三、名词解释题（本大题共 3 小题，每小题 3 分，共 9 分）

31. 销售队伍
32. 销售价格风险
33. 团队冲突

四、简答题（本大题共 5 小题，每小题 5 分，共 25 分）

34. 简述销售配额的原则。
35. 简述销售组织的特点。
36. 简述影响销售渠道结构设计的环境因素。
37. 简述销售人员培训流程。
38. 怎样做好售后服务建立商誉？

五、案例分析题（本题 10 分）

39. 陈经理的失败

S公司所代理的品牌厂商对市场策略进行了调整，决定将战略发展方向放在发展商用电脑上。S公司的市场策略也进行了相应的调整，瞄准了北京的四大行业：教育、金融、电信运营商和政府采购，准备大力发展公司的销售二部，也就是商用电脑销售部。因为陈经理在家用电脑销售部销售管理出色，公司撤换了原来负责商用电脑销售工作的经理，改由陈经理出任。很自然，陈经理又把他原来的那套销售管理模式移植到了新部门。上任以后，他采取了一些同以前类似的改革措施。

第一，他把商用电脑销售部销售代表的底薪都降低了，相应地提高了提成的比例。同时他也采用了强势激励措施，还是“第一个月红灯；第二个月走人；连续两个月业绩排最后的，末位淘汰”。

第二，严格执行早会和夕会制度，不管你今天要到哪里去，都要先到公司来开早会，陈述一下今天的计划；也不管你今天跟客户谈得怎么样，是否赶上了吃饭的点儿，也都要回来开夕会，向陈经理汇报一天的客户进展情况。

第三，强调对每个项目的整个过程进行严格的控制与销售管理。他要求每一个销售代表都要严格填写各种销售管理控制表格，包括日志、周计划、月计划、竞争对手资料、项目信息表、客户背景表等共十二项，而且每个表单都设计得非常细致，用陈经理的话说这是“公司一定要监控到每一个业务细节”。

第四，严格业务费申报制度，所有的业务招待费用，必须事先填好相应的申请单据。比如想请客户吃饭，一定要事先写明什么时候请、参与吃饭的人是谁、想通过吃饭达到何种目的等，由陈经理签字认才能实施，否则，所有招待费用一律自理。开始，商用电脑部的状况仿佛有了很大的改观，迟到早退的人少了。财务费用降低了，经常可以看到办公室里人头攒动，大家在办公室里谈论还会传来阵阵激动人心的口号声。但好景不长，到了7月，竟出现了以下几种情况。

第一，个别业务代表为了完成业绩，开始蒙骗客户，过分夸大公司产品的性能配置，过分承诺客户的要求，使公司在最终订单实施的时候陷于被动，尾款收得非常费力。

第二，员工之间表面上一团和气、充满激情，但私下里互不服气拆台，甚至内部降价，互相挖强客户。

第三，以前的业务尖子不满意公司当前的销售管理机制，抱怨销售管理机制不合理，控制得过死，事事都要汇报，根本无法开展业务。两名前期业绩最好的业务员都已离职。

第四，新招的四个人，业务水平明显不高，除冲劲之外一无所有，想培养他们“上道”，达到基本要求，看起来是“路漫漫其修远兮”。

整个商用电脑销售部的业绩水平没有像预期的那样增长，甚至还略有下降，应收账款的拖欠也日趋严重，更令人担忧的是，前期的老客户群正在流失，新客户的开拓也无着落，致使整个销售管理二部下半年完成业务指标的希望更加渺茫。9月，公司将陈经理调离了商用电脑销售部经理的岗位。10月，一个阴雨连绵的下午，陈经理带着郁闷和疑惑，最终不得不离开了这家公司。

问题：(1) 你认为S公司让陈经理负责商用电脑销售部是否合理？商用电脑与家用电脑的销售方式有何不同？

(2) 陈经理上任后沿用以前的方法管理销售人员，为什么产生了四大问题并且业绩下滑？

(3) 如果你是陈经理，会如何管理销售人员？方法须涉及配额制定方法、绩效评估等。

六、论述题（本大题共2小题，每小题8分，共16分）

40. 试述销售风险控制方法和策略是怎样的。

41. 如何激励渠道成员？

全真模拟演练（八）参考答案及解析

一、单项选择题（本大题共 20 小题，每小题 1 分，共 20 分）

1. A	2. D	3. B	4. B	5. A
6. A	7. D	8. D	9. A	10. C
11. C	12. B	13. C	14. C	15. A
16. B	17. D	18. A	19. B	20. C

二、多项选择题（本大题共 10 小题，每小题 2 分，共 20 分）

21. ABD	22. BCDE	23. ADE	24. BCD	25. ABC
26. CDE	27. ACD	28. AE	29. AC	30. ACDE

三、名词解释题（本大题共 3 小题，每小题 3 分，共 9 分）

31. 销售队伍是企业销售部门的组织，它是企业内部从事销售工作的人、事、物、信息和资金的有机结合，通过统一协调行动完成企业既定的销售目标。(3 分)

32. 销售价格风险指的是在交易协议达成后，一方不能履行或不能全部履行交收责任而给另一方造成利益损失的风险。(3 分)

33. 团队冲突是指两个或两个以上的团队在目标、利益、认识等方面互不相容或互相排斥，从而产生心理或行为上的矛盾，导致抵触、争执或攻击事件。(3 分)

四、简答题（本大题共 5 小题，每小题 5 分，共 25 分）

34. 销售配额的原则主要有五项：

(1) 公平性原则；(1 分)

(2) 可行性原则；(1 分)

(3) 灵活性原则；(1 分)

(4) 可控性原则；(1 分)

(5) 易理解原则。(1 分)

35. 销售组织的特点有如下四个。

(1) 销售组织的目标是通过各种销售活动完成企业销售目标，实现销售利润，提供令顾客满意的售后服务，并努力扩大产品和服务的市场占有率，为企业发展创造条件。(1 分)

(2) 销售组织依据企业的产品特征、市场覆盖范围、流通渠道等因素构成不同的组织形式，有地区型组织、产品型组织、客户型组织及复合型组织。(1 分)

(3) 销售组织的管理，以客户为导向，对人、财、物、信息等管理资源进行合理组织和充分利用。(1 分)

(4) 销售组织是一个开放的系统，它与企业的战略和环境保持动态的适应，随着企

业发展战略的调整和环境的变化，销售组织也要进行调整和变革，以保证较高的组织运行效率。(2 分)

36. 影响渠道结构设计的环境因素主要有如下四个：

(1) 经济状况；(1 分)

(2) 销售区域习惯；(1 分)

(3) 政策环境；(1 分)

(4) 竞争特征性。(2 分)

37. 销售人员培训流程如下：

(1) 制订培训需求；(1 分)

(2) 建立培训目标；(1 分)

(3) 选择评估培训；(1 分)

(4) 设计培训计划；(0.5 分)

(5) 实施培训计划；(0.5 分)

(6) 评估培训计划。(1 分)

38. 要做好售后服务，需做到如下几点：

(1) 拜访完后的话语处理；(1 分)

(2) 售后服务的技巧及过程；(1 分)

(3) 投诉处理及解决方法；(1 分)

(4) 建议再购买及转介绍；(1 分)

(5) 建立商誉，提升竞争力。(1 分)

五、案例分析题 (本题 10 分)

39. (1) 不合理。(1 分) 家用电脑销售属于快速销售方式，而商业电脑销售属于高利润和慢销售，往往在家用电脑销售方面培养一个客户非常快，然而成本和利润非常低；商业电脑的采购是一笔高利润和高销售的订单，从寻找满意的目标客户到与客户谈判，再到签单和售后服务都是一个漫长的过程，培养一个客户需要的是时间和人性化的模式。(有道理即可)。(2 分)

(2) 原因如下：管理方式过于死板，绩效评价方式不合理等。销售人员失去了对企业的忠诚，急于求成，失去职业道德，从而导致服务质量下降，客户信任流失。(合理即可)。(3 分)

(3) 建议使用客户分配法分配销售任务，绩效评估方法适当即可。(4 分)

六、论述题 (本大题共 2 小题，每小题 8 分，共 16 分)

40. (1) 销售风险控制的方法：首先，企业应建立和完善相关风险管理制度。(1 分) 其次，应树立风险意识，企业要做好全面深入培训工作，统一思想，加强整个公司的风险意识，从高层到一线员工，及时回报风险隐患并不断改进风险控制措施。(1 分) 再次，运用先进技术做好风险处理，及时跟踪客户动向。(1 分) 最后，建立销售风险的预警机制，针对可能突发的销售风险，而要强化业务品质管理，制定完善的预警机制，及时地收集可能出现的危机信息，确保销售风险在发生前能得到有效的控制，发生后能得到及时的化解。(2 分)

(2) 企业销售风险控制的处理策略：第一，建设完善的销售风险管理体系；第二，建立客户资信调查和评估制度；第三，加强中期赊销业务风险管理的同时加强后期应收账款的风险管理。(3 分)

41. 具体激励方法有以下三种。

(1) 给予中间商奖励：生产商可以根据中间商的销售量和信息反馈、提供服务的质量给予一定的奖励（奖金或提高中间商可得毛利率），促使中间商更出色地销售产品。(2 分)

(2) 对中间商销售全过程的支持：具体包括保证供货及时，在此基础上帮助中间商建立并理顺销售子网，分散销售及库存压力，加快商品的流通速度等。(3 分)

(3) 为中间商提供培训支持：向中间商提供销售和维修人员培训等帮助，使中间商明确应如何销售产品和从事售后服务，以促进生产商与中间商的合作关系，提高中间商的工作效率。(3 分)

后　记

销售业务管理是市场营销学的一个分支学科，以销售计划管理、销售人员管理、销售过程管理和销售关系管理为研究对象，是研究企业销售及其管理活动过程的规律和策略的学科。本书是为了配套现代企业管理系列教材《销售业务管理》（何晓兵主编，科学出版社 2011 年版）而编写的同步教学辅导书，本书同时也可作为自学考试指定用书的同步练习册使用。

本书撰写了各章的考核要点、考核内容、重点和难点、同步综合练习及其答案，以及 8 套全真模拟演练题及其答案。练习题在设计上覆盖了全书各章节的主要内容，题型包括单项选择题、多项选择题、名词解释、简答题、论述题、案例分析。练习题的设计，旨在为读者提供自测的机会，检验学习的效果。希望读者在认真学习教材的基础上，明确要求，把握重点，并通过练习和训练，掌握销售业务管理的基本概念、基本理论和基本方法。

本书付梓是对编者艰辛劳动的总结，参与编写的人员有何晓兵、叶小梅、路晓娟、孙先艳、司徒婉兰、孙睿、詹小瑢、李红艳、张记红。感谢参与编写的各位同仁，并对所有关心和支持本书编写和出版的各位领导、同仁和家属朋友表示深深的感谢！

书中难免有不足和纰漏，敬请各位专家和广大读者批评指正。

何晓兵

2014 年 6 月